新興民主主義大国インドネ

―― ユドヨノ政権の10年とジョコウィ大統領の

川村 晃一 編

アジア経済研究所
IDE-JETRO

目　次

略語一覧

序　章　2014年選挙とインドネシアの民主主義　…川村晃一　　1

第1部　有権者の投票行動とジョコウィ登場の政治力学

第1章　2014年選挙の制度と管理　………………川村晃一　15
　はじめに　15
　第1節　選挙の仕組み　16
　第2節　議会選挙の実施　25
　第3節　大統領選挙の実施　27
　第4節　2019年の議会選挙・大統領選挙同日実施は何をもたらすか　30
　おわりに　33

第2章　議会選挙──野党第1党の苦い勝利──
　　　　　………………………………川村晃一・東方孝之　37
　はじめに　37
　第1節　選挙参加政党　38
　第2節　選挙の結果　41
　第3節　有権者の投票行動の分析──亀裂投票と業績投票──　52
　おわりに　──ジョコウィ政権と多党化した議会，
　　　　　　大統領制化した政党との関係──　58
　補論　本章で用いたデータなどについて　61
　コラム　アンケート調査から投票行動を探る　70

iii

第3章 大統領選挙——庶民派対エリートの大激戦——
　……………………………………川村晃一・見市　建　73
　　はじめに　73
　　第1節　1対1の戦いとなった大統領選挙　74
　　第2節　対照的な候補者の戦い　76
　　第3節　大接戦となった大統領選挙　80
　　第4節　有権者はどのように投票したのか　82
　　おわりに　91

第4章 ジョコ・ウィドド政権の誕生
　　　——選挙政治と権力再編——　…………本名　純　95
　　はじめに　95
　　第1節　プラボウォとジョコウィ
　　　　　——ふたりの対照的なリーダー像——　97
　　第2節　ジョコウィ擁立の党内政治　102
　　第3節　ジョコウィの選挙政治　105
　　第4節　ジョコウィ政権の誕生と権力再編　113
　　おわりに　119

第2部　ユドヨノ政権10年の到達点とジョコウィ政権の課題

第5章　ジョコ・ウィドド政権の基本政策　………佐藤百合　129
　　はじめに　129
　　第1節　ジョコウィ政権の歴史的位置づけ　130
　　第2節　基本政策にみる特徴　133

第3節　内閣の特徴　146
第4節　ジョコウィ政権の政策課題　151
第5節　政権1年目の政策運営　153
おわりに　154

第6章　ユドヨノ政権の10年間――政治的安定・停滞と市民社会の胎動――……………岡本正明　159

はじめに　159
第1節　第1次ユドヨノ政権
　　　　――改革と政治的安定の5年間――　162
第2節　第2次ユドヨノ政権――停滞の5年――　167
第3節　停滞下での市民社会勢力の台頭　169
第4節　地方政治の安定・停滞　171
第5節　中央による地方統制強化　174
第6節　地方政治の改革の動き　176
第7節　ユドヨノからジョコウィへ　179
おわりに　――多難なジョコウィ政権――　180

第7章　ユドヨノ政権期経済の評価　――所得と雇用，格差の分析――……東方孝之　185

はじめに　185
第1節　外需により達成された6％成長　187
第2節　雇用　200
第3節　所得分配　205
第4節　ジョコウィ政権の取り組み　210
おわりに　212

第8章　ユドヨノ政権10年の外交——国際社会における
　　　　名声とその限界——……………………相沢伸広　217
　はじめに　217
　第1節　「自主」を求めて　219
　第2節　国際社会の地位向上をめざして
　　　　　——価値と規範の積極外交——　225
　第3節　インドネシア外交の限界——南シナ海問題と
　　　　　2014タイ・クーデタ——　235
　第4節　ジョコウィ政権とインドネシア外交の変化の始まり
　　　　　——「海洋国家」戦略の可能性と限界——　237
　おわりに　——国際社会における
　　　　　　インドネシア自画像のゆれとASEAN外交——　239

第9章　イスラームと政治——ユドヨノ期の「保守化」と
　　　　ジョコウィ政権の課題——………………見市　建　245
　はじめに　245
　第1節　反ポルノ法の成立過程　247
　第2節　アフマディヤに対する攻撃と政府の対応　253
　第3節　ジャカルタ州知事選における
　　　　　宗教キャンペーンとその影響　258
　おわりに　——「ユドヨノの10年」における政教関係と
　　　　　　ジョコウィ政権の課題——　262

終　章　民主化後の歴史のなかにユドヨノの10年と
　　　　ジョコウィ登場を位置づける…………川村晃一　269
　はじめに　269
　第1節　ユドヨノ大統領の10年をどう評価するか　270
　第2節　2014年選挙とジョコウィ大統領誕生の意義　276

第3節　ジョコウィ政権の課題　281
　　おわりに　──ジョコウィ政権の1年目を振り返って──　288

あとがき ……………………………………………………………… 297

巻末資料 ……………………………………………………………… 299
　資料1．2014年総選挙参加政党一覧　300
　資料2．2014年国会議員選挙の投票結果（選挙区別）　302
　資料3．2014年大統領選挙の投票結果（州別）　318
　資料4．ジョコ・ウィドド「働く内閣」閣僚名簿　320

索　　引 ……………………………………………………………… 322

人名索引 ……………………………………………………………… 328

〔略語一覧〕

ADB	Asian Development Bank（アジア開発銀行）
AIIB	Asian Infrastructure Investment Bank（アジアインフラ投資銀行）
AKKBB	Aliansi Kebangsaan untuk Kebebasan Beragama dan Berkeyakinan（宗教と信仰の自由のための民族同盟）
APEC	Asia-Pacific Economic Cooperation（アジア太平洋経済協力）
ASEAN	Association of Southeast Asian Nations（東南アジア諸国連合）
Bakorpakem	Badan Koordinasi Pengawas Aliran Kepercayaan Masyarakat（宗教セクト監視調整委員会）
Bappenas	Badan Perencanaan Pembangunan Nasional（国家開発企画庁・バペナス）
Bawaslu	Badan Pengawas Pemilihan Umum（総選挙監視庁）
BBM	BlackBerry Messenger（ブラックベリー・メッセンジャー）
BI	Bank Indonesia（インドネシア銀行・中央銀行）
BIN	Badan Intelijen Negara（国家情報庁）
BLBI	Bantuan Likuiditas Bank Indonesia（中銀流動性支援融資）
BPJS	Badan Penyelenggara Jaminan Sosial（社会保障庁）
BPN	Badan Pertanahan Nasional（国家土地庁）
BPPT	Badan Pengkajian dan Penerapan Teknologi（技術応用評価庁）
BPS	Badan Pusat Statistik（中央統計庁）
CEO	Chief Executive Officer（経営最高責任者）
CGI	Consultative Group on Indonesia（インドネシア支援国会合）

CLMV	Cambodia, Laos, Myanmar, and Vietnam（カンボジア，ラオス，ミャンマー，ベトナム）
COP15	Fifteenth Session of the Conference of Parties to the United Nations Framework Convention on Climate Change（国連気候変動枠組条約第15回締約国会議）
CSIS	Centre for Strategic and International Studies（戦略国際問題研究所）
DAK	Dana Alokasi Khusus（特別配分資金）
DAU	Dana Alokasi Umum（一般配分資金）
DKPP	Dewan Kehormatan Penyelenggara Pemilihan Umum（総選挙実施機関名誉評議会）
DPD	Dewan Perwakilan Daerah（地方代表議会）
DPR	Dewan Perwakilan Rakyat（国会）
DPT	Daftar Pemilih Tetap（確定選挙人名簿）
e-KTP	Kartu Tanda Penduduk electronik（電子住民登録カード）
EPA	Economic Partnership Agreement（経済連携協定）
FAO	Food and Agriculture Organization of the United Nations（国連食糧農業機関）
FBR	Forum Betawi Rempug（ブタウィ同胞フォーラム）
FPI	Front Pembela Islam（イスラーム防衛戦線）
FUUI	Forum Ulama Ummat Indonesia（インドネシア・イスラーム共同体ウラマー・フォーラム）
GAI	Gerakan Ahmadiyah-Lahore Indonesia（インドネシア・アフマディヤ運動）
GBHN	Garis Besar Haluan Negara（国策大綱）
Gerindra	(Partai) Gerakan Indonesia Raya（グリンドラ党）
GDI	Gross Domestic Income（国内総所得）
GDP	Gross Domestic Product（国内総生産）
GPS	Global Positioning System（全地球測位システム）
G20	Group of 20（20カ国・地域）

Hanura	(Partai) Hati Nurani Rakyat（ハヌラ党）
HS Code	Harmonized System Code（統計品目番号）
HTI	Hizbut Tahrir Indonesia（インドネシア解放党）
ICW	Indonesia Corruption Watch（インドネシア汚職ウォッチ）
IGGI	Inter-Governmental Group on Indonesia（インドネシア債権国会議）
IMF	International Monetary Fund（国際通貨基金）
IRE	Institute for Research and Empowerment（調査エンパワーメント研究所）
JAI	Jemaah Ahmadiyah Indonesia（ジャマーア・アフマディヤ・インドネシア）
JI	Jemaah Islamiah（ジュマー・イスラミヤ）
JKN	Jaminan Kesehatan Nasional（国民健康保険）
KADIN	Kamar Dagang dan Industri Indonesia（インドネシア商工会議所）
KEN	Komite Ekonomi Nasional（国家経済委員会）
KIN	Komite Inovasi Nasional（国家イノベーション委員会）
KIS	Kartu Indonesia Sehat（健康保険カード）
KNIP	Komite Nasional Indonesia Pusat（中央インドネシア国民委員会）
Kopassus	Komando Pasukan Khusus（陸軍特殊部隊）
Kostrad	Komando Cadangan Strategis Angkatan Darat（陸軍戦略予備軍）
KPK	Komisi Pemberantasan Korupsi（汚職撲滅委員会）
KPU	Komisi Pemilihan Umum（総選挙委員会）
KPUD	Komisi Pemilihan Umum Daerah（地方総選挙委員会）
KUII	Kongres Umat Islam Indonesia（インドネシア・イスラーム共同体会議）
LAKI P.45	Laskar Anti Korupsi Pejuang 45（45年闘士・反汚職部隊）
LIPI	Lembaga Ilmu Pengetahuan Indonesia（インドネシア科

	学院)
LNG	Liquefied Natural Gas（液化天然ガス）
LPEM FEUI	Lembaga Penyelidikan Ekonomi dan Masyarakat, Fakultas Ekonomi, Universitas Indonesia（インドネシア大学経済学部経済社会研究所）
LPPI	Lembaga Penelitian dan Pengkajian Islam（イスラーム研究機関）
LSI	Lembaga Survei Indonesia（インドネシア世論調査研究所）
MBTs	Main Battle Tank（主力戦車）
MCW	Malang Corruption Watch（マラン汚職ウォッチ）
MDGs	Millennium Development Goals（ミレニアム開発目標）
MEF	Minimum Essential Force（最低必要装備）
MMI	Majelis Mujahideen Indonesia（ムジャヒディン協議会）
MOU	Memorandum of Understanding（覚書）
MP3EI	Masterplan Percepatan dan Perluasan Pembangunan Ekonomi Indonesia（インドネシア経済開発加速・拡大マスタープラン）
MPR	Majelis Permusyawaratan Rakyat（国民協議会）
MPRS	Majelis Permusyawaratan Rakyat Sementara（暫定国民協議会）
MRT	Mass Rapid Transit（大量高速鉄道）
MUI	Majelis Ulama Indonesia（インドネシア・ウラマー評議会）
NasDem	(Partai) Nasional Demokrat（ナスデム党）
NGO	Non Governmental Organization（非政府組織）
NU	Nahdlatul Ulama（ナフダトゥル・ウラマー）
PAN	Partai Amanat Nasional（国民信託党）
PBB	Partai Bulan Bintang（月星党）
PDIP	Partai Demokrasi Indonesia Perjuangan（闘争民主党）
PDS	Partai Damai Sejahtera（福祉平和党）
Petral	Pertamina Energy Trading（プルタミナ・エナジー・ト

	レーディング社）
PKB	Partai Kebangkitan Bangsa（民族覚醒党）
PKI	Partai Komunis Indonesia（インドネシア共産党）
PKNU	Partai Kebangkitan Nasional Ulama（イスラーム共同体覚醒党）
PKPI	Partai Keadilan dan Persatuan Indonesia（公正統一党）
PKS	Partai Keadilan Sejahtera（福祉正義党）
PNI	Partai Nasional Indonesia（インドネシア国民党）
Podes	Potensi Desa（村落悉皆調査）
PRD	Partai Rakyat Demokratik（人民民主主義党）
PRRI	Pemerintah Revolusioner Republik Indonesia（インドネシア共和国革命政府）
PRN	Policy Research Network（政策調査ネットワーク）
PPP	Partai Persatuan Pembangunan（開発統一党）
Seknas Jokowi	Sekretariat Nasional Jaringan Organisasi dan Komunitas Warga Indonesia（ジョコウィ全国事務局）
SMRC	Saiful Mujani Research and Consulting（サイフル・ムジャニ・リサーチ・アンド・コンサルティング社）
SNS	Social Networking Service（ソーシャル・ネットワーキング・サービス）
UI	Universitas Indonesia（インドネシア大学）
USAID	United States Agency for International Development（アメリカ合衆国国際開発庁）
Wantimpres	Dewan Pertimbangan Presiden（大統領諮問会議）

序　章

2014年選挙とインドネシアの民主主義

川　村　晃　一

はじめに

　インドネシアが民主化を経験したのは1998年のことである。その翌年の1999年以降，民主的な選挙が，国政レベルでは5年ごとに行われている。2014年は，民主化後4度目の議会選挙と，3度目の大統領直接選挙が実施された。

　本書の執筆のために集まった私たちも，インドネシアでの選挙にあわせて5年ごとに共同研究を実施し，選挙の諸側面とその時々にインドネシアが直面する課題について同時代的に分析を行ってきた。その成果は，佐藤（1999），松井・川村（2005），本名・川村（2010）として刊行されている。2014年の選挙を前に，私たちは再びインドネシアの選挙をめぐる諸側面に関する分析の準備に入った。しかし，これまでの共同研究が変化の激しいインドネシアの「いま」を切りとることを主たる目的としていたのに対し，今回はより広い視野から民主化後のインドネシアの来し方を分析し，選挙後のインドネシアの行く末を展望することをめざすことにした。というのも，2004年から10年間政権を担当したスシロ・バンバン・ユドヨノ大統領のもとで，インドネシアは大きな変貌を遂げたからである。

　ここでは，本書の議論に入る前に，インドネシアが独立してから2014年の選挙を迎えるまでの民主化の歩みと，現在の民主主義体制を構成している諸制度を整理しておく。そのうえで，本書の目的と構成を紹介する。

インドネシアにおける民主化

インドネシアは，オランダによる植民地支配と日本軍政を経て1945年8月17日に独立を宣言した。しかし，植民地支配の復活をねらうオランダとの独立闘争を戦い抜き，実質的な独立を勝ちとるまでに4年の歳月が必要だった。その後インドネシアは，オランダの統治制度を模倣した1950年暫定憲法のもとで議院内閣制に基づく民主政治を実践する（この時期を「議会制民主主義期」と呼ぶ）。1955年には，現在の基準からしても非常に民主的な選挙が実施されている。しかし，その結果として出現した政党政治は，多党が乱立する不安定なものだった。とくに，イデオロギー的，宗教的に相容れない4大政党（インドネシア国民党：PNI，ナフダトゥル・ウラマー：NU，マシュミ，インドネシア共産党：PKI）が権力闘争に明け暮れ，短命内閣が続いた（Feith 1962）。この時代は，世俗主義対イスラーム主義やジャワ対外島など，国家建設や国民統合の方向性について深刻なイデオロギー対立が存在した。「この国のあり方」に対する国民的合意が形成されないまま，政党間の勢力争いばかりがエスカレートしていったのである。

その結末は，スカルノ大統領による一方的な議会の停止と独立時に制定された1945年憲法への復帰であった。スカルノはこの統治体制を「指導される民主主義」と名づけたが，実質的には政治的競争の制限された権威主義体制であった。しかし，スカルノ政治も経済的失政と対外冒険主義によって行き詰まった。そのような危機的な状況で発生したのが，共産党系将校によるクーデタ未遂事件といわれる1965年の「9月30日事件」である。この事件を容認するような態度を示したスカルノにかわって反乱部隊を鎮圧したのが，当時陸軍戦略予備軍（Kostrad）司令官だったスハルトであった。スハルトは1966年にスカルノから大統領権限を奪取すると，国民の基本的な権利と政治参加を強権的に制限することによって権力基盤を固めた。一方で，スハルトはインドネシアを明確に西側資本主義陣営に位置づけることによって日本を含む西側諸国からの援助と投資を受け入れ，開発主義に基づく経済開発を推し進めた。スハルトが築き上げた「新体

制」(Orde Baru) のもとで，インドネシアは政治的安定と経済成長を達成し，1990年代には世界銀行のいう「東アジアの奇跡」の一角を占めるまでになった（World Bank 1993）。スハルトは，スカルノ体制をはるかに上回る洗練された権威主義的統治体制をつくり上げ，32年間の長きにわたって権力を維持することに成功した（白石 1997）。

　しかし，きわめて強固に築き上げられたスハルト体制も，1997年のアジア通貨危機を発端とした政治・経済危機によって1998年5月に崩壊した。スハルト体制から解放され民主化が実現したが，再び政党間の権力闘争が激化し，地方では分離独立の要求が噴出して，さながら1950年代の政治に逆戻りしたかのような状況が生まれた。インドネシアの政治的展望については国内外で悲観論が支配し，国家統一の維持さえ危ぶむ声が上がった（白石 1999）。

　ところが，インドネシアが1950年代と同じ政治的混乱に陥ることはなかった。体制転換が軍主導ではなく，文民主導で合憲的に進められたことで，比較的穏健な形での体制転換が実現した。不安定な政治情勢のなかでも制度改革が着実に進められ，4次にわたる憲法改正を通じて権力分立主義が全面的に採用された政治制度が形成された。大胆な地方分権化が同時に進められ，地方からの分離・独立運動が沈静化していった。「多様性のなかの統一」の国是が再確認され，憲法における国民の基本権の保障を通じて国家権力や多数派による国民の権利侵害を防ぐことが担保された。1950年代の議会制民主主義期には，国家の根本にかかわる問題として合意を形成することができなかったこれらの課題が，民主化後に試行錯誤しながら進められた政治改革のなかでひとつひとつ解決されていったのである。インドネシアにおける民主化は，民主主義の制度を構築するという課題と同時に，国家の根本問題に関する政治的対立を解決するという課題にも取り組まなければならなかった。このふたつの課題を同時に解決に導くような制度構築がなされたことが，インドネシアの民主化改革を成功に導いた鍵であった（川村 2011）。

インドネシアの民主主義体制

　民主化後のインドネシアの政治制度は，1999年から4次にわたって改正された1945年憲法で規定されている（図序-1）。執政制度には，大統領制が採用されている[1]。民主化当初は国民協議会（MPR）という議会組織によって大統領は選出されていたが，2004年からは国民による直接選挙による選出に改正されている。任期は5年で，1回のみ再選されることができる。

　議会は，下院に当たる国会（DPR）と上院に当たる地方代表議会（DPD）からなる。両院の議員選挙は，大統領選挙と同じ年に実施される。国民協議会は，制定当時の1945年憲法では「国権の最高機関」として大統領の選出・罷免や国家の基本政策である国策大綱（GBHN）を制定する権限を有していたが，民主化後はこのふたつの議院の合同フォーラムという位置づけに変更されており，権限は大幅に縮小された。

　司法府は，民主化改革のなかで地位と権限が大幅に強化された。裁判官の人事権や裁判所の行政監督権が法務省から最高裁判所に移管され，司法府の独立性が確立された。最高裁判所の裁判官を任命する独立した機関として司法委員会も民主化後に新たに設置された。また，違憲立法審査など高度に政治的な判断を下す憲法裁判所が2003年に新設されている。

　1999年から始められたインドネシアにおける政治制度の民主的改革は，2004年にかけて漸次的に進められた。約40年間にわたる権威主義体制の存続を許したという反省から，民主化直後には大統領の権力を剥奪する方向で憲法改正が行われた。しかし，1999年に初めて国民協議会内での民主的な選挙によって選出されたアブドゥルラフマン・ワヒド大統領が議会との対立から罷免されると，権限の強化された議会に対して大統領の地位を向上させる必要が認識されて，国民による大統領の直接選挙制が導入された。また，執政府と立法府を統制するために，司法府の強化も同時に進められることになった。こうして，最終的に完成したインドネシアの統治機構は，権力分立主義を全面的に採用した大統領制となったのである（川

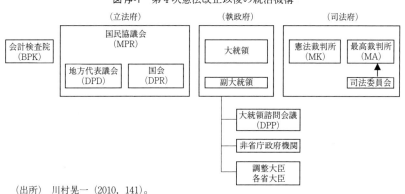

図序-1 第4次憲法改正以後の統治機構

(出所) 川村晃一 (2010, 141)。

村 2002；2005)。

　このように中央の国政レベルで権力分散的な政治制度が導入されたのと並行して，中央地方関係においてもスハルト時代の中央集権的な地方統治機構が分権的な制度へと転換された（松井 2002；岡本 2015, 23-33)。スハルト時代には，＜中央政府＝州政府＝県・市政府＞という垂直的な従属関係が存在したが，2001 年から導入された地方分権化策によって，県・市政府に地方自治体としての自立性が大幅に認められることになり，資源管理を含む広範な権限の移譲と財政資源の移転が実行に移された。地方首長の選出権も，大統領（または内相）から地方議会に移譲され，さらに 2005年からは，住民による直接投票による選出に変更されている。首長の任期も 5 年だが，選挙の実施時期は自治体ごとに異なっている[2]。

ユドヨノの 10 年における変化

　2004 年までに統治機構の改革がほぼ終了したことで，インドネシアにおける民主化はほぼ完了し，民主主義の時代が始まった。しかし，2004 年にユドヨノが大統領に就任した時点では，インドネシアはいまだ「政情不安の国」と認識されていた。アチェやパプアなどの地方では分離独立運動が続いていたし，イスラーム過激派によるテロ事件も頻発してい

た。その後，30年以上にわたったアチェの内戦で和平が実現するなど，地方での紛争は徐々に収束し，テロ対策も着実に成果を上げた。汚職事件がつぎつぎと摘発されるようになったことは，問題の根深さを表している一方，法の支配が徐々に浸透しつつあることの現れでもあった。2005年から始まった地方首長直接選挙も2009年の国政選挙も平和裡に実施され，政治的競争が暴力的対立に転化することはなかった。旧支配エリートや既得権益層の談合支配という問題が指摘されるものの（Hadiz and Robison 2004; 本名2013），選挙政治，政党政治，議会政治が政治の王道となった。インドネシアは「新興民主主義国のモデル」として世界から賞賛される国へと変貌したのである。

　一方，政治改革の進展に比べると回復の遅れていた経済の面でも，ユドヨノの10年のあいだに大きな変化が起きた。2004年時点でのインドネシア経済は，1997年のアジア通貨危機・経済危機からの回復をいまだはたしておらず，興隆する「東アジア生産ネットワーク」に乗り遅れたアジアの後進国という位置づけだった。それが，2006年にアジア通貨危機時のIMF債務を4年繰り上げて完済すると，2007年には11年ぶりに通貨危機前の6％成長を達成し，経済に力強さが戻りつつあることが示された。2008年の世界的な金融危機（リーマン・ショック）の影響をインドネシアも受けるが，2009年を4％成長で乗り越えると，巨大な国内市場の潜在的成長力が注目を集めるに至り，世界はインドネシアを成長著しい「新興経済大国」とみなすようになった（佐藤2011）。

　インドネシアに対する国際的評価は，ユドヨノの10年間のうちに180度転換したのである。2014年にはそのユドヨノが2期10年の任期を終え，憲法の規定に従って政権の座を降りる。政権交代を経ても安定した民主政治が展開されるのか，そして政治的安定のもとでさらなる経済成長が見込まれるのか。国際社会におけるインドネシアの比重は10年前とは比べものにならないほど大きくなった。それだけに，インドネシアの選挙に対する世界的な関心も，かつてないほど高いものになった。

本書の目的

インドネシアでどのような大統領が誕生し，新政権がどのように政治経済の課題に取り組んでいくのか。大きく変貌したインドネシアの将来像を展望するためには，2014年の選挙と新政権成立に至るプロセスを実証的に分析するだけでは十分ではない。ユドヨノの後を継ぐ新政権の課題を考えるにあたっては，ユドヨノ政権10年の成果を総括し，その功罪について私たちなりの評価を下す必要がある。

そこで，本書では，ユドヨノ政権の10年をインドネシアにおける民主化の歴史のなかでどう位置づけるかという問題意識をつねに念頭におきながら，選挙と新政権の課題を分析することをめざした。これまで5年ごとの選挙分析で蓄積してきた同時代的な分析に，歴史的な分析を組み合わせることによって，現代インドネシアの政治経済の諸相をより深く洞察することが本書の目的である。時事解説にとどまることなく，時間的にも空間的にもより広い視野から分析する作業を通じて，ダイナミックに変動するインドネシアの姿を読者に提供したい，というのが私たちの願いである。それは，1998年の民主化前後から継続的にインドネシアの政治経済を観察してきた私たちに課された責務だと考えている。

本書の構成

2014年選挙を分析するとともに，それによって誕生する新政権が背負う課題について，ユドヨノ政権10年を総括しながら考察するため，本書は2部構成となっている。まず，第1部「有権者の投票行動とジョコウィ登場の政治力学」では，2014年4月の議会選挙と7月の大統領選挙をめぐる選挙過程と政治過程を分析することで，ジョコ・ウィドド（通称ジョコウィ）大統領誕生の背景を明らかにする。

第1章「2014年選挙の制度と管理」では，選挙に関する制度とその運用に関する問題を議論する。選挙制度は選挙結果を大きく左右する重要な

要素である。インドネシアでは選挙制度が選挙ごとにこまかく改変されるため，制度の内容をまず確認する。そのうえで，選挙の正統性を確保するうえで重要な選挙運営がどのようになされたのかを議論する。

　第2章「議会選挙——野党第1党の苦い勝利——」は，2014年4月に行われた議会選挙の結果と有権者の投票行動を分析している。この選挙では，ユドヨノの与党・民主主義者党が大敗を喫した。10年間野党の座に甘んじていたメガワティ・スカルノプトゥリ元大統領率いる闘争民主党（PDIP）が第1党に返り咲いたが，期待されたほどの勝利を収めることはできなかった。その理由を政党の得票結果という観点と，有権者の投票行動という観点から明らかにする。

　第3章「大統領選挙——庶民派対エリートの大激戦——」は，議会選挙の3カ月後の2014年7月に行われた大統領選挙の結果を分析している。今回の大統領選挙は，庶民出身のジョコウィと国軍エリート出身のプラボウォ・スビアントという対照的な候補者による一騎打ちとなった。選挙戦で争われたのは，政策というよりも，インドネシアにとって望ましい指導者とはどのような人物かという点であったが，エスニシティや宗教といった社会的亀裂によって投票行動が規定された選挙でもあったことが明らかにされる。

　第4章「ジョコ・ウィドド政権の誕生——選挙政治と権力再編——」は，ジョコウィ政権誕生の政治過程を描き出している。当初，楽勝と思われていたジョコウィがプラボウォに苦戦した背景には闘争民主党の内部対立があったが，ジョコウィを最終的な勝利に導いたのは市民ボランティアの力だった。しかし，政権発足後のジョコウィは，メガワティ党首や与党陣営内の既得権益層との対立に早くも直面していることが明らかにされている。

　つづく第2部「ユドヨノ政権10年の到達点とジョコウィ政権の課題」では，ユドヨノ政権の10年間で達成された点と残された課題を議論したうえで，ジョコウィ政権が取り組む政治経済上の諸課題を明らかにする。ユドヨノ政権終了時の到達点を確認することで，ジョコウィ政権が取り組まなければならない課題の新しさや困難さが明確になる。

　第5章「ジョコ・ウィドド政権の基本政策」では，船出したジョコウィ

政権の性格をその基本政策という観点から分析する。ジョコウィ大統領は，民主化後に達成された政治的安定と経済的成長の土台のうえに立って，国民の自信の回復と庶民の生活向上のための政策を展開しようとしている。具体的な政策の方向性は，海洋の重視，分配の重視，資源立脚型の成長である。これらの課題に取り組むべく，2014年10月にはジョコウィの「働く内閣」が発足した。高い理想と野心的な目標を達成するために，新政権は着実に国家運営を進めていかなければならない。

　第6章「ユドヨノ政権の10年間——政治的安定・停滞と市民社会の胎動——」は，ユドヨノ政権期における中央と地方の政治の動態を分析したうえで，その功罪を議論している。民主化後はじめての長期政権となったユドヨノ政権は，政治的安定を達成した一方，2期目以降は政策遂行が停滞したことが明らかにされる。地方でも，安定と停滞の側面がみられた。このようななか，改革への推進力となっているのが，中央でも地方でも市民社会勢力である。この市民社会勢力の支持によって誕生したのがジョコウィ大統領であり，今後も彼らが民主主義の質の向上の鍵を握るとされる。

　第7章「ユドヨノ政権期経済の評価——所得と雇用，格差の分析——」は，ユドヨノ政権期の10年間に実現された高い経済成長と失業率の低下が何によってもたらされたのかを分析している。ユドヨノ政権期に達成された6％前後の成長率は，しばしば指摘されてきた民間消費主導の内需ではなく，石炭やパーム油をはじめとする天然資源の輸出によって支えられてきたことが明らかにされる。一方，政府の目標に届かなかった貧困削減は，産業の高度化にともない高技能労働者への需要が高まり，中等教育修了者以下の層とのあいだの所得格差が拡大したことにあると指摘される。この所得格差解消は，ジョコウィ政権に引き継がれた大きな課題である。

　第8章「ユドヨノ政権10年の外交——国際社会における名声とその限界——」は，民主化と経済成長を背景に，ユドヨノ政権期に黄金期を迎えた外交を振り返った。ユドヨノ政権は，「世界最大のイスラーム人口を抱える民主主義国家」というアイデンティティの標榜と全方位外交という戦略を採用した。インドネシアの積極的なASEAN（東南アジア諸国連合）外交は，インドネシアの地域リーダーとしての立場を確固たるものとする

一方で，南シナ海問題や2014年のタイ・クーデタに対してASEANとして統一した対応ができなかったように，ユドヨノ外交にも限界はあった。これに対して，ジョコウィ大統領は，海洋国家という外交戦略を掲げるとともに，より国益重視の方向に外交の舵を切りつつあると議論される。

第9章「イスラームと政治——ユドヨノ期の『保守化』とジョコウィ政権の課題——」は，イスラームと政治の関係を議論する。ユドヨノ大統領自身は穏健なイスラームを内外に掲げたが，政権内部の保守的なイスラームの価値観をもつ勢力が政権の宗教的姿勢に影響を与えたことが分析される。2014年の選挙戦でも，イスラーム主義勢力が宗教差別的な言説で世俗主義を代表する政治家であるジョコウィを攻撃し，それが一定の効果を発揮した。ジョコウィ政権には，穏健なイスラーム的価値観を有する人物が多く入ったが，ジョコウィの宗教観や人権意識は必ずしも明瞭ではなく，深刻な宗教的対立にジョコウィがどう対処するのか，大統領としての手腕が試される。

これらの議論をふまえたうえで，終章「民主化後の歴史のなかにユドヨノの10年とジョコウィ登場を位置づける」では，ユドヨノの10年間に何が達成され，何が課題として残されたのか，そしてジョコウィ大統領誕生につながった2014年の選挙の意義を確認している。

〔注〕
(1) 本書では，行政部門を含む政治のトップ・リーダーシップを行使する部門を「執政府」と呼ぶ。これまで一般的に使われてきた「行政府」は，政治的決定を単に執行する機関を指しており，それ自体が国民の代理人として意思決定を行う政治的主体である執政とは区別される必要があるからである。
(2) ただし，2015年以降は地方首長選挙を段階的に同日選挙に移行させ，2020年からは，すべての地方首長選挙が同じ日に行われる統一地方選挙になる予定である。

〔参考文献〕

<日本語文献>
岡本正明　2015.『暴力と適応の政治学——インドネシア民主化と地方政治の安定——』京都大学学術出版会.
川村晃一　2002.「1945年憲法の政治学——民主化の政治制度に対するインパクト——」佐藤百合編『民主化時代のインドネシア——政治経済変動と制度改革——』アジア経済研究所　33-97.
——— 2005.「政治制度から見る2004年総選挙——民主化の完了，新しい民主政治の始まり——」松井和久・川村晃一編『インドネシア総選挙と新政権の始動—メガワティからユドヨノへ——』明石書店　75-99.
——— 2010.「インドネシアの大統領制——合議・全員一致原則と連立政権による制約——」粕谷祐子編『アジアにおける大統領の比較政治学——憲法構造と政党政治からのアプローチ——』ミネルヴァ書房　135-175.
——— 2011.「スハルト体制の崩壊とインドネシア政治の変容」和田春樹ほか編『和解と協力の未来へ 1990年以降』岩波講座東アジア近現代通史第10巻　岩波書店　265-288.
佐藤百合編　1999.『インドネシア・ワヒド新政権の誕生と課題』アジア経済研究所.
——— 2011.『経済大国インドネシア——21世紀の成長条件——』中央公論新社.
白石隆　1997.『スカルノとスハルト——偉大なるインドネシアをめざして——』岩波書店.
——— 1999.『崩壊インドネシアはどこへ行く』NTT出版.
松井和久　2002.「地方分権化と国民国家形成」佐藤百合編『民主化時代のインドネシア——政治変動と制度改革——』アジア経済研究所　199-246.
松井和久・川村晃一編　2005.『インドネシア総選挙と新政権の始動——メガワティからユドヨノへ——』明石書店.
本名純　2013.『民主化のパラドックス——インドネシアにみるアジア政治の深層——』岩波書店.
本名純・川村晃一編　2010.『2009年インドネシアの選挙——ユドヨノ再選の背景と第2期政権の展望——』アジア経済研究所.

<外国語文献>
Feith, Herbert. 1962. *The Decline of Constitutional Democracy in Indonesia*. Ithaca: Cornell University Press.
Hadiz, Vedi R. and Richard Robison. 2004. *Reorganising Power in Indonesia: The Politics of Oligarchy in an Age of Markets*. London: RoutledgeCurzon.
World Bank. 1993. *The East Asian Miracle: Economic Growth and Public Policy*. New York: Oxford University Press.（白鳥正喜監訳『東アジアの奇跡——経済成長と政府の役割——』東洋経済新報社　1994年）.

第1部

有権者の投票行動と
ジョコウィ登場の政治力学

2014年4月の議会選挙で投票する有権者（左上）と投票所での開票作業を見守る人びと（右下）。2014年の選挙は，民主化後最も混乱の少ない選挙だった。（撮影：川村晃一）

第1章

2014年選挙の制度と管理

川村　晃一

はじめに

　本章は，2014年の選挙に関する議論に入る前に，選挙に関する制度とその運用の問題をとりあげる。1998年に民主化した後のインドネシアでは，選挙が実施されるたびに選挙制度に関する法律が改変されてきた。議会選挙については比例代表制，大統領選挙については直接選挙での絶対多数得票という大枠は変更されていない。しかし，具体的な選挙制度については，選挙前に議会で法案の審議が行われ，選挙のたびにこまかな修正が加えられてきた。さらに，2003年に憲法裁判所が新設されて以降は，議会で成立した選挙関連の法律に対して違憲審査請求が出され，憲法裁判所での審議の結果，法律の内容が再度修正されるというケースも多数発生している。そのため，選挙そのものの議論に入る前に，選挙がどのような仕組みのもとで行われたのか，どのような意図で制度がつくられたのかを整理し理解しておくことが重要である。

　また，その制度のもとで選挙がどのように実施されたのかを検討することも必要である。民主主義を維持していくためには，公平で公正な選挙の実施が不可欠であることは言を待たない。しかし，公平・公正な選挙を実施することは，とくにインドネシアのような新興の民主主義国であり，か

つ広大な国土をもつ国では容易なことではない。実際，民主化後に実施されたいずれの選挙においても，選挙の運営に大小の混乱が発生し，選挙の正統性に疑義が出されることもしばしばあった。選挙の正統性に重大な疑義が生じ，いずれかの政治勢力が選挙結果の受入れを拒否すれば，民主主義は危機に直面する。ほかの民主化国と比べて安定を実現しているインドネシアの民主主義も，そのような危険性と無縁ではない。2009年の選挙では選挙運営が大きく混乱したし，2014年の選挙でも選挙の正統性に疑義が出された。いずれも最終的には問題が深刻化することはなく，選挙の正統性も保たれた。そこで，本章では，選挙がいかに管理され，その正統性が維持されたのかを検討する。

本章の構成は以下のとおりである。まず第1節では，議会選挙と大統領選挙の制度的な枠組みを確認する。第2節では，2014年4月に実施された議会選挙の運営や管理をめぐる問題を検討する。第3節では，7月に実施された大統領選挙の運営や管理をめぐる問題を検討する。第4節では，すでに決まっている2019年の選挙における制度変更の内容と，それが政治過程に及ぼす影響について議論する。

第1節　選挙の仕組み

本節では，2014年に行われた議会選挙と大統領選挙の仕組みを確認する。インドネシアの議会選挙は，中央と地方のすべての議会に対する選挙が同日に実施される。選出される対象は，国政レベルの下院に当たる国会（DPR）と上院に当たる地方代表議会（DPD），第1級地方自治体の州，第2級地方自治体の県および市の各地方議会（DPRD）である。これらの選挙制度を規定しているのは，総選挙実施機関法（法律2011年第15号），改正政党法（法律2011年第2号），総選挙法（法律2012年第8号）である。総選挙実施機関法と総選挙法は，2009年総選挙時に適用された法律2007年第22号と法律2008年第10号の内容を大きく改正して新たに制定されたもの，政党法は法律2008年第2号を一部改正したものである。

1．選挙管理機関の制度

インドネシアの選挙を運営・管理する機関は，総選挙委員会（KPU）である。選挙実施機関に関する制度は，2007年までは総選挙法のなかで規定されていたが，その機能を強化するため2009年総選挙前に新しく独立した法律のなかで規定されることになった。その2007年総選挙実施機関法では，中央に設置された総選挙委員会が，全国の州，県・市の各レベルに設置された地方総選挙委員会（KPUD）を統括することが定められた。また，選挙監視機能を強化するため，総選挙監視庁（Bawaslu）を頂点に投票所レベルまでを統括する常設の選挙監視機関が設置されることになった。

しかし，機能強化が図られた総選挙委員会のもとで実施された2009年総選挙では，選挙運営が大きく混乱した。選挙人名簿の不備や当選議席確定方法をめぐる混乱といった問題が続発し，2009年総選挙は民主化後最もクオリティの低い選挙だと評された（相沢2010）。そのような混乱の要因のひとつは，総選挙委員会委員の実務能力の低さにあった。2004年総選挙を担当した総選挙委員会では組織ぐるみの汚職が発生し，当時の委員長と委員のふたりが有罪判決を受けた。その反省から，2007年総選挙実施機関法では，委員の選出に際して大統領が設置する選考チームによる公募の仕組みを取り入れるなど，政治的中立性と透明性を確保することがめざされた。しかし，その結果として，クリーンであるが実務能力の低い人物が委員に就任することになったのである。そこで，2011年総選挙実施機関法では，国会の意向を反映して，政党政治家を含む公職者が総選挙委員会と総選挙監視庁の委員に就任できるように改正された。

2011年総選挙実施機関法におけるもうひとつの大きな特徴は，選挙実施機関の関係者による不正行為を監督するため，独立の組織を設置した点である。2007年総選挙実施機関法でも，査問機関として名誉評議会の設置が定められていたが，これはあくまでも総選挙委員会または総選挙監視庁の内部組織という位置づけで，評議会の委員は内部の委員3人と外部の

委員ふたりから構成されることになっていた。また，同評議会は，事案ごとに設置されるアド・ホックな組織であり，常時委員の行動を監視しているわけではなかった。2011年総選挙実施機関法は，これを総選挙実施機関名誉評議会（DKPP）という独立の組織として常設化するとともに，中央レベルから投票所レベルまでを含むすべての選挙実務関係者の不正行為などを監視するため，機能と権限の強化が図られた。この名誉評議会が，選挙実務関係者の行動規準となる倫理規定を定めるとともに，違反行為の疑いがあった場合は調査を行ったうえで処分を決定する。ただし，この名誉評議会の構成についても，総選挙委員会代表1名，総選挙監視庁代表1名，国会議席保有政党各1名，政府代表1名，大統領と国会がそれぞれ推薦する社会代表4〜5名というように，国会の意向を反映するものになった。

　しかし，選挙実施機関に政党政治家が就任できるようにする規定については，法案成立前から市民社会組織を中心に強い反対の声が上がっていた。かつて，民主化直後の1999年に設置された総選挙委員会は，総選挙に参加する各政党の代表と政府代表から構成されていた。しかし，これがかえって政党の利害を委員会にもち込むことになり，選挙運営が混乱したため，2000年以降は非政党人の学者らから構成されるように法律が改正されていた（川村2005a）。その後も，総選挙委員会には党派性をもち込まないというのが基本的な方向性であった（川中2013）。2011年総選挙実施機関法で再び政党代表者が関与することができる道が開けたことで，選挙実施機関に党派性が再びもち込まれることが懸念されたのである。

　そこで，NGOが中心となって「総選挙を守るための社会連合」が組織され，憲法裁判所に対して当該条文に関する違憲審査請求を行った。憲法裁判所は，2012年1月4日に下された判決で原告の主張をほぼ認め，政党政治家が選挙実施機関の委員に就任することは総選挙委員会の独立性を定めた憲法の規定に反するとして，当該条文を違憲と判断した。これで，総選挙委員会および総選挙監視庁の委員に就任する要件は，公募申込みの5年以上前に，政党から脱退もしくは政府公職者を辞していなくてはならないという2007年総選挙実施機関法と同様の内容に戻されることになっ

た。

　この憲法裁判所の違憲判決では，2011年総選挙実施機関法で新たに設置された名誉評議会についても，同様の党派性排除の原則が適用されるべきという考えが示された。議席保有政党各1名と政府代表1名の委員就任を規定した条項が削除されただけでなく，社会代表を国会と大統領がそれぞれ推薦するという条項についても違憲との判断が示された。そのため，名誉評議会の委員は，総選挙委員会代表1名，総選挙監視庁代表1名，それに社会代表5名から構成されることになった。

2．有権者の登録

　選挙権は，17歳以上，もしくは既婚（女性のみ16歳以上）の全国民が有している。しかし，インドネシアには，日本のような永久選挙人名簿がないため，選挙のつど名簿が作成される。今回も，内務省から提供される住民登録のデータを基に選挙人名簿が作成され，各投票所レベルで供覧に付されて修正されたのち，2014年11月に総選挙委員会から確定選挙人名簿（DPT）として発表された（この時点での有権者総数は1億8862万2535人）。

　しかし，同時に総選挙委員会は，このうち1040万人分の有権者データに不備があり，実在する人物なのかどうかが不明だということを明らかにした。選挙人名簿の不備は，2009年総選挙・大統領選挙の際にも有権者の未登録や二重登録が発生して問題となっていたが（相沢2010），5年後の今回も同じような問題が発生したわけである。今回の有権者登録では，内務省が進めていた住民登録証の電子化（電子住民登録カード［e-KTP］の発行）が2012年末までに終了している予定だったため，2009年総選挙時のような問題は発生しないとされていた。しかしながら，内務省の電子化の作業自体が遅れたため，総選挙委員会が選挙人名簿の作成を始めた段階では全国民の電子化データが用意されていなかった。さらには，内務省から提供されたデータを選挙人名簿のデータに変換する際にミスが生じたことで，データの不備や重複などが多数確認された。そこで総選挙委員会は，投票日直前の2014年3月まで選挙人名簿の修正作業を続けた。

それでも選挙人名簿への登録から漏れた有権者が存在する恐れがあったため，総選挙委員会は，前回 2009 年の大統領選挙投票日直前に憲法裁判所から下された決定に基づいて，住民登録証を持参すれば投票を認めるとの決定を行った。その結果，3月までに選挙人名簿に登録がなされた有権者に，住民登録証を持参して投票をした有権者の数を足し合わせた最終的な有権者総数は，1億 8983 万 2916 人になった。
　このように有権者登録の問題が繰り返される背景には，政治的な意図や介入があるというよりも，選挙運営のための実務的な能力が欠如しているという点がなによりも挙げられる。また，内務省と総選挙委員会とのあいだで調整や協力が円滑に行われていないこと，名簿の内容を確認するための現場での人員と予算が不足していることなども問題の原因として指摘されている[1]。

3．総選挙参加の要件

　政党の設立と選挙参加のための要件は，それぞれ改正政党法と総選挙法のなかで規定されている。まず，政党は法務・人権省に法人登記を行わなければならない。その法人登記するための要件が，今回は厳格化された。前回総選挙時の 2008 年政党法では，「全国の 60％の州，当該州内の 50％の県・市，当該県・市内の 25％の郡」に執行部が存在することとされていたが，2011 年改正政党法では，「すべての州，および各州内の 4 分の 3 の県・市，および当該県・市内の半数の郡」に執行部が設置されていることに修正されている。また，執行部の 30％が女性役員であることや，総選挙終了まですべての政党事務所が常設されていなければならないことなども規定された。
　法務・人権省に登記した政党が総選挙に参加するためには，総選挙委員会で資格の認証を受けなければならない。その総選挙参加資格も前回総選挙時よりも厳しくなった。2008 年総選挙法では，執行部が設置されている自治体の数が「3 分の 2 以上の州，および当該州内の 3 分の 2 以上の県・市，および当該県・市内の 3 分の 2 以上の郡」と定められていたが，

2012年総選挙法では政党設立条件と同等に引き上げられた。

　総選挙に参加を希望する政党の登録は，2012年8月10日から始まった。2011年改正政党法では，国会に議席を有する政党については自動的に総選挙参加政党として認められるとされていたが，8月29日の憲法裁判所の違憲判決によって，総選挙に参加する政党はすべて書類審査を受けなければならなくなった。9月7日に締め切られた総選挙参加登録には，46政党が総選挙委員会に申請書類を提出した。しかし，このうち12政党は書類に不備があるとして申請が許されなかった。書類審査を通過して総選挙に参加することが認められた政党が総選挙委員会から発表されたのは2013年1月8日のことである。

　この時に総選挙委員会に選挙参加政党として認められたのは，国政レベルの10政党とアチェ州地方議会選挙のみに参加する3地方政党である。しかし，この決定を不服とする17政党が選挙参加政党として認定するよう総選挙監視庁に提訴し，このうち14政党が提訴を認められた。提訴内容を精査した総選挙監視庁は，公正統一党（PKPI）については選挙参加政党として承認すべきとの決定を下した。しかし，総選挙委員会は，総選挙監視庁の審査が適切ではなかったとして，その決定を受け入れないと表明した。そのため，同党は総選挙委員会に対して総選挙監視庁の決定を受け入れることを求めて，ジャカルタ高等行政裁判所に提訴を行った。また，総選挙監視庁での審査で提訴内容が却下された11政党も，ジャカルタ高等行政裁判所に決定を不服だとして提訴を行った。このうち，月星党（PBB）と公正統一党の2政党については裁判で提訴内容が認められ，ようやく総選挙委員会もその判決を受け入れた。2013年3月にこの2政党が追加で総選挙参加政党として正式に登録されたことで，2014年総選挙は合計12政党で争われることになった（総選挙参加政党については，第2章第1節および巻末資料1を参照）。

　これは，民主化後に実施された過去3回の選挙で最も少ない参加政党数である。この12政党のうち，2009～2014年議会期の国会で議席を有しているのは9政党に上る。残りの3政党のうち，過去に一度も総選挙に参加したことのない新党はナスデム党のわずか1政党だけである。つまり，

2014年総選挙は，小政党や新党にとっては参入障壁が非常に高かったといえる。

小政党や新党の参加が抑制され，総選挙参加政党数が減少したのは，政党の設立と選挙参加のための要件が厳格化されたためである。上記のように，全国にくまなく執行部と政党事務所を設置できるのは，一定の組織規模と豊富な資金力を備えている政党に限られる。

4．議会選挙の制度

議会選挙に関する制度は，民主化後選挙のたびにこまかな変更が多数加えられてきた[2]。たとえば，国会の定数は500から550，560へと増加した。選挙制度も，比例代表制を基本としつつ，完全拘束名簿式から条件付非拘束名簿式，そして完全非拘束名簿式へと変化した[3]。選挙区の大きさも，州単位から複数の県・市単位へ，選挙区定数も最大82だったのが12，そして10へと変更されている。議会政党数を削減するための方法も，選挙参加資格の限定という入口での制限から，議席獲得のための最低得票率（いわゆる代表阻止条項）の設定という出口での制限へと変わってきている。非拘束名簿式の導入によって有権者が直接議員を選ぶことを可能にする一方で，選挙区の大きさを小さくしたり，代表阻止条項を導入したりすることで議会内の政党数を削減し，立法プロセスの複雑さを是正しようとしてきたのである。民主化後のインドネシアは，選挙を通じた国民の意見の表出と安定的な議会運営の実現とのバランスをいかにとるか模索を続けてきたといえる。

2014年総選挙に関する制度は，民主化後の過去の選挙のなかで，最も変更点が少ない。国会の定数は560，非拘束名簿式比例代表制，定数3～10の複数県・市からなる選挙区といったように，基本的な選挙制度の構造は2009年総選挙と同じである。ただし，総選挙法案が議会で審議された際には，名簿方式（非拘束名簿式か拘束名簿式か）や議席配分方法（最大剰余法かサント・ラゲ式か）[4]，選挙区定数など，修正が検討された点もあった。

しかし，最終的には，前述した政党の選挙参加要件の厳格化と，議席獲得のための最低得票率を2009年総選挙時の2.5%から1%ポイント引き上げて3.5%にするという点だけが修正されるにとどまった。これらの変更は，政党の数を削減して，安定した議会運営と執政府・立法府関係を可能にすることをめざしたものである[5]。インドネシアでは，民主化後に多数の政党が設立されて選挙に参加し，議席を獲得してきたため，議会が多党化した。その結果，法案の審議が長期化，複雑化した。また，政権の樹立には3政党以上による連立が必要になったため，大統領による政権運営も困難であった。そのため，選挙のたびに政党設立や選挙参加，そして議席獲得の要件が少しずつ厳格化されてきているのである。

　実際の政党への議席配分は，最大剰余法という方法に基づいて行われる。まず，全国レベルで得票率3.5%以上を獲得した政党を確定する。この基準をクリアした政党に対して，各選挙区レベルで議席の配分が行われる。その際，得票率3.5%に満たなかった政党に対する投票はカウントされず，それ以外の政党に対する有効投票の総数を選挙区の議員定数で割って当選基数を計算し（ヘア式），各党の総得票数に対して当選基数ごとに1議席を与えていく。つぎに，当選基数に満たない投票が発生し，かつ未配分の議席がある場合，当選基数の2分の1以上の得票数をもつ政党に対して議席を配分する。さらに未配分の議席がある場合，剰余票を州レベルで集計し直し，総剰余票数を未配分議席数で割って算出した新しい当選基数に基づいて議席を配分していく。それでも未配分議席がある場合は，剰余票の大きい順に残りの議席を配分する。こうして配分された各党の獲得議席数の枠内で当選者が決められる。その際の基準となるのが候補者個人の得票数で，名簿順位とは関係なく得票の多い順に当選者が決められていく。

　しかし，代表阻止条項に関する規定は，法案成立後，憲法裁判所での法律審査で違憲判決が出された。当初の条文では，国政レベルで3.5%の最低得票率を獲得できなかった政党は，地方議会でも議席の配分を受けられないとなっていた。しかし，この条文が違憲と判断され，国政レベルで最低得票率を獲得できなかった政党でも，州議会，県・市議会では得票率に応じた議席配分を受けられることになった。

一方，地域代表の利益を表出する場である地方代表議会議員選挙の制度は，2004年の設立以来まったく変わっていない。選挙区は州単位で，各州から4人ずつ単記非移譲式投票制で選出する[6]。投票者が投じられるのは1票のみで，各選挙区で最も得票の多い上位4人が当選となる。地方代表議会議員に立候補できるのは個人に限定されており，政党政治家は立候補できない。

5．大統領選挙の制度

　2014年の大統領選挙の制度は，2008年大統領選挙法（法律2008年第42号）で規定されている。大統領選挙の選挙区は全国1区である。正副大統領は1組として立候補し，有権者は1組の候補者に投票する。候補者が当選するためには，過半数の票を獲得することに加え，全国の州の半分以上でそれぞれ20％以上の票を獲得しなければならない。この要件を満たす候補者がいなかった場合は，上位1位と2位の候補者による決選投票が行われる。

　この制度枠組みは，5年前の前回大統領選挙とまったく同じ内容である。しかし，国会では，2013年9月まで法律の改正案が審議されていた。そこでの焦点は，大統領候補の擁立条件をどうするかであった。2004年に初めて大統領選挙が実施されて以来，大統領候補は政党によって擁立されることが必須であった。ただし，大統領候補を擁立できる政党の条件が選挙ごとに異なっていた。2003年大統領選挙法では，その条件が国会の議席率15％以上もしくは国会議員選挙の得票率20％以上を得た単独もしくは複数の政党と規定されたが，史上初の大統領選挙ということで特例が設けられ，議席率3％以上もしくは得票率5％以上の政党と条件が緩和された。しかし，2009年大統領選挙を前に制定された2008年大統領選挙法では，その条件が議席率20％以上もしくは得票率25％以上に引き上げられた。その結果，2004年の大統領選挙には5組の正副大統領候補が立候補できたが，2009年には3組しか立候補できなかった。自党の候補者を擁立できるよう条件の引き下げを求める中小規模の政党と，候補者の乱立を

防ぎたい大規模の政党とのあいだの意見の隔たりは大きく，結局妥協が成立しないまま審議未了で法案の改正は見送られた。つまり，2014年の大統領選挙における候補者擁立の条件も，「議席率20％以上もしくは得票率25％以上を獲得した単独もしくは複数の政党」となったのである。このように候補者擁立要件が厳しく設定されたうえ，ジョコ・ウィドド（通称ジョコウィ）という圧倒的に人気のある政治家が立候補を表明していたため，2014年の大統領選挙は2組の候補者による一騎打ちとなった（第3章および第4章参照）。

　大統領候補擁立要件を定めた条項については，憲法裁判所に対して違憲審査請求が出された[7]。これに対し憲法裁判所は，2014年1月23日に，2008年大統領選挙法の一部条項を違憲とする判断を示した。その判決では，大統領候補擁立の要件である政党の議席率・得票率をどう定めるかは立法府の権限の枠内であるとして合憲との判断が示された[8]。しかし，議会選挙の後に大統領選挙を実施することについては，(1)大統領候補の擁立が短期的な政党の合従連衡に左右され，大統領権限の強化につながっていないこと，(2)憲法改正を審議した国民協議会（MPR）の意図に反していること，(3)選挙を別々に実施することにより経済的な損失が発生していること，を理由に違憲との判断が示された。ただし，2014年議会選挙と大統領選挙までは時間が限られているため，この判決は2019年の選挙から有効とされた。つまり，2019年の選挙では，議会選挙と大統領選挙が同時に実施されることになる。

第2節　議会選挙の実施

　第1節でみたように，投票日前には選挙の実施をめぐってさまざまな問題が噴出していた。しかし，結果的には，選挙戦の激しさが混乱を生じさせるのではないかという心配は杞憂に終わった。2014年の選挙は，民主化後の選挙のなかでも最も信頼性の高いものだったといえるだろう。有権者名簿の不備の問題は今回も発生したが，総選挙委員会が問題の所在を明

らかにして有権者に名簿の改訂への協力を求めたことで，問題は次第に収束していった。また，最終的に有権者名簿への記載に漏れた有権者に対しても，有効な身分証明書を提示すれば投票できると呼びかけるなど，総選挙委員会が国民の選挙権を保障していく姿勢を示したことで，有権者名簿の不備の背景に政治的な介入があることを疑う声は大きくはならなかった。投開票のプロセスでも，大きな問題は発生しなかった。

過去には選挙の運営能力のなさを指摘されたり，内部で汚職が蔓延したりするなど問題の多かった総選挙委員会は，今回は過去の失敗を教訓として生かすことができた。問題が発生した場合でも，情報を広く公開するなど透明性を確保するよう努めたことで，国民の信頼が失われることはなかった[9]。また，2004 年と 2009 年を通じて憲法裁判所が選挙運営上の問題を解決するために示してきた法的判断の蓄積が，混乱の拡大を防いだ。

そして，なによりも今回の選挙運営を担当した総選挙委員会の委員の実務能力が高かった。2012 年に就任して 2014 年の選挙に備えた 7 人の委員のうち，5 人は州レベルでの総選挙委員会で選挙運営の実務経験がある人物だった。残りのふたりも，選挙・政党を研究する大学教員と，選挙改革などのアドボカシー活動を行っていた NGO の代表であり，高い専門性をもっていた[10]。専門性も経験もある人物が総選挙委員会の委員として選挙運営の任に当たったことで，信頼性の高い選挙が実現されたのである。

また，新設された総選挙実施機関名誉評議会（DKPP）の果たした役割も大きかった。同評議会は，地方の総選挙委員会委員に選挙運営の逸脱や，党派的な行動があると告発を受けると，これを審理し，規定等の違反が判明した委員に対して適切な処分を下した。2014 年には 885 件の告発があり，382 人の委員が警告を受け，171 人の委員が停職の処分を下されている[11]。

こうして選挙運営の信頼性は高いレベルで確保されたが，一方で，2014 年の議会選挙は，「最も汚い」選挙だとも評された[12]。選挙期間中，候補者たちは，食料品の提供，道路やモスクの修理といったさまざまな形の便宜供与を競うように選挙区で展開した。投票日前夜には，「暁の攻撃」（serangan fadjar）と称される票の買収が行われ[13]，投票後には勝利のお礼としてさらに現金が配られるなど，金権選挙が蔓延した[14]。

2014年の議会選挙が最も汚くなった理由は，選挙制度にあると指摘されている（Aspinall 2014a; 2014b）。つまり，比例代表制が非拘束名簿式となったことで，立候補者は，他党の候補者と争うだけでなく，自党の候補者とも票を奪い合わなければならなくなった。選挙区における立候補者数は，各党とも選挙区の定数と同じ人数まで登録できる。たとえば，人口の多いジャワ島などの選挙区では，定数が10のところに各党が10人ずつ候補者を立てるため，最大で120人が議席を争うことになる。このうち，ひとつの党が獲得できる議席数は，多い場合で3〜4議席，通常は1〜2議席である。つまり，立候補者は，自党の候補者のなかでトップの得票をしていなければ当選の見込みはない状況なのである。突出して支持基盤の強い候補者がいなければ，党内での他候補との競争は数百〜数千票というきわどい戦いになる。そのため，各候補者とも，1票でも多く得票を積み増そうと，なりふり構わず票の買収に走るようになったというわけである。
　非拘束名簿式の制度は，比例名簿の上位に入れてもらうため，党中央執行部のご機嫌伺いばかりしていた候補者の目を選挙区に向かわせ，有権者のために働く政治家を当選させようという意図で，憲法裁判所の違憲判決によって導入されたものである。2009年の選挙では，その判決が選挙直前だったため制度の効果が顕在化しなかったが，2014年の選挙では，立候補者と有権者の直接的な関係が利権によって結び付けられる結果となってしまった。政党や政治家も，非拘束名簿式の選挙制度は金がかかるうえに当選の保証がないという不満を募らせている。そのため，2019年の選挙に向けて，比例代表制を拘束名簿式に戻そうとの議論がすでに出されている。

第3節　大統領選挙の実施

　7月9日の大統領選挙投票日は，選挙戦の激しさが嘘のような静かな投票風景が全国各地でみられた。議会選挙の時と同様に，総選挙委員会の選挙運営に大きな問題は発生しなかったし，投票もきわめて平穏に終了した。

しかし，投票終了直後から始まった開票速報の番組では，テレビ局によって異なる当選予測が発表され，選挙戦を争ったジョコウィとプラボウォ・スビアントの両者が投票日当日中に勝利宣言するという異例の事態となった。

　このような事態に至った背景には，それぞれの陣営内の選対幹部に就任している企業家が，所有するテレビ局や新聞社を選挙広報の媒体として利用しているという実態があった。大統領選挙法にはマスコミの偏向報道を禁止する条項が含まれているが，これらの放送局は，選挙戦中から自らの社主が支持する候補者に関する番組ばかりを流しており，報道の中立性は完全に失われていた。開票速報の番組においても，各放送局が特定の候補者の勝利を予測する調査機関を意図的に使っていることは明らかであり，速報結果が割れるのも当然であった。プラボウォ勝利を予測した調査機関の信頼性は低いといわれていたが，選挙が接戦だっただけに，実際にどちらの候補者が勝ったのかは総選挙委員会による公式の発表を待つしかなかった。

　ここで懸念されたのが，プラボウォ陣営による集計作業への介入と数値の操作であった。プラボウォは，信頼度の高い複数の調査機関に負けを予測されていたことから，陣営傘下の政党組織や地方首長を動員して集計プロセスに介入し，投票結果の数値を操作して自らの当選をでっち上げようとするのではないかと心配されたのである。また，このような不正が横行すれば，敗者側が総選挙委員会の結果を正当なものと認めず，暴動の発生につながるのではないかと懸念する声まで上がった。

　しかし，インドネシアの民主主義の成熟度がここで示されることになる。総選挙委員会は，集計プロセスの透明性を確保するため，全国約48万カ所の投票所で記入された集計用紙のすべてをスキャンして公式ウェブサイトにアップロードし，誰でも閲覧できるようにした[15]。これによって，国民の誰もが投票所での開票に不正がなかったか，その後の集計プロセスに不審な点がないかどうかを確認することができるようになった。

　さらに，公表された投票所レベルでの開票結果を利用して，独自に投票結果を集計しようというボランティアの運動が発生した。まず，3人の若

者が集計ソフトと集計を公表するためのサイトをインターネット上に立ち上げた。彼らがフェイスブックを通じて手入力で投票所の開票結果の集計を手伝ってくれるボランティアを募ったところ，5日間で700人が協力を申し出たのである。「Kawal Pemilu」（選挙を守る）と名づけられた彼らの運動は，特定の候補者を支援するものではなく，党派性のまったくないものだった[16]。仮に，彼らのはじき出した得票結果と総選挙委員会が発表する得票結果のあいだに大きな差が出れば，集計段階で何らかの問題があったことが示唆される。この運動は，票の意図的な操作を抑制する役割を果たすことになったのである。

　7月22日深夜に発表された総選挙委員会発表の得票率と彼らの集計結果の差はわずか0.01％だった。総選挙委員会による情報公開と市民による小さな運動が，大統領選挙の正統性と民主主義の公正性を支えたのである。

　プラボウォは，総選挙委員会から公式の結果が発表される直前に，投開票で不正があったとして，大統領選挙から撤退すると宣言した。その後，プラボウォ陣営は，撤退は選挙プロセスからではなく，集計プロセスからだと発言を訂正したうえで，投票や集計のやり直しを求めて憲法裁判所への不服申し立てを行った。憲法裁判所は，申立ての内容について関係機関から意見を聴取するなどして審理を行ったうえで，8月21日，9人の判事全員の一致した意見として，プラボウォの提訴を証拠不十分として全面的に棄却する判決を下した。憲法裁判所による判決は最終の確定判決であり，これ以上選挙結果をめぐって法的に争うことはできない。プラボウォは憲法裁判所の判決も受け入れないとの態度を示したが，合法的に選挙を覆す手段はここで尽きた。こうして2014年の大統領選挙は，総選挙委員会と憲法裁判所という公式の国家機関に支えられつつ，市民の参加によって公正さと正統性を維持できたのである。

第4節　2019年の議会選挙・大統領選挙同日実施は何をもたらすか

　第1節で紹介したように，次回2019年の大統領選挙は，憲法裁判所での2008年大統領選挙法に対する違憲判決により，議会選挙と同時に実施されることになった。この制度変更は，2019年以降の政治のあり方にどのような変化をもたらすのかを最後に考えてみたい。

　大統領選挙を議会選挙の後に実施し，議会に議席をもつ政党が大統領候補を擁立するという制度を導入したそもそもの理由は，政権樹立に向けた政党間の協力を促し，大統領が議会多数派の支持を受けることを確実にすることによって執政府と立法府の関係を安定化させるためであった。これが2019年から議会選挙と大統領選挙の同時選挙ということになると，執政府と立法府の関係にも影響を及ぼすと考えられる。

　まず，同時選挙になることで，政党は自らの大統領候補とともに選挙戦を戦うことになる。これまでは，議会選挙の前に政党が自らの大統領候補を発表する必要はなかったし，たとえ自党の大統領候補を発表していたとしても，実際にその人物が大統領選挙に立候補できるかどうかは議会選挙が終わってみなければわからなかった。それゆえ，有権者にとってわかりにくい選挙である，大統領候補の擁立が政党間の数合わせに堕していると批判されたわけである。同時選挙になると，どの政党が誰を大統領候補として擁立しているのかが事前に明確にされるため，この点が改善される。また，有権者は，議会選挙で投票する政党と大統領選挙で投票する候補者の党派を一致させる傾向が強まると考えられる。つまり，当選した大統領を擁立した政党が議会第1党になる可能性が高くなる。その意味で，大統領の議会における支持基盤（党派的権力）が強化され，大統領がリーダーシップを発揮しやすくなるかもしれない。

　しかし，同時選挙はメリットばかりをもたらすとは限らない。まず，大統領候補はあくまでも政党（または政党連合）が擁立しなければならないが，大統領候補を擁立できる政党の要件をどうするかが問題である。これ

までと同様，一定の議席率・得票率を大統領候補者擁立の要件として課すとなると，いつの時点の議席率・得票率を基準とするのであろうか。前回総選挙時の議席率・得票率を基準にするのであろうか。しかし，前回選挙の結果を新しい選挙の要件に使うことを合理的に理由づけることは難しく，実質的には候補者擁立要件がなくなると考えられる[17]。

　候補者擁立のための議席率・得票率の規定がなくなるとすると，唯一の要件は同時に実施される総選挙参加政党という資格のみになるだろう。この場合，それぞれの政党は，事前に連立の交渉をすることなく，独自の候補者を擁立することになるだろう。しかし，当選した大統領を擁立した政党が議会で過半数を獲得しないかぎり，大統領は他党と協力関係を構築することを迫られる。つまり，大統領は選挙後に連立政権樹立のための交渉を行わなければならなくなるだろう。しかも，その連立交渉は，副大統領という重要な取引材料がすでに決まったなかで行わなければならず，大臣ポストの配分をめぐる連立交渉は厳しいものとなるかもしれない。同時選挙は，政党による連立形成のあり方を変える可能性がある。

　また，同時選挙は，政党組織のあり方にも影響を与える可能性がある。同時選挙となれば，有権者やマスメディアの関心は大統領選挙の方に集中するだろう。政党にとっては，大統領選挙の結果が議会選挙の結果を左右することになるため，いかに魅力的な人物を大統領候補として担ぎ出せるかがポイントとなる。その結果，政党は，組織をまとめる能力のある政党内部の人間ではなく，党派を超えて支持をアピールできる外部の人間を選ぶようになるだろう。このような現象は，「政党の大統領制化」と呼ばれている（Samuels and Shugart 2010; 川村 2012）。つまり，政党組織内部における執政的機能と立法的機能の分離がますます進行してしまう可能性がある（第2章第1節および同章おわりにを参照）。

　さらに，大統領候補擁立要件のない同時選挙は，個人政党をますます利することになる。既存の政党には所属していない人物であっても，自らが設立した個人政党が総選挙参加資格さえパスすれば，自動的に大統領選挙に立候補することができるのである。しかも，その人物にカリスマ的な魅力があれば，一気に大統領選挙で勝利することも可能である。候補者も，

有権者の関心を引こうと扇情的なスローガンを利用したり，大衆迎合的な政策を唱えたりするなど，ポピュリスト的な傾向を強めるかもしれない。つまり，組織政党においても個人政党においても，個人的なカリスマをもつ指導者とポピュリスト的な政治手法に依存していく傾向が強まる可能性があるのである。

　個人政党に有利に働く選挙制度は，政党システムにも影響を与える可能性がある。インドネシアの政党システムは分極的な多党制であり，議会過半数を獲得するような大政党が出現する可能性は非常に低い（川村 2014）。2014年までは，このような多党制のもとでの大統領制を安定化させるために，議会選挙の後に大統領選挙を実施し，大統領候補擁立の要件を厳しくして事前の連立形成を政党に促したのである。上述した政党設立要件や総選挙参加資格の厳格化，代表阻止条項の導入は，いずれも政党の数を減らして，より穏健な多党制の形成をめざしたものであった。じつは，今回の憲法裁判所の判決も，政党システムの簡素化の必要性に言及している。しかし，同時選挙の導入は，個人政党が参入する機会を広げ，むしろ政党システムの複雑化，さらなる多党化を促す可能性がある。

　しかも，個人政党の登場とポピュリスト的政治家の登場は，世俗主義対イスラームという社会宗教的亀裂に基づいた有権者の投票行動と政党システムの制度化を変容させる可能性をもつ。インドネシアにおいて政治的安定が実現されている理由のひとつは，社会的亀裂に沿って政党が形成されていることによって社会的な対立が政党間の民主的な競争に転換されている点と，議会選挙と大統領選挙の制度的連関によって，立法府と執政府が対立的な関係に陥りやすい大統領制のもとでも連立政権の形成を通じて両者の協調的な関係が形成されやすい点にある（川中 2012, 120-122）。しかし，ポピュリスト的政治家とその個人政党は，投票行動における社会宗教的な亀裂の重要性を変容させ，政党システムの制度化を崩壊させ，ひいては政治的安定を脅かすかもしれない。

　今回の憲法裁判所の違憲判決によって，2019年総選挙がどのような制度変更を迫られるのかは不明な点も多い。しかし，民主主義の定着期に入ったインドネシアにとって，つぎにどのような制度を選択するかは政治

的安定を左右する重要な決断になる。

おわりに

　2014年の選挙は，これまでの選挙に比べると，制度の変更が少ない選挙であった。それでも，こまかな点で重要な制度の変更が行われたり，憲法裁判所の判断によって制度の変更が加えられたりもした。2019年の議会選挙と大統領選挙については同時選挙が実施されることになるなど，早くも次の選挙制度が大きく変わることも決まっている。金権選挙の原因になったと関係者のあいだでは評判の悪い非拘束名簿式の比例代表制についても，次の議会選挙に向けた総選挙法の改正審議のなかでその是非がとりあげられる見込みである。今後も，インドネシアの選挙では，制度が安定することはないだろう。選挙で問題が発生するたびにその解決のために修正が施され，その時々の政治勢力の思惑によって制度が改変されようとするだろう。

　このように選挙制度の枠組みが不安定であるにもかかわらず，インドネシアの選挙が比較的公平，公正に実施され，正統性を失わずに実施されているのは，独立した選挙管理機関が維持されているとともに，憲法裁判所が特定の政治勢力に与せず，独立して選挙関連法案の違憲審査を行っているからである[18]。また，選挙の運営を投票所や最も底辺の選挙管理機関で支えている一般市民の役割も重要である。決して高くはない報酬にもかかわらず，投開票担当者の多くは長時間にわたって地道な作業を黙々と遂行した[19]。投開票作業はオープンな形で進められ，それを市民が見守ることで選挙の公正さを守った。さらに，2014年にはインターネット技術を使った市民監視の手法がこれに加わり，よりオープンな形で選挙の公正さが守られた。選挙管理に市民が参加して選挙の正統性を守ったという現象は，インドネシアの民主主義の成熟を示している。

〔注〕
(1) 総選挙委員会でのインタビュー，2012 年 9 月 14 日，2013 年 9 月 17 日。
(2) 民主化後の各選挙における制度的枠組みについては，川村（1999；2005a），本名・川村（2010）を参照してほしい。
(3) 民主化直後の 1999 年総選挙では，完全拘束名簿式（政党が候補者の名簿順位をあらかじめ決め，有権者はその順位を変更できない）が採用された。2004 年総選挙では，名簿順に関係なく得票の多い順に当選候補者が決められる非拘束名簿式に変更されたが，当選するためには，当選基数（政党に対する有効投票の総数を選挙区の議員定数で割った値）の 30％以上を得票する必要があるという条件がつけられていた。2009 年総選挙では，条件つきの非拘束名簿式が採用されるはずだったが，選挙直前に憲法裁判所がこれを違憲と判断したため，名簿掲載順位に関係なく候補者の得票順に当選が決まる完全な非拘束名簿式が採用されることになった。
(4) 最大剰余法，およびサント・ラゲ式は，比例代表制において獲得票数を議席数に変換する際の計算式のひとつである。最大剰余法については，後段の議席配分方法の説明を参照。サント・ラゲ式は，各政党の得票数を 1，3，5，7，9…で順次割り算し，商の大きい順に定数まで 1 議席ずつ配分する方法である。サント・ラゲ式は小政党に有利な議席配分方法といわれている。
(5) 本章では，行政部門を含む政治のトップ・リーダーシップを行使する部門を「執政府」と呼ぶ。これまで一般的に使われてきた「行政府」は，政治的決定を単に執行する機関を指しており，それ自体が国民の代理人として意思決定を行う政治的主体である執政とは区別される必要があるからである。
(6) 単記非移譲式投票制とは，定数が 2 議席以上の選挙区において，有権者は 1 名の候補者を選んで投票し，候補者の当選は得票順に決まる選挙制度のことである。かつて日本で採用されていた中選挙区制は，この制度に分類される。
(7) 2013 年 1 月にインドネシア大学教授のエフェンディ・ガザリが，2014 年 1 月には月星党元党首で 2014 年大統領選挙への立候補をめざすユスリル・イフザ・マヘンドラ元法務人権大臣が，2008 年大統領選挙法の違憲審査を請求した。
(8) 大統領選挙の立候補者が政党によって擁立されなければならないことは，1945 年憲法第 6A 条第 2 項で定められており，無所属の独立候補が立候補することは憲法上できない。
(9) 民主化支援国際 NGO である国際選挙システム基金（IFES）とインドネシア世論調査研究所（LSI）が 2014 年 6 月に実施した世論調査によると，回答者の 88％が「議会選挙はよく運営されていた」と答えており，回答者の 82％が「議会選挙の投開票プロセスに満足している」と回答している（IFES and LSI 2014）。
(10) 2012〜2017 年任期の総選挙委員会委員は次のとおり。Husni Kamil Manik 委員長（前西スマトラ州総選挙委員会委員），Ida Budhiati 委員（前中ジャワ州総選挙委員会委員長，女性法律扶助団体理事），Arief Budiman 委員（前東ジャワ州総選挙委員会委員），Ferry Kurnia Rizkiansyah 委員（前西ジャワ州総選挙委員会委員長），Juri Ardiantoro 委員（前ジャカルタ首都特別州総選挙委員会委員長），Sigit Pamungkas 委員（ガジャマダ大学社会政治学部教員），Hadar Nafis Gumay 委員

(民主化 NGO 選挙改革センター［Cetro］元代表理事，インドネシア大学教員）．
⑾　"Praktik Politik Uang Merajalela pada 2014"［金権政治行為，2014 年に多発］，*Kompas*, 19 December 2014.
⑿　同上．
⒀　選挙運動員が票の買収をするために有権者の個人宅を訪問するのが，人目に付きにくい夜明け前の時間帯であることが多かったためこのように呼ばれるようになった．
⒁　"Perang Brutal Calon Legislator"［議員候補者たちの激しい戦い］，*Tempo*, 5-11 May 2014, pp. 35-39.
⒂　http://pilpres2014.kpu.go.id/index.php
⒃　"Pengawal Suara di Dunia Maya"［サイバー空間における投票の守護者］，*Tempo*, 28 July-3 August 2014, pp. 40-41.
⒄　筆者によるマーフッド元憲法裁判所長官へのインタビュー，2014 年 2 月 13 日，ジャカルタ．
⒅　選挙管理が民主主義の確立にとって重要である点については，大西（2013）を参照．
⒆　ジョグジャカルタ州や中ジャワ州の複数の投票所での筆者の観察に基づく（2014年 4 月 9 日および 7 月 9 日）．1999 年や 2004 年の選挙においても，筆者は現地で同様の光景に接している．川村（2005b）も参照．

〔参考文献〕

<日本語文献>
相沢伸広　2010.「過失か故意か──選挙運営の不備と混乱──」本名純・川村晃一編『2009 年インドネシアの選挙──ユドヨノ再選の背景と第 2 期政権の展望──』アジア経済研究所　57-72.
大西裕編　2013.『選挙管理の政治学──日本の選挙管理と「韓国モデル」の比較研究──』有斐閣．
川中豪　2012.「政党」中村正志編『東南アジアの比較政治学』アジア経済研究所　103-124.
─── 2013.「選挙管理システムの形成──東南アジアの選挙管理委員会──」『アジ研ワールド・トレンド』(214) 7 月　41-46.
川村晃一　1999.「ポスト・スハルト時代の政治制度改革」佐藤百合編『インドネシア・ワヒド新政権の誕生と課題』アジア経済研究所　20-39.
─── 2005a.「政治制度から見る 2004 年総選挙──民主化の完了，新しい民主政治の始まり──」松井和久・川村晃一編『インドネシア総選挙と新政権の始動──メガワティからユドヨノへ──』明石書店　75-99.
─── 2005b.「総選挙てんやわんや（その 2）」松井和久・川村晃一編『インドネシア総選挙と新政権の始動──メガワティからユドヨノへ──』明石書店　100-101.
─── 2012.「インドネシアの大統領制と政党組織──大統領制化する政党，大統領制

化しない政党——」『選挙研究』28（2） 78-93.
—— 2014.「安定した民主主義と決められない民主政治」塚田学・藤江秀樹編『インドネシア経済の基礎知識』ジェトロ 1-28.
本名純・川村晃一 2010.「インドネシアにとって2009年選挙とは何だったのか」本名純・川村晃一編『2009年インドネシアの選挙——ユドヨノ再選の背景と第2期政権の展望——』アジア経済研究所 1-12.

＜外国語文献＞

Aspinall, Edward. 2014a. "Parliament and Patronage." *Journal of Democracy* 25 (4) October: 96-110.
—— 2014b. "When Brokers Betray: Clientelism, Social Networks, and Electoral Politics in Indonesia." *Critical Asian Studies* 46 (4) October: 545-570.
IFES (International Foundation for Electoral Systems) and LSI (Lembaga Survei Indonesia) 2014. *Pendapat Masyarakat Indonesia tentang Pemilu Legislatif 2014*.［2014年議会選挙に関するインドネシア社会の意見］.
Samuels, David J., and Matthew S. Shugart. 2010. *Presidents, Parties, and Prime Ministers: How the Separation of Powers Affects Party Organization and Behavior*. New York: Cambridge University Press.

第2章

議会選挙
―― 野党第1党の苦い勝利 ――

川 村 晃 一・東 方 孝 之

はじめに

　1998年の民主化後4度目となる議会選挙が，2014年4月9日に実施された。有権者数は約1億9000万人，選出される議員の総数は中央・地方あわせて約2万人，その議席獲得をめざす候補者は約23万人，投票所の総数は約55万カ所，選挙事務に従事する人員は約500万人と，世界でもインド，アメリカ合衆国に次ぐ大規模な選挙である。今回は，スシロ・バンバン・ユドヨノ大統領の任期切れに伴う大統領選挙を3カ月後に控え，その前哨戦として結果が注目される選挙であった。

　第1章でみたように，大統領選挙の立候補者は，議席率20％以上もしくは得票率25％以上を獲得した単独もしくは複数の政党によって擁立されなければならない。そのため，各党とも単独で大統領選挙に候補者を擁立できるこの数値を獲得することを第1の目標として選挙戦を戦うことになる。また，この数値に届かなかったとしても，上位の座を確保できれば，大統領候補の擁立や連立政権樹立のための交渉で優位な立場に立てる。その意味で，どの政党にとっても，この議会選挙は重要である。

　これまでの民主化後の選挙では，毎回第1党が入れ替わっている。民主

化後最初の総選挙だった1999年議会選挙では，スハルト時代の与党・ゴルカル党が敗北を喫した。次の2004年議会選挙では，2001年から政権についたスカルノ初代大統領の長女メガワティ・スカルノプトゥリ大統領の実績が問われ，メガワティが党首を務める闘争民主党（PDIP）がゴルカル党に敗北した。2009年の議会選挙では，第1次ユドヨノ政権の実績が争点となり，ユドヨノ大統領の所属する民主主義者党が勝利し，第1党だったゴルカル党は第3党に転落した。

一方で，議会の過半数を制するような政党はこれまで現れていない。第1党といえども過半数の議席には遠く及ばず，議会では多数の党が議席を分け合うという状況が常態化している。ただし，政党を世俗系とイスラーム系という社会的な対立軸によってふたつのグループに分けてみると，各グループの支持の大きさにはあまり変化がみられない。

これらの傾向は，2014年の議会選挙でも続いたのだろうか。本章は，2014年の議会選挙の結果を詳しくみていくとともに，民主化後の選挙を通じてみられる有権者の投票行動の連続性と変化を分析する。分析の対象は，国政レベルの国会（DPR）議員選挙である。まず第1節で，総選挙に参加した12政党がどのような性格をもつのか整理する。つぎに，各政党の投票結果から，2014年の議会選挙の全体的な特徴を明らかにする。さらに第3節では，選挙区レベルよりも下位にある県・市自治体レベルでの選挙データを利用して有権者の投票行動を分析し，民主化後の選挙における投票行動の連続性と変化の態様を分析する。最後に，議会選挙の結果がジョコ・ウィドド（通称ジョコウィ）政権に与える影響についてまとめる。

第1節　選挙参加政党

国政レベルの総選挙に参加する12政党の特徴はどのようなものだろうか（巻末資料1参照）。ここでは，選挙民のなかの政党と，組織としての政党というふたつの観点からみてみる。まず第1の選挙民のなかの政党という観点では，有権者の政党支持態度によって世俗系とイスラーム系の大き

くふたつに区分できる。インドネシアの政党制は，1950年代の議会制民主主義期以来，「アリラン・ポリティクス」と呼ばれる社会宗教的亀裂によって規定されているといわれてきた[1]。近代化による社会構造の変容や，民主化による政治変動によって世俗主義対イスラームという対抗軸の重要性は低下しつつあるという指摘もなされているが[2]，その有効性がまったく失われてしまったわけではない。第3節で議論するように，現在においても，インドネシアの政党制や投票行動を理解するうえでは世俗対イスラームという亀裂が最も基本的な規定要因である。なお，ここでいうイスラーム系政党とは，党の綱領や公式のイデオロギーとしてイスラーム（主義）を掲げている政党だけでなく，公式にはインドネシアの多元主義であるパンチャシラ（Pancasila）を掲げながら，実質的にはイスラーム教組織を支持母体とする政党も含めている[3]。

　2014年総選挙に参加する政党を，この世俗とイスラームという観点から分類すると，世俗系政党が7政党（ナスデム党，闘争民主党，ゴルカル党，グリンドラ党，民主主義者党，ハヌラ党，公正統一党），イスラーム系政党が5政党（民族覚醒党，福祉正義党，国民信託党，開発統一党，月星党）となる。ただし，それぞれのグループ内では，政党によってイデオロギーの強さに濃淡がある。たとえば，世俗系でも闘争民主党や公正統一党（PKPI）は，特定の宗教の優越に基づかないインドネシアの国家統一の維持に強いこだわりをもっており，実際に非イスラーム教徒からの支持が強いことが指摘されている。一方，ゴルカル党や民主主義者党などはより中道的な路線をとっており，イスラーム教指導者を支持基盤に取り込んでいたり，宗教的敬虔さをアピールしたりもしている。イスラーム系のなかでも，イスラーム主義や宗教色の強い政策を掲げる福祉正義党（PKS）や月星党（PBB）などの政党が存在する一方，世俗系の闘争民主党とも関係の近い民族覚醒党（PKB）のような政党もある。

　つぎに，組織としての政党という観点では，政党としての歴史を長く有し，中央から地方に至る組織的な支持基盤をもっている組織政党と，特定の個人政治家が大統領職をめざすために設立した個人政党のふたつに区別できる。組織政党は，オランダ植民地時代の独立闘争期にまで設立の歴史

を遡ることができる闘争民主党やイスラーム系諸政党，スカルノ時代に設立されてスハルト体制を支えたゴルカル党，民主化後にイスラーム系学生運動家らが設立した福祉正義党など，8政党が含まれる。

　これに対して，2004年に大統領直接選挙が導入されることになってから一定の支持を集めるようになったのが，有力な政治家を大統領として当選させることを最大の目的として結成される個人政党である。その最たる例が，元陸軍高級将校で政党基盤のなかったユドヨノを大統領にすべく設立された民主主義者党である。同党は，2004年にはじめて参加した総選挙で，ユドヨノ人気に乗って一気に議会第4党に躍進し，その勢いのままユドヨノを大統領にまで押し上げた。2009年総選挙では，ユドヨノ大統領に対する強い支持を背景に第1党の座を手に入れるまでになった。民主主義者党の成功をきっかけに，既存の大政党から公認を得られそうにない政治家は，自ら政党を組織し，大統領選挙に出馬することを目論むようになった。大統領をめざすウィラントもプラボウォ・スビアントも，元陸軍高級将校で既存の政党には支持基盤がない。そこで，彼らは，ハヌラ党，グリンドラ党という自らの政党をそれぞれ立ち上げて，2009年の選挙に臨んだわけである。その議会選挙では，両党とも十分な議席を獲得することができなかったため，大統領選挙では両者とも自ら大統領候補として立候補をすることはできず，他党と連立をしたうえで副大統領候補として出馬せざるを得なかったが，2014年の選挙に向けての足場づくりとしては一定の成果を上げた。今回唯一の新党であるナスデム党も，ゴルカル党内での権力闘争に敗れて党を飛び出した企業家スルヤ・パロの個人政党という色彩が強い。

　組織政党か個人政党かのちがいは，新政権が発足した後の大統領と与党との関係を考えるときに重要な意味をもつ。大統領制のもとでは，執政長官（執政部門のトップ）である大統領と議会の選挙が分離しているため，基本的に与党の党首が執政長官＝首相になる議院内閣制と異なり，党の幹部ではないが国民の人気が高い人物が擁立されて執政長官＝大統領に選出される場合がある。その場合，大統領と与党のあいだで方針や利害のちがいからくる対立が生じやすい。このように，執政制度とパラレルな形で，

党内においても執政的機能と立法的機能が分離してしまう状態を「政党の大統領制化」という（Samuels and Shugart 2010）。

しかし，大統領制を採用するすべての国で政党の大統領制化が観察されるわけではない。インドネシアの文脈においては，政党組織の大統領制化が進むかどうかは，政党の組織化の程度と大統領選挙での勝算の程度のふたつに依存している。

川村（2012）は，組織化の進んだ政党で，かつ大統領選挙での勝算が高いほど，政党は大統領制化しやすいことを指摘している。組織化の程度が低い個人政党は，その組織原理から考えて大統領制化することはない。ユドヨノやプラボウォ，そしてウィラントも，それぞれが自党の最高実力者であり，自党の大統領候補でもある。これらの政党では党のリーダーと大統領候補が一致しているため，どの候補が勝ったとしても，執政長官と与党とのあいだで対立が起こることはあり得ない。一方，組織化されている政党では，政党の大統領制化の傾向がみられる。2004年大統領選挙では，党生え抜きではないウィラントを擁立したゴルカル党にその傾向が顕著にみられた。そして，2014年の大統領選挙に党首のメガワティではなく，党幹部の経験さえないジョコウィを擁立した闘争民主党でも，政党の大統領制化が進行していると指摘できよう。他方，イスラーム系政党は，組織化されているにもかかわらず大統領制化の傾向は見い出されない。その理由は，イスラーム系政党はすべて中小規模の政党であるため大統領選挙で勝利することは実質的には難しく，執政制度が政党組織に与える影響が限定的だからだと考えられる。

第2節　選挙の結果

1．ひとり負けした民主主義者党，第3党に躍進したグリンドラ党

公式の投票結果は，2014年5月9日に中央選管である総選挙委員会（KPU）から発表された（表2-1）[4]。選挙前の大方の見方は，ユドヨノ大

表 2-1 　国会議員選挙の

	1999 年			2004 年	
	得票率	議席率	議席数	得票率	議席率
闘争民主党（PDIP）	33.7%	30.6%	153	18.5%	19.8%
ゴルカル党（Golkar）	22.4%	24.0%	120	21.6%	23.1%
グリンドラ党（Gerindra）	-	-	-	-	-
民主主義者党（PD）	-	-	-	7.5%	10.2%
民族覚醒党（PKB）	12.6%	10.2%	51	10.6%	9.5%
国民信託党（PAN）	7.1%	6.8%	34	6.4%	9.6%
福祉正義党（PKS）	1.4%	1.4%	7	7.3%	8.2%
ナスデム党（NasDem）	-	-	-	-	-
開発統一党（PPP）	10.7%	11.6%	58	8.2%	10.6%
ハヌラ党（Hanura）	-	-	-	-	-
月星党（PBB）	1.9%	2.6%	13	2.6%	2.0%
公正統一党（PKPI）	1.0%	0.8%	4	1.3%	0.2%
その他	9.1%	12.0%	60	16.1%	6.9%
合　　計	100.0%	100.0%	500	100.0%	100.0%
有効政党数	5.1	5.3		8.6	7.1
投票流動性				23.0	
世俗主義系政党合計	62.4%	62.8%		61.7%	57.6%
イスラーム系政党合計	37.6%	37.2%		38.3%	42.6%

（出所）　総選挙委員会（KPU）資料（補論参照）から筆者作成。
（注）　1999 年の議席率（議席数）の値および有効議会政党数の計算には，国軍・警察任命議席 38 が含まれている。

統領の与党・民主主義者党が大敗を喫し，大統領選挙でのジョコウィ擁立を決めた闘争民主党が勝利するであろうというものだった。闘争民主党が第 1 党となることはほぼ確実であり，焦点はむしろ，同党がどこまで票を伸ばしてくるかであった。ところが，闘争民主党に対する支持が伸び悩んだため，実際の投票結果は意外感をもって受け止められた。

（1）民主主義者党の大敗

　民主主義者党が大敗したことは，大方の事前の予想どおりであった。党として 2 度目の参加となった 2009 年の議会選挙では，1 期目のユドヨノ

結果（1999～2014 年）

議席数	2009 年			2014 年		
	得票率	議席率	議席数	得票率	議席率	議席数
109	14.0%	16.8%	94	19.0%	19.5%	109
127	14.5%	18.9%	106	14.8%	16.3%	91
-	4.5%	4.6%	26	11.8%	13.0%	73
56	20.9%	26.4%	148	10.2%	10.9%	61
52	4.9%	5.0%	28	9.0%	8.4%	47
53	6.0%	8.2%	46	7.6%	8.8%	49
45	7.9%	10.2%	57	6.8%	7.1%	40
-	-	-	-	6.7%	6.3%	35
58	5.3%	6.8%	38	6.5%	7.0%	39
-	3.8%	3.0%	17	5.3%	2.9%	16
11	1.79%	0.0%	0	1.5%	0.0%	0
1	0.90%	0.0%	0	0.9%	0.0%	0
38	15.6%	0.0%	0	-	-	-
550	100.0%	100.0%	560	100.0%	100.0%	560
	9.6	6.2		8.9	8.2	
	26.6			26.3		
	70.8%	69.8%		68.6%	68.8%	
	29.2%	30.2%		31.4%	31.3%	

大統領の政権運営が評価されて第 1 党になった同党だったが（川村・東方 2010），第 2 期政権になって 2 年目以降につぎつぎと明るみに出た党幹部の汚職関与によって一気に有権者の支持を失った。2011 年に発覚した青年・スポーツ担当国務相府管轄のプロジェクトをめぐる党会計部長の贈収賄・公金横領事件は，ユドヨノの側近だったアンディ・マラランゲン同国務相や次世代の政治家として期待されていたアナス・ウルバニングルム党首に飛び火し，さらにはユドヨノの次男エディ・バスコロ幹事長にも関与の噂があがった。いずれの人物もユドヨノの後継と目されてきた政治家であり，一連の汚職事件によって同党はユドヨノ後の党を担う政治家を失っ

てしまった。「公正で民主的な社会の実現」を政権公約に掲げ，汚職撲滅に積極的に取り組んできたユドヨノ政権の足もとで続発した汚職事件だっただけに，党への打撃は計り知れないものがあった。

　その意味では，得票率が10.7％ポイント減にとどまったのは健闘ともいえる。得票率を10％ポイント以上減らしたのは全国33州のうち12州に上り，ジャカルタ（27.5％ポイント減），アチェ（25.7％ポイント減），西ジャワ（15.7％ポイント減），北スマトラ（15.4％ポイント減）など，大票田の州で大きく支持を減らした。しかし，政界にデビューした2004年と比べると，ほとんどの州で得票率はいまだに上回っている。政権党として10年間に蓄積された党勢は，今回の選挙だけで一気に失われることはなかった。

　今回の議会選挙に参加した12政党のうち，前回の選挙から得票率を減らしたのは3政党だけである。民主主義者党以外では，1.1％ポイント減だった福祉正義党と0.3％ポイント減だった月星党である。福祉正義党も，2004年の選挙で清廉なイスラーム宣教政党として躍進した政党だったが，2013年1月にルトゥフィ・ハサン・イシャアク党首が農業省の牛肉輸入許認可権をめぐる収賄事件の容疑者として逮捕され，クリーンな党のイメージを著しく損なったことが今回の敗因とみられる。しかし，同党も，そのような逆風のなか，ほぼ現状維持に近い得票率を残した。健闘ともいっていい戦いぶりは，汚職事件による危機感が党組織を引き締めた結果だと考えられる。

　こうしてみると，2014年の議会選挙で負けたのは，民主主義者党だけだったということがわかる。民主主義者党が失った票と，2009年の選挙に参加したが今回は参加できなかった泡沫政党が得ていた票が，他の政党へと流れたとみられる。その流出した票の最も大きな受け皿となったのが，プラボウォ率いるグリンドラ党であった。

（2）グリンドラ党の躍進と新党ナスデム党の健闘

　グリンドラ党は，前回選挙から得票率を7.4％ポイント伸ばした。選挙区別の投票結果を州別に集計してみると，全国的にほぼ平均的に得票を伸

ばしている。同党は，全77選挙区中，45選挙区で上位3位以内に入っており，72選挙区で議席を獲得することに成功した。2009年の議会選挙で思うように得票を伸ばせなかった同党は，プラボウォの弟ハシム・ジョヨハディクスモのもつ莫大な資産を背景にした豊富な資金力を生かして，地方での党組織の整備を行うとともに，「社会貢献」の名のもとで医療機関への救急車両の寄付や学校へのコンピューターの提供といった活動を行ってきた。2014年大統領選挙を睨んだプラボウォの周到な準備が，同党の躍進を支えたといえるだろう。

また，ユドヨノ大統領の指導力不足に対する有権者の失望をプラボウォがうまく取り込んだことで，民主主義者党が失った票をグリンドラ党が獲得することができたと思われる。前回と今回の選挙のあいだで生じた両党の県・市レベルの得票率の差を比べてみると，民主主義者党の得票率の減少度が大きいほどグリンドラ党の得票率が大きく伸びていることがわかる。このほか，闘争民主党，民族覚醒党，ハヌラ党など，その後の大統領選挙で対立陣営に入る政党の支持層をグリンドラ党が奪ったことも，投票結果からは推測される。

ユドヨノ政権の10年間は政治的にも社会的にも安定が維持されたが，一方で，リーダーシップをとって政治的決断を行わないユドヨノに対しては，「指導力不足」との評価がつきまとっていた（第6章参照）。ユドヨノが「決められない」理由は，単に個人的な性格だけに帰せられるものではなく，制度的な制約という側面も大きいのだが（川村2010），指導力を発揮できない指導者に対する有権者の失望は，自らを「強い指導者」だと訴えるプラボウォへの期待に転換された。こうして有権者の票が民主主義者党からグリンドラ党へと流れたとみられる。

大きく支持を伸ばしたもうひとつの政党が，スルヤ・パロが設立したナスデム党である。ゴルカル党の幹部だったパロが離党して設立したこの新党は，選挙初挑戦にもかかわらず，得票率6.7%を獲得した。同党も，巨大メディア・グループを所有するパロの豊富な資金力を生かして，2011年から地方組織を整備してきた。同党は，アチェ，ベンクル，リアウ群島，東ヌサトゥンガラ，中スラウェシ，マルク，北マルク，パプアの

各州で10％以上の得票をしていることからわかるように，ジャワ島以外の外島と呼ばれる地域で健闘したのが特徴である。獲得した35議席中，20議席は外島の選挙区のものである。

　これらの外島地域は，ゴルカル党の地盤である。実際に，党を支えている政治家にもゴルカル党関係者は多く，当選した35人のうち，ゴルカル党出身の議員や党員だった人物は11人を数える。彼らのような地元に強い支持基盤をもつ有力政治家が党の集票機能を担ったのが，ナスデム党の特徴である。また，2009年選挙における泡沫政党の総得票率と2014年選挙におけるナスデム党の得票率を比べると，両者のあいだに有意な関係が見い出される。つまり，2014年選挙には参加しなかったこれら泡沫政党の支持者の票は，ナスデム党に多く流れていたと考えられる。

2．伸び悩んだ闘争民主党——なぜ"ジョコウィ効果"は限定的だったのか？——

　今回の選挙で大方の予測を裏切ったのが闘争民主党であった。2004年以降，野党の座に甘んじていた同党は，ジョコウィ・ジャカルタ首都特別州知事という人気政治家を大統領候補として擁立することで，議会選挙から大統領選挙までを一気に制することをねらっていた。同党自身も，ジョコウィ擁立を決めた段階で得票率の目標を27％に設定した。各種世論調査でも同党の支持率が25％以上という数値が示されるなど，闘争民主党は自らの目標に近い得票を獲得する勢いであった[5]。

　ところが，現実には，10年ぶりに第1党の座に返り咲いたとはいえ，結果は期待を大きく裏切るものとなった。同党の得票率19.0％は，前回の得票率から4.9％ポイント上積みしただけである。前回2009年の議会選挙での得票率14.0％は，同党にとって民主化後最低の得票率だった時のものである。メガワティの政権運営能力を問われて下野することになった2004年の議会選挙の時でさえ得票率は18.5％であった。闘争民主党は，ジョコウィという切り札を出したにもかかわらず，その2004年時の党勢をようやく回復しただけにとどまったのである。

選挙区別の得票率を州別に集計してみると，5年前から10％ポイント以上得票率を積み増したのは，ジャカルタ（17.5％ポイント増），ジョグジャカルタ（12％ポイント増），西カリマンタン（10.1％ポイント増），北マルク（12％ポイント増），パプア（13％ポイント増）の5州のみである。10年前の2004年と比べても，10％ポイント以上得票率が伸びたのは，ジャカルタ（14.8％ポイント増），西カリマンタン（15.4％ポイント増），北スラウェシ（15.7％ポイント増），北マルク（10.4％ポイント増）だけである。伝統的な地盤である北スマトラ，中ジャワ，東ジャワ，バリといった地域は，得票率自体は高いものの，さらなる支持の獲得はできておらず，頭打ち状態である。今回，闘争民主党は，ジャカルタやジョグジャカルタといった都市部ではジョコウィ人気に乗って浮動票を獲得することができたが，ほかのほとんどの地域では党の実力がそのまま得票に反映されたようである。

　それでは，なぜジョコウィというアイコンは期待されたほどの効果を生まなかったのだろうか。これに対しては，いくつかの仮説が提示されている。第1の仮説は，闘争民主党が選挙戦のなかでジョコウィをうまく利用できなかった，もしくは敢えて利用しなかった，という党の選挙戦略の失敗に理由を帰する説明である（Power 2014; Gammon 2014; Mietzner 2014a）。のちに第4章で詳述するように，党内にはメガワティの長女プアン・マハラニら党首周辺にジョコウィ擁立に異を唱えるグループがおり，擁立決定後もジョコウィを前面に出して選挙戦を戦うことに党内部から抵抗感が示されていたというのである。

　第2に，党内の人間も外部の観察者も，ジョコウィ人気を過剰に評価していたのではないかとの見方が示されている（Tomsa 2014; Mietzner 2014b）。民主化後の選挙で，25％以上の得票率を記録できたのは，民主化後最初の選挙で33.7％を記録した闘争民主党だけである。この記録は，32年間にわたるスハルト体制を崩壊させる際に大きな役割を果たした民主化指導者のメガワティに対するご祝儀的な意味合いが多分に大きかったのであり，例外的な事例である。ユドヨノに対する信任の度合が高かった2009年の議会選挙の時でさえ，民主主義者党が獲得できた得票率は20.9％にとどまっており，インドネシアの政党制では25％を超える得票

率を獲得することはきわめて困難だというのである。

　第3の見方は，選挙制度の影響を指摘する説明である（Aspinall 2014）。非拘束名簿式比例代表制のもとでは，立候補者は，他党の候補者と競争するだけでなく，自党の候補者とも競争しなければならない。そのため，立候補者たちにとっては，党の票を上積みすることよりも，自分自身の当選を確保することが優先的な目標となる。そこで，ジョコウィを使って党を売り込むというよりも，自らの業績を売り込むことが中心の選挙運動が展開される。このような選挙運動に対応して，有権者の側も，議会選挙を大統領選挙の前哨戦と考えて政党を主体に投票するのではなく，純粋に議員を選ぶために自分の知り合いに投票した（社会的ネットワーク型投票），もしくは候補者個人を評価して投票した（個人投票）というわけである[6]。

　それでは，選挙制度によって投票行動が候補者本位になったのか，総選挙委員会が発表した投票結果から確認してみる[7]。有権者は，候補者個人を選択することもできるが，特定の候補者に投票するのではなく，政党名に投票することもできる（この場合は，政党の得票数にのみカウントされる）。闘争民主党に投票した有権者では，候補者個人を選択して投票した有権者の割合は，全77選挙区を平均すると67.4%である。立候補者はこの票をめぐって同じ党出身の候補者たちと競わなければならない。選挙区内における同じ党出身の候補者同士の競争は非常に激しく，選挙区で党内1位だった候補者が闘争民主党の総得票に占める得票の割合は，全国平均28.7%であった。つまり，選挙区での1位得票者でも，闘争民主党支持者のわずか4分の1強の票しか得ることができないのである。党内のライバルに対して圧倒的な強さをもつ候補者はわずかで，どの立候補者も党内の他の候補者と厳しい選挙戦を戦わなければならない。そのため，闘争民主党の候補者は，ジョコウィを当選させるために選挙戦を戦うのではなく，自らを当選させるために，いかに自分が選挙区に役に立つか，利権を配分できるかということをアピールすることにもっぱら集中したと考えられる。

　このような候補者本位の選挙戦は，他党も同様であった。全77選挙区における全12政党の得票結果をみても，政党にのみ投票した有権者の割合は平均30%，選挙区での1位得票者の得票割合は平均32.5%で，政党

間でのちがいはあまりみられない。いずれの政党においても，候補者にとっての議会選挙は，大統領選挙の前哨戦ではなく，自らの当選をかけた戦いだったのである。

　ただし，支持を獲得しようと他党だけでなく自党の候補者とも争った選挙戦略が有効だったかどうかは疑問が残る結果が出ている。なぜなら，当選した候補者のほとんどは比例名簿の上位に記載された政治家だったからである。全当選者 560 人のうち，名簿順位 1 位の候補者は 348 人（62.1%），2 位の候補者は 95 人（17%）だった。当選には名簿順位が関係ない選挙制度になったとはいえ，名簿順位上位には党の幹部ら有力政治家が名を連ねている。国政選挙の場合は，選挙区の規模も大きいため，票の買収や利権供与などによる集票効果には限度がある。そのため，有権者も，知名度の高い，名簿上位にある候補者に投票する傾向があるといえる。

3．多党化傾向の継続

　第 1 党の座は民主主義者党から闘争民主党に移った。しかし，その闘争民主党も，ジョコウィ効果をうまく利用することができずに，他党を大きく引き離すことはできなかった。ほとんどの政党が得票率を上積みすることに成功した結果，議会ではこれまで同様に多党分立の状況が続くことになった。今回議席を獲得した政党の数は，前回から 1 増えて 10 政党である。極端に小さな泡沫政党を除く主要な政党の数を示す有効政党数を計算してみると，得票率を基にした有効選挙政党数は 8.9，議席率を基にした有効議会政党数は 8.2 である[8]。民主化後の有効政党数は，1999 年から 2004 年にかけて急上昇したのち，2009 年には若干減ったものの，2014 年に再び上昇したことになる（表 2-1 参照）。全体としては，いまだに上昇傾向にあり，インドネシアの政党制が落ち着く気配はみられない。政党間競争が激しくなって政治的安定が失われないよう政党数は削減する必要があるという認識から，選挙に参加する政党の要件や議席を獲得する条件を厳しくするという措置がこれまでとられてきたが，その効果はほとんど現れていない。

このような多党化傾向が続く背景には，インドネシアの有権者の多くが固定的な支持政党をもたないという要因がある。2008年に実施されたインドネシア世論調査研究所（LSI）による世論調査では，支持政党をもつ有権者の割合は2003年に49％だったのが2008年には15％まで低下していることが明らかにされている（LSI 2008）。また，別の世論調査会社インディカトール（Indikator）が2014年に実施した調査では，2011年から2014年までのあいだ，支持する政党があると答えた有権者の割合は平均して15％にとどまっていることが示されている（Indikator 2014）。つまり，約85％の有権者は特定の支持政党をもたない状況なのである。

支持政党をもたない有権者，いわゆる無党派層は，選挙のたびに投票先の政党を変える。このような状況は，前後2回の選挙のあいだで全体としてどの程度の票が移動したか，すなわち投票の流動性を示す指標（選挙ボラティリティ）からもわかる[9]。投票流動性指標の値を計算すると，1999年から2004年にかけて23％だったものが，2004年から2009年にかけては26.6％に上昇した後，2009年から2014年にかけても26.3％と同じ水準を保っている。この値は，他の新興民主主義諸国と同様に高い水準にあり，インドネシアでは投票行動が流動的であることを示している[10]。

有権者の投票行動が流動的であることで，新しい政党が参入する余地が生じる。いずれの政党も組織基盤が弱く，大統領直接選挙の導入後に個人政党が有効であるとの認識が広がったことも加わって，つぎつぎと新党が設立される状況が続いているが，これは新しい政党でも一定の支持を有権者から得て，議席を獲得できる見込みがあるからである。こうして多党分立の状況が常態化しているのである。

4．退潮傾向に歯止めがかかったイスラーム系政党

高い投票流動性指標に示されているように，各政党の得票率は選挙ごとに大きく変動しているが，興味深いことに，世俗系とイスラーム系という宗教的亀裂に従って政党を分類したうえで得票率を比較してみると[11]，イスラーム系政党全体の得票率は約3～4割のあいだに収まっており，変

化はあまりみられないことが確認できる。2014年議会選挙におけるイスラーム系政党全体の得票率は31.4％で，2009年の29.2％から若干増えたものの，大きく変化はしていない。1999年と2004年の2回の議会選挙では約38％だったイスラーム系政党の合計得票率は，2009年に減少したものの，今回はその傾向に歯止めがかかった（詳しくは第9章参照）。

　イスラーム系政党全体の得票率に大きな変化がみられないことは何を意味しているのだろうか。有権者は特定の支持政党はもたないものの，投票先の政党を変える際には，世俗系かイスラーム系かという宗教的亀裂で分けられたグループのなかでのみ投票先を変えているのではないだろうか。そこで，再び投票流動性の指標を使ってこのことを確かめてみることにしたい。選挙に参加した政党を世俗系とイスラーム系に分類したうえで，2回の選挙のあいだで亀裂をまたいだ投票（つまり，前回と今回で異なるグループに投票をした有権者）がどの程度あったとみなせるかを計算してみると，2009年と2014年のあいだでは2％にとどまる。2004年と2009年では9.2％と数値が大きくなるが，その前の1999年と2004年のあいだでは1.5％だった。政党を単位として投票流動性を計算した場合には23％から26％の範囲で変動していたのとは大きく異なることがわかる。そこで，これらの数値を用いて，選挙間で投票先を変える有権者のうち，どれくらいの割合の有権者が同じグループ（世俗系もしくはイスラーム系）内でのみ投票先を変えたとみなし得るのかを計算すると，2004年は93.7％，2009年は65.4％，2014年は92.5％となる。2009年には2004年との比較から亀裂をまたぐ投票が増えたとみられるが，基本的には同じグループ内での投票移動が多かったことがわかる。

　ここまでの分析結果を簡単にまとめておこう。国会の議席に占める各政党の得票割合の変化に注目し，議会選挙の全体的な特徴をみてみると，無党派層が多く投票流動性が高いために，第1党が選挙ごとに変化し，多党化の傾向が続いている一方で，世俗系とイスラーム系に政党を分類すると，得票のパターンに大きな変化はみられない，ということが確認できた。次節では，政党制が宗教的亀裂を反映しているという状況に大きな変化はないという点について，有権者の投票行動に焦点を当てて分析した結果を紹

介する。

第3節　有権者の投票行動の分析
——亀裂投票と業績投票——

　本節で最初に確認したいのは，宗教的亀裂に基づく有権者の投票行動である。政党をイスラーム系と世俗系とに分けてみた場合，どのような地域でイスラーム系政党がより得票する傾向があったかを探ることにしよう。次いで，前節の第4項でみた高い流動性，すなわち第1党が選挙ごとに交代する理由として，有権者が与党に対する評価を基準に投票しており，業績が良ければ報酬として与党に，逆に業績が悪ければ懲罰として野党を投票先に選ぶ，という業績投票仮説に基づいて分析を試みたい[12]。とくに本節で注目したいのは所得の変化である。ユドヨノ政権は相対的に高い経済成長率を達成したことで注目されたが（第7章参照），このような経済面での業績を有権者は評価していたのか，そして，もし評価していたとして，どの程度それが連立与党の得票率に反映されていたか，という点を探ることにしたい。なお，本節では，州のひとつ下の地方自治体である県および市で観察された情報を用いている（詳しくは補論参照のこと）[13]。

1．宗教的亀裂投票の検証——イスラーム対世俗——

　ここでは分析を単純化するため，有権者はイスラーム系政党，世俗系政党，ないしはどちらも選択しない（棄権する，ないしは無効票を投じる）の3つの選択肢に直面していると考え，（世俗系政党ではなく）イスラーム系政党を選択し続ける有権者の割合はどの程度存在しているのかを確認する。ここでの関心は，宗教的亀裂が存在するのかどうか，そして，亀裂がある場合にはどのような変化が生じているか，という点にある。
　最初に，ムスリム人口割合やイスラーム礼拝所（Masjid）比率（人口比）と，イスラーム系政党の得票率との関係を確認しよう。仮に，信仰心のあ

図2-1 イスラーム系政党と世俗系政党の得票率の差と礼拝所数の関係(1999〜2014年)

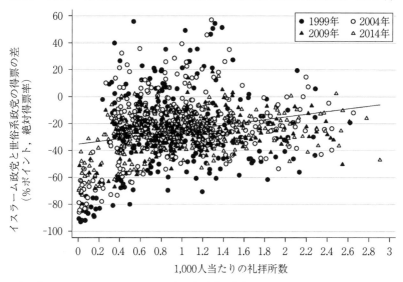

(出所) Higashikata and Kawamura (2015) を基に作成。
(注) 礼拝所 (Masjid) の数は Podes 各年版を基に計算。各年のイスラーム系政党ならびに世俗系政党の内訳については Higashikata and Kawamura (2015) の Table A1 を参照。

つさと人口比でみた礼拝所数とのあいだに正の相関関係があるとするならば、宗教的亀裂が投票行動に影響を及ぼしている場合、礼拝所数比率が高い地域ほどイスラーム系政党への支持が高まっているはずである。実際にイスラーム系政党の絶対得票率(得票数を有権者数で割ったもの[14])と世俗系政党の絶対得票率の差と、礼拝所比率との関係をみたものが、図2-1である。ここからは、礼拝所の多い地域＝イスラームの影響がより強いと想定される地域では、イスラーム系政党に対する支持が大きくなる傾向があることを確認できる[15]。

つぎに、絶対得票率の差について2期間で変化をみてみよう。図2-2の散布図は、縦軸が絶対得票率の差を表しており、横軸はその5年前の議会選挙時に観察された値を示している。一見して明らかなように、得票率の差の2期間での変化をみると、多くが45度線上の近辺に集中してい

図 2-2　宗教的亀裂投票（1999〜2014年）

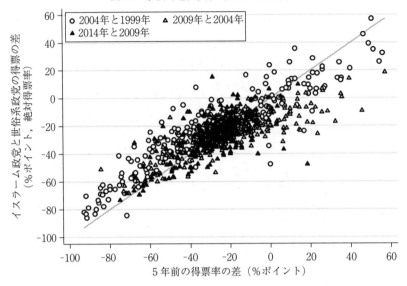

(出所)　Higashikata and Kawamura (2015) を基に作成。
(注)　各年のイスラーム系政党ならびに世俗系政党の内訳については Higashikata and Kawamura (2015) の Table A1 を参照。

とがわかる。つまり，県・市単位で観察すると，かつてイスラーム系政党を支持した有権者の割合が相対的に多かった地域では，その傾向が2014年議会選挙に至るまで継続していた，と考えられる。

　この宗教的亀裂という点から興味深いのは2009年の議会選挙結果であった[16]。表2-2は，2004年選挙時の結果を基に，県・市をイスラーム系政党の得票率の高さに応じて5つのグループに分けたものである。表からは，①かつてイスラーム系政党の得票率が高かったグループほど，2009年にはその得票割合が減少しており，同時に棄権票・無効票の割合が増えていること，②得票率が最も高かったグループ（表中の第Ⅴグループ）でのみ，世俗系政党の割合が若干増加していたこと，が確認できる。つまり，イスラーム系政党の得票率の減少は基本的には棄権票・無効票の割合が増えたことで説明できると考えられる。おそらく，2004年にイスラーム系

表2-2 イスラーム系政党の絶対得票率の変化と，棄権票・無効票割合および世俗系政党の絶対得票率の変化

	イスラーム系政党の得票率（%）2004年	得票率の変化（%ポイント）					
		イスラーム系政党		棄権・無効票		世俗系政党	
		2004～2009年	2009～2014年	2004～2009年	2009～2014年	2004～2009年	2009～2014年
第Ⅰ	15.2	-1.9	2.8	9.9	-4.9	-8.0	2.1
第Ⅱ	23.5	-6.7	3.5	11.3	-2.7	-4.6	-0.8
第Ⅲ	27.8	-10.1	2.9	15.4	-4.8	-5.3	1.9
第Ⅳ	33.4	-12.5	2.0	15.3	-3.8	-2.8	1.8
第Ⅴ	45.8	-21.5	1.7	17.9	-7.1	3.6	5.3

（出所） Higashikata and Kawamura（2015）を基に作成。
（注） 2004年のイスラーム系政党の得票率を基に，県・市を5つのグループに分けている。第Ⅴ分位が得票率のもっとも高かったグループである。

政党を選択した有権者は，2009年においても引き続きイスラーム系政党を選択したか，ないしは，政党を選択しなかったケースが多かったものと推察される（章末のコラム参照）。

では，イスラーム系政党からその大部分が棄権票・無効票に流れたとみられる票は，2014年にはどのような動きをみせたのであろうか。表2-2からは，割合でみるならば，2004年から2009年までの変化分と，2009年から2014年にかけての変化分の合計はプラスであることから，大部分は棄権票・無効票にとどまっているものの，その割合は減少していること，そしてその減少分はとくにイスラーム系政党の得票率の増加という形で戻っていることが確認できる。

ここまでの県・市別の集計結果を用いた投票行動分析からは，宗教的亀裂に規定された投票行動が今なお継続している可能性が高い，といえよう。では，このような投票行動が依然として残っている理由は何だろうか。Pepinsky, Liddle, and Mujani（2012）は，経済政策が論点となっていない場合には，有権者はイスラーム系政党かどうかを判断基準材料に用いる傾向がある，との分析結果を紹介している。実際に，これまでインドネシアにおいて経済政策が議会選挙の論点になっていなかったことから，これが宗教的亀裂に基づく投票行動が継続している一因と考えられる[17]。

2．業績投票——所得増は与党支持につながったか？——

　有権者が基本的にはイスラーム系政党と世俗系政党という区分に規定されて，投票先を選んでいるとするならば，全体でみた場合の高い投票流動性の原因を探る必要が出てくる。言い換えるならば，各グループ内で投票先を選ぶに当たって，何が影響を与えたとみられるかを探る必要がある。ここでは，各グループ内で有権者が政党選択するに当たっては，連立与党の経済面に対する業績投票（Retrospective Economic Voting）が発生しており，有権者が，経済状況が望ましい（望ましくない）状況であれば連立与党（野党）を支持する，という投票行動をとっていたことが高い流動性をもたらした一因ではないか，と考える。そのために，連立与党と野党とのあいだの絶対得票率の差は経済状況のよかった地域ほど（正に）大きくなる，という仮説を立てて，検証することにしたい。なお，今回は経済状況を代表する変数として，1人当たり経済成長率を用いている。

　まず，平均値だけで見比べてみると，2004年から2014年までの選挙時の連立与党と野党との絶対得票率の差は，2004年には13％あったのが，2009年には11％，そして2014年には6％と減少し続けている。一方で，1人当たり経済成長率は，年率0.1％（1999年から2004年までの指数平均）から2.8％（2004年から2009年までの指数平均），そして3.8％（2009年から2012年までの指数平均）と増えている。一見，絶対得票率の差と1人当たり経済成長率とのあいだには負の相関関係があるようだが，ここでは2014年に至るまで一貫して存在したであろう地域固有の得票率に与えた影響（たとえば歴史的経緯からある特定政党への支持が相対的に強い地域である，といった影響）や，各選挙時に全国に共通して及んだであろう影響が考慮されていない。後者については，仮に，経済成長率がより高くなった一方で，選挙年に与党の汚職事件が明らかとなり，それが原因で得票率を落とした場合には，あたかも経済成長率と選挙結果とのあいだに負の相関関係が発生したかのようにみえることになる。そのため，地域固有の影響や選挙時に全国一律に観察された影響を取り除いて分析することが必要と

図2-3 1人当たり経済成長率と与党・野党間の絶対得票率差の関係（2004～2014年）

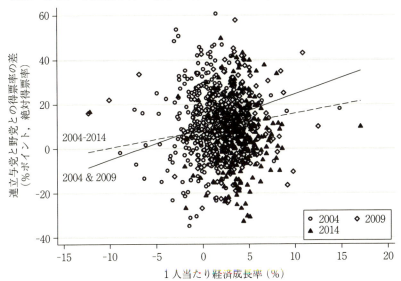

（出所）Higashikata and Kawamura（2015）を基に作成。
（注）与党・野党間の絶対得票率の差は，連立与党の絶対得票率から野党の絶対得票率を引いたもの。1人当たり経済成長率は年率平均値（指数平均）。各選挙年までの5年間における県・市別経済成長率（石油・ガス部門を除いたものから指数平均を計算）から，5年間における有権者数の増加率（指数平均）を引いて計算。なお，2014年までの5年間の年率経済成長率は2012年までの3年間の年率経済成長率で代用している。

なる。

　図2-3は，実際に1人当たり経済成長率と投票行動との相関関係を分析し，その結果をまとめたものである。図中の直線ならびに破線が，地域固有の影響や，選挙年に全地域に共通して観察された影響を取り除いた場合の，経済成長率と得票率の関係を描いたものである[18]。この分析結果によれば，1人当たり経済成長率が1％ポイント増えた場合には，平均的には連立与党の絶対得票率が野党よりも約0.8％ポイント高まっていた。2014年のデータには暫定値が含まれているため，確定値が出揃っている2009年までの情報に限定して分析した結果をみると，1人当たり経済成長率が1％増えた場合には，平均的には連立与党の絶対得票率が野党よりも

約1.5％ポイント高まっていた[19]。ここから，2004年には1人当たり経済成長率が低かったことにより，闘争民主党を中心とした連立与党は得票率を伸ばせなかったであろうこと，これに対して2009年には相対的に高い1人当たり経済成長率により，民主主義者党を中心とした連立与党の得票率が高まったことが推察される。

　では，2014年選挙時の連立与党の得票率が下がった背景には何があったのだろうか。分析結果によれば，2014年には2009年と比較して平均的にどの地域においても一律5％ポイントほど，連立与党と野党との得票率差が縮小する傾向があったとされる（付表2-B参照）。先述したように，2014年選挙の前には，汚職に関与した民主主義者党幹部の逮捕が相次いでおり，これが連立与党，とくにユドヨノ大統領が率いる民主主義者党の全国的なイメージ・ダウンを通じて得票率が下がったと考えられるが，この影響をとらえたものとみることができよう。しかし，事前に見込まれていたほどには民主主義者党の得票率が落ちなかった一因としては，高い経済成長率を実績として評価した有権者の投票行動があったと思われる。

おわりに　──ジョコウィ政権と多党化した議会，大統領制化した政党との関係──

　2014年の議会選挙の結果をひと言で表現すれば，「予想外」ということになろう。有力大統領候補ジョコウィを擁する闘争民主党が支持を大きく伸ばすという事前予想は大きく外れた。その要因としては，党の選挙戦略の失敗や，非拘束名簿式比例代表制のもとで候補者も有権者も議会選挙を大統領選挙の前哨戦としてはとらえていなかったという選挙制度に起因する理由が挙げられる。また，そもそもインドネシアにおいては，25％以上の得票率を獲得できるような政党が出にくいという政党制自体の特徴も，その理由のひとつであろう。

　そのため，今回の選挙でも多党化という民主化後のインドネシア政治の特徴が継続する結果となった。多党制が続く背景にあるのは，無党派層の

多さからもたらされる高い投票流動性である。政党支持のないこれらの有権者は，政権の業績をひとつの判断基準として投票を行っている。ただし，これらの有権者が支持政党を変える場合でも，依然として多くは世俗系かイスラーム系かという基準に沿って投票先を変えている。本章の後半では，以上の点を有権者の投票行動を分析することで確認した。投票流動性が高く，選挙結果の変動が大きいにもかかわらず，インドネシアの政党制が比較的安定している背景には，このような要因が働いていると思われる。

最後に，多党分立状況が継続するという2014年議会選挙の結果が，ジョコウィ政権にとってどのような意味をもつのかを確認しておく。2014年から5年間の任期の国会で議席を得たのは10政党である。10年間野党暮らしだった闘争民主党が第1党に返り咲き，政権与党に復帰した。しかし，その議席率はわずか19.5％でしかなく，過半数には遠く及ばない。

議会第1党の議席率が2割に満たず，10政党もが議会で議席を得ているということは，議会で多数派を形成することが非常に難しいということを示している。まず，議会で過半数を獲得するためには，3政党以上の協力が必要である。第4章でみるように，ジョコウィ政権は5政党の連立で発足したが，それでもその議席率は過半数に届いていなかった。その後，2015年9月に国民信託党が与党に加わったことで，連立与党の議席が議会過半数を超え，国会運営の見通しにも明るさがみえてきた。それでも，議会審議における野党の発言力を無視することはできない。しかも，与党の内部も決して一枚岩だとは言い切れない。大統領制の場合，執政府と議会が制度的にリンクしないため，政権に参加する政党でも，議会で政府の政策に平気で反対することができてしまうからである。ユドヨノ時代のゴルカル党は，まさにその典型であった。これに対してユドヨノ大統領は，多少の裏切りがあっても議会で過半数を押さえられるように多数の政党を政権に取り込み，過大な連立を組むという対応をした。

つまり，議会の多党化は，政権を担当する大統領と与党に，議会の多数派工作に多大なエネルギーを割くことを要求するのである。インドネシアの大統領は，立法に関する権限が弱いだけに（川村2010），政権が政策実行力を確保するためには議会対策が重要になってくる。

地方首長時代のジョコウィは，現場に直接出向いて住民と対話をし，問題を解決するという手法で実績を上げ，有権者の人気を得てきた。行政の運営においても，自らの企業経営の経験を活かして，能力と効率の向上を役人に求めた。その意味で，ジョコウィはタイのタクシン元首相にも似たCEO（経営最高責任者）型の首長だったといえる。しかし，中央政府レベルでは，政策を変えるためには法律の制定が不可欠である。また，三権分立による権力の抑制と均衡の仕組みも，中央レベルでは地方よりも強く働く。つまり，地方首長時代には議会を迂回して政策を決定できたジョコウィも，大統領として法案を通すためには，大統領の立法権限が小さい以上，議会の同意を得なければならない。ジョコウィ大統領に求められるのは，いかに議会とうまく付き合っていくか，なのである。

　さらに，ジョコウィは，自らを擁立した与党ともどう付き合っていくかという課題を背負っている。第1節で指摘した「政党の大統領制化」の問題，つまり，大統領が与党の指導者では必ずしもないゆえに，大統領と与党との関係が不安定化するという問題である。ジョコウィ自身は，政党政治家として党内で活動した経験はなく，党のポストに就いたこともない。にもかかわらず，ジョコウィが同党の大統領候補に指名されたのは，党内にほかに有力な候補がいなかったことと，10年間野党として悲哀を味わってきた同党にとって政権復帰が悲願だったからである。ジョコウィ当選によってついに政権を奪還した闘争民主党は，この10年間に失った利権を取り戻そうとするだろう。党から政府に対しては，さまざまな要求が挙がってくる。そのなかには，国を率いる大統領として，受け入れられない政策が含まれているかもしれない。このとき，ジョコウィは党の要求を拒否することができるだろうか。メガワティの意向を無視することができるだろうか。

　このように，ジョコウィは，議会，連立相手，さらには自らの与党と，さまざまなプレーヤーを相手にして政治を進めなければならない。インドネシアの大統領は，リーダーシップを発揮しづらい制度のもとにおかれているのである。このような制度のもとでは，調整の政治が不可欠である。さまざまな利害を調整しながら自らのめざす政治を実現すること，それこ

そがジョコウィに求められているリーダーシップである。

補論：本章で用いたデータなどについて

インドネシアでは2001年の地方分権導入以後，県（kabupaten）・市（kota）の数は増え続け，2014年選挙時には497となっているが，分析に用いたデータのなかには1996年時の行政単位（294県・市）に合わせたものが含まれていたため，すべてのデータをその当時の行政単位をもとに集計しなおしている。

投票結果は，インドネシアで実施されるすべての選挙を管轄している公的機関である総選挙委員会（KPU）から発表されたもの，もしくは筆者が直接総選挙委員会から入手したものである。1999年総選挙についてはKPU（1999）をおもに用いた。2004年と2009年の総選挙については，筆者が直接入手したものである。2014年総選挙については，選挙区ごとの公式選挙結果は総選挙委員会の決定（KPU 2014a; 2014b; 2014c）を用いている。選挙区よりも下位にある県・市レベルの選挙結果については，総選挙委員会のウェブサイト（https://pemilu2014.kpu.go.id/c1.php）で公開されたDD1フォームの集計表を利用した。

しかし，総選挙委員会から入手したデータにも，いくつか問題点が確認される。とくに以下に紹介する2点が分析上大きな問題であると考えられるため，ここで簡単に説明しておきたい。第1に，2009年総選挙結果については，29県・市で有権者数の情報を入手することができない。この未入手の地域にはとくにバリ州や東ヌサトゥンガラ州といったヒンドゥー教徒やキリスト教徒の占める割合が高い県・市が多く含まれており，本章で紹介したのはこれらをサンプルに入れずに分析した結果である。ただし，本章で紹介した分析結果の頑健性をチェックすべく，同年に実施された大統領選挙時の各県・市の有権者数を用いて，欠落していた県・市も含めて分析して結果を比較したところ，両者に大きなちがいは確認できなかった。

第2に，2004年については県・市レベルで棄権票の情報を入手するこ

とができない。そのため，2004年以降のイスラーム系政党の得票率と棄権票・無効票割合との関係についての分析に当たっては次のような仮定をおいて分析していることになる。選挙時には，投票先がないために意図的に無効票を投じている有権者がいる一方で，投票方法に対する理解不足から意図せずに無効票を投じている有権者が存在しており，後者については大きな制度変更がないかぎりは一定割合存在している，という仮定である（実際に，インドネシアにおいては2004年以降については投票方法に大きな変更は生じていない）。裏を返せば，無効票割合の変動部分は意図的に無効票を投じている有権者の増減部分を反映している，という仮定といえよう。つまり，棄権票と無効票の割合の変動部分は，どちらも結果的には望ましい投票先がないために政党を選択しなかった有権者の割合の変化を表している，という点では共通している，という想定のもとで，分析をしていることになる。

宗教人口および経済成長率については中央統計庁（BPS）の資料を用いている。前者には10年ごとに実施される人口センサス結果（BPS 2001; 2011）を用いている。1人当たり経済成長率については，まず，石油・ガス部門を除いた地域別域内総生産（GRDP）をBPS（2003; 2007; 2013）を用いて石油・ガス部門を除いた地域別域内総生産の成長率を計算し，つぎに，そこから有権者数の増加率を除く形で，過去5年間の1人当たり経済成長率の平均値を計算している（指数平均）。人口ではなく有権者数を用いているのは，10年に一度実施される人口センサスを除けば，地域別人口推計値はかなり粗い推計値であり，その推計値を用いるよりは，有権者数が各地域の選挙時における人口規模をより正確に反映していると考えられるためである。また，分析時点では地域別域内総生産については2012年の情報しか入手できなかったため（かつ，中央統計庁によれば暫定値とされている），2014年選挙結果の分析には，2009年から2012年にかけての3年間の1人当たり経済成長率の平均値を計算し，この平均値が2009年から2014年までの経済成長率であると仮定して分析している。

最後に，宗教施設数はBPSから直接入手した村落悉皆調査（Podes）の個票データを用いている[20]。Podesは1999年から3年おき，すなわち

2002年, 2005年, 2008年, 2011年にかけて, 最下位の行政単位である村（desa）・区（kelurahan）の情報を集めたものである。2004年議会選挙については2002年Podes, 2009年議会選挙については2008年Podes, 2014年議会選挙については2011年Podesの個票データを用いており, それぞれ県・市ごとに集計して分析に利用した。

〔注〕
⑴　アリラン・ポリティクスの概念を使って初めてインドネシアの選挙を分析したのはFeith（1957）である。民主化後の選挙にもアリランの影響が継続していると論じている研究として, たとえば, Lanti（2001）, Suryadinata（2002）, King（2003）, Turmudi（2004）, Ananta, Arifin and Suryadinata（2004）, Baswedan（2004）, Aspinall（2005）, 川村・東方（2009）などがある。
⑵　たとえば, Basyaib and Abidin（1999）, Haris（2004）, Liddle and Mujani（2007）, Mujani and Liddle（2010）, Mujani et al.（2011）, Slater（2014）などは, アリラン・ポリティクスは, 社会経済が大きく変動したため, もはや有効ではないと主張している。
⑶　パンチャシラは, 1945年憲法前文に記されている建国5原則のことをいう。その内容は, 唯一至高なる神性, 公正で文化的な人道主義, インドネシアの統一, 協議と代議制において叡智（えいち）によって導かれる民主主義, 全国民に対する社会正義, である。民族的・宗教的に多様な社会を統一国家として維持していくため, 特定の集団の優越性を認めないことを謳っている。
⑷　本章で分析に用いているデータについては, 補論を参照。
⑸　たとえば, 世論調査会社インディカトール（Indikator）が議会選挙直前に発表した世論調査では, 闘争民主党の支持率が24.5％という結果が示されていた（Indikator 2014）。また, 戦略国際問題研究所（CSIS）が行った3月の調査では, ジョコウィを擁立すれば支持率は31.8％になるという数値も出されていた（CSIS 2014）。
⑹　一般的に, 非拘束名簿式比例代表制のもとでは, 同じ政党の候補者同士が議席を争うため, 政党ではなく個人の評価を高めようとする選挙戦が繰り広げられやすいと言われている（Carey and Shugart 1995）。
⑺　この分析で利用したデータは, KPU（2014c）を基に筆者が独自に集計したものである。
⑻　有効政党数は, 各党の得票率もしくは議席率を2乗して合計した値の逆数で求められる。
⑼　選挙ボラティリティは, ふたつの選挙間における政党得票率の差の絶対値の総和を2で割って求められる。
⑽　現在のインドネシアの選挙ボラティリティの値は, 先進民主主義諸国の倍以上である。同様に投票流動性の高い他の新興民主主義国とは同じ水準にある。たとえば,

南ヨーロッパ諸国が平均12.8，アジア3カ国（インド，韓国，台湾）が平均22.8，アフリカのサブ・サハラ諸国が平均28.4，ラテンアメリカ諸国が平均30，東ヨーロッパ諸国が平均44である（Hagopian 2007, 586）。

⑾　Esmer and Pettersson（2007）は，既存の宗教的亀裂投票研究の問題点として，特定宗教に属しているか否かのちがいではなく，帰属意識の強さのちがいがもたらす投票行動研究の必要性を強調している。本章ではこうした先行研究をふまえて「亀裂投票」という単語を用いている。すなわち，宗教（具体的にはイスラーム）への帰属意識の強さを基準とした場合に観察される投票行動のちがいを重視して分析している。

⑿　1999年と2004年の選挙を集計データを使って分析した川村・東方（2009）では，業績評価に基づく投票行動（業績投票）は明示的には観察されなかったが，2009年選挙を分析した川村・東方（2010）では，業績投票が現れつつあることが指摘されている。また，1999年から2009年までの選挙をLSIの世論調査のデータを使って分析したMujani et al.（2011）も，投票行動の決定要因として業績評価が最も重要であることを指摘している。

⒀　県と市はどちらもその基本的な行政機能は同じであるが，市は都市部を主に管轄する地方政府を指し，県は農村部を主に管轄する地方政府を指す場合に用いられる（自治体国際化協会 2009）。

⒁　本節において投票総数に占める割合を計算した得票率（相対得票率）ではなく，絶対得票率を用いている理由は，政党だけではなく棄権も選択肢に含めた有権者の行動を定量的に分析するためである。

⒂　付表2-Aからは，ムスリム人口割合や礼拝所比率と絶対得票率の差とのあいだに統計的に有意な関係のあることが確認できる。付表2-Aでは，選挙の翌年に実施された人口センサス結果からムスリム人口割合を入手することのできた1999年と2009年についてのみ，ムスリム人口割合も変数に加えて分析を試みている。

⒃　川村・東方（2010）は，その2009年議会選挙の分析のなかで，州レベルの情報を用いて，2004年選挙時にイスラーム系政党の絶対得票率が高かった地域ほど，2009年時にはその得票率が減少していたこと，さらに，その得票率の減少は棄権票および無効票の割合の増加によって大部分が説明されることを指摘している。

⒄　ただし，表2-2でみたように，2009年から2014年にかけては，（とくにイスラーム系政党がかつて強く支持されていた地域では）その得票率が世俗系政党に流れ始めている可能性がある，という点には注意が必要であろう。また，仮に，多くの地域で常にほぼ同じ割合の移動が相互にあったのならば，見かけ上は宗教的亀裂に基づいて投票しているようであっても，実態は異なることになる。そのため，この宗教的亀裂に基づいた投票行動の分析に当たっては，個人の投票行動を実際に観察することが重要となる。この個人の投票行動分析を探る取り組みについては，章末のコラムを参照のこと。

⒅　付表2-B中の(2)ならびに(4)の分析結果を基に計算したもの。分析の詳細については補論や付表2-B，ならびにHigashikata and Kawamura（2015）を参照のこと。

⒆　このように，2014年までの全サンプルを用いて分析した結果と2009年までの結

果とのちがいについては，インドネシア一国でみるならば，2012年までの経済成長率が2014年までの経済成長率よりも高かった点も理由のひとつと考えられる。2014年までの過去5年間の平均経済成長率は5.95％と，2012年までの過去3年間の平均経済成長率6.32％を下回っている。よって，2012年までの経済成長率情報を用いて2014年議会選挙への影響を推計した結果は，過少評価となっている可能性が高いと考えられる。

⒇　詳細はたとえば中央統計庁のウェブサイト（http://microdata.bps.go.id/mikrodata/index.php/catalog/PODES）を参照のこと。

〔参考文献〕

＜日本語文献＞

川村晃一　2010.「インドネシアの大統領制――合議・全員一致原則と連立政権による制約――」粕谷祐子編『アジアにおける大統領の比較政治学――憲法構造と政党政治からのアプローチ――』ミネルヴァ書房　135-175.

─── 2012.「インドネシアの大統領制と政党組織――大統領制化する政党，大統領制化しない政党――」『選挙研究』28 (2)　78-93.

川村晃一・東方孝之　2009.「インドネシア：再生した亀裂投票と不明瞭な業績投票」間寧編『アジア開発途上諸国の投票行動』アジア経済研究所　265-327.

─── 2010.「国会議員選挙――民主主義者党の勝利と業績投票の出現――」本名純・川村晃一編『2009年インドネシアの選挙――ユドヨノ再選の背景と第2期政権の展望――』アジア経済研究所　13-37.

自治体国際化協会　2009.『インドネシアの地方自治』自治体国際化協会．

＜外国語文献＞

Ananta, Aris, Evi Nurvidya Arifin, and Leo Suryadinata. 2004. *Indonesian Electoral Behaviour: A Statistical Perspective*. Singapore: Institute of Southeast Asian Studies.

Aspinall, Edward. 2014. "Why was the Jokowi Effect Limited?" New Mandala（http://asiapacific.anu.edu.au/newmandala/）, 10 April.

─── 2005. "Elections and the Normalization of Politics in Indonesia." *South East Asia Research* 13 (2) July: 117-156.

Baswedan, Anies Rasyid. 2004. "Sirkulasi Suara dalam Pemilu 2004." [2004年総選挙における投票移動] *Analisis CSIS* 33 (2) June: 173-189.

Basyaib, Hamid, and Hamid Abidin, eds. 1999. *Mengapa Partai Islam Kalah? Perjalanan Politik Islam dari Prapemilu '99 sampai Pemilihan Presiden*' [なぜイスラーム系政党は負けたのか？ 1999年総選挙前から大統領選挙に至るイスラーム政治の道程] Jakarta: Alvabet.

BPS (Badan Pusat Statistik). 2001. *Penduduk Indonesia: Hasil Sensus Penduduk Tahun 2000*. [Indonesian Population: The Result of the 2000 Population Census]

Jakarta: Badan Pusat Statistik.
———— 2003. *Produk Domestik Regional Bruto Kabupaten/Kota di Indonesia 1998-2001*. [Gross Regional Domestic Product of Regencies/Municipalities in Indonesia 1998-2001] Jakarta: Badan Pusat Statistik.
———— 2007. *Produk Domestik Regional Bruto Kabupaten/Kota di Indonesia 2002-2006*. [Gross Regional Domestic Product of Regencies/Municipalities in Indonesia 2002-2006] Jakarta: Badan Pusat Statistik.
———— 2011. *Penduduk Indonesia: Hasil Sensus Penduduk Tahun 2010*. [Indonesian Population: The Result of the 2010 Population Census] Jakarta: Badan Pusat Statistik.
———— 2013. *Produk Domestik Regional Bruto Kabupaten/Kota di Indonesia 2008-2012*. [Gross Regional Domestic Product of Regencies/Municipalities in Indonesia 2008-2012] Jakarta: Badan Pusat Statistik.
Carey, John M. and Matthew Soberg Shugart. 1995. "Incentives to Cultivate a Personal Vote: A Rank Ordering of Electoral Formulas." *Electoral Studies* 14 (4) December: 417-439.
CSIS (Centre for Strategic and International Studies). 2014. *Amidst the 'Jokowi Effect': Vacillating Voters and An Unfinished Contestation*, CSIS National Survey, March 2014.
Esmer, Yilmaz, and Thorleif Pettersson. 2007. "The Effects of Religion and Religiosity on Voting Behavior." In *the Oxford Handbook of Political Behavior*, edited by Russell J. Dalton and Hans-Dieter Klingemann. New York: Oxford University Press, 481-503.
Feith, Herbert. 1957. *The Indonesian Elections of 1955*. Ithaca, NY: Southeast Asia Program, Cornell University.
Gammon, Liam. 2014. "Polling Says It's Jokowi's Election to Lose." New Mandala (http://asiapacific.anu.edu.au/newmandala/), 5 April.
Hagopian, Frances. 2007. "Parties and Voters in Emerging Democracies." In *the Oxford Handbook of Comparative Politics*, edited by Carles Boix and Susan C. Stokes. New York: Oxford University Press, 582-603.
Haris, Syamsuddin. 2004. "Politicization of Religion and the Failure of Islamic Parties in the 1999 General Election." In *Elections in Indonesia: The New Order and Beyond*, edited by Hans Antlov and Sven Cederroth. London: Routledge, 61-76.
Higashikata, Takayuki and Koichi Kawamura. 2015. "Electoral Behavior in Indonesia from 1999 to 2014: Religious Cleavage or Economic Performance?" *IDE Discussion Paper*, No.512, Chiba: Institute of Developing Economies.
Indikator. 2014. *Efek Kampanye dan Efek Jokowi: Elektabilitas Partai Jelang Pemilu Legislatif 2014*. [キャンペーン効果とジョコウィ効果：2014年議会選挙に向けた政党の得票可能性] Jakarta: Indikator Politik Indonesia.
King, Dwight Y. 2003. *Half-hearted Reform: Electoral Institutions and the Struggle for Democracy in Indonesia*. Westport: Praeger.

KPU (Komisi Pemilihan Umum). 1999. *Pemilu 1999 dalam Angka.* [数字でみる 1999 年総選挙] Jakarta: Komisi Pemilihan Umum.

—— 2014a. Keputusan Komisi Pemilihan Umum Nomor: 411/Kpts/KPU/Tahun 2014 tentang Penetapan Hasil Pemilihan Umum Anggota Dewan Perwakilan Rakyat, Dewan Perwakilan Daerah, Dewan Perwakilan Rakyat Daerah Provinsi, dan Dewan Perwakilan Rakyat Daerah Kabupaten/Kota Secara Nasional dalam Pemilihan Umum Tahun 2014 [2014 年総選挙における国民議会・地方代表議会・州議会・県・市議会議員総選挙の全国レベルでの結果の決定に関する総選挙委員会決定 2014 年第 411 号].

—— 2014b. Keputusan Komisi Pemilihan Umum Nomor: 412/Kpts/KPU/Tahun 2014 tentang Penetapan Partai Politik Peserta Pemilihan Umum Tahun 2014 yang Memenuhi dan Tidak Memenuhi Ambang Batas Perolehan Suara Sah Partai Politik Peserta Pemilihan Umum Secara Nasional dalam Pemeilihan Umum Anggota Dewan Perwakilan Rakyat Tahun 2014 [2014 年国民議会議員総選挙における総選挙参加政党の最低有効得票を満たした 2014 年総選挙参加政党および満たさなかった 2014 年総選挙参加政党の決定に関する総選挙委員会決定 2014 年第 412 号].

—— 2014c. Keputusan Komisi Pemilihan Umum Nomor: 416/Kpts/KPU/Tahun 2014 tentang Penetapan Perolehan Kursi Partai Politik dan Penetapan Calon Terpiliha Anggota Dewanw Perwakilan Rakyat dalam Pemilihan Umum Tahun 2014 [2014 年総選挙における政党獲得議席と国民議会議員当選候補の決定に関する総選挙委員会決定 2014 年第 416 号].

Lanti, Irman. G. 2001. *Back to the (Slightly Different) Future: Continuity and Change in Indonesian Politics.* Singapore: Institute of Southeast Asian Studies.

Liddle, R. William, and Saiful Mujani. 2007. "Leadership, Party, and Religion: Explaining Voting Behavior in Indonesia." *Comparative Political Studies* 40 (7) May: 832-857.

LSI (Lembaga Survei Indonesia). 2008. *Kecenderungan Swing Voter Menjelang Pemilu Legislatif 2009.* [2009 年総選挙に向けたスウィング投票者の傾向] Jakarta: Lembaga Survei Indonesia.

Mietzner, Marcus. 2014a. "Jokowi: Rise of a Polite Populist." *Inside Indonesia.* 116, April-June.

—— 2014b. "The 2014 Parliamentary Elections: Preliminary Lessons." New Mandala (http://asiapacific.anu.edu.au/newmandala/), 11 April.

Mujani, Saiful and R. William Liddle. 2010. "Voters and the New Indonesian Democracy." In *Problems of Democratisation in Indonesia: Elections, Institutions and Society,* edited by Edward Aspinall, and Marcus Mietzner. Singapore: Institute of Southeast Asian Studies.

Mujani, Saiful, R. William Liddle, and Kuskridho Ambardi. 2011. *Kuasa Rakyat: Analisis tentang Berilaku Memilih dalam Pemilihan Legislatif dan Presiden Indonesia Pasca-Orde Baru.* [庶民の力：ポスト新体制期インドネシアの議会選

挙および大統領選挙における投票行動に関する分析] Jakarta: Mizan Publika.
Pepinski, Thomas B., R. William Liddle, and Saiful Mujani. 2012. "Testing Islam's Political Advantage: Evidence from Indonesia." *American Journal of Political Science* 56 (3) July: 584-600.
Power, Tom. 2014. "PDI-P Struggle for Presidential Threshold." New Mandala (http://asiapacific.anu.edu.au/newmandala/), 9 April.
Samuels, David J., and Matthew S. Shugart. 2010. *Presidents, Parties, and Prime Ministers: How the Separation of Powers Affects Party Organization and Behavior*. New York: Cambridge University Press.
Slater, Dan. 2014. "Unbuilding Blocs: Indonesia's Accountability Deficit in Historical Perspective." *Critical Asian Studies* 46 (2) June: 287-315.
Suryadinata, Leo. 2002. *Elections and Politics in Indonesia*. Singapore: Institute of Southeast Asian Studies.
Tomsa, Dirk. 2014. "Wishful Thinking in the Polling Age." New Mandala (http://asiapacific.anu.edu.au/newmandala/), 22 April.
Turmudi, Endang. 2004. "Patronage, Aliran and Islamic Ideologies during Elections in Jombang, East Java." In *Elections in Indonesia: The New Order and Beyond*, edited by Hans Antlov, and Sven Cederroth. London: RoutledgeCurzon.

〔付　表〕

付表 2-A　ムスリム人口比，礼拝所比率と得票率の差との関係

	1999 年および 2009 年			1999〜2014	
	(1)	(2)	(3)	(4)	(5)
ムスリム人口比（%）	0.617**	2.377*	2.082*		
	(0.032)	(0.993)	(0.970)		
礼拝所（Masjid）数			41.517**	10.224**	19.578**
（人口1,000人当たり）			(11.717)	(1.187)	(5.736)
県・市ダミー	No	Yes	Yes	No	Yes
F 統計量		1.705**	1.729**		8.223**
修正済み決定係数	0.427	0.593	0.615	0.070	0.689
サンプルサイズ	495	495	495	1,070	1,070

(出所)　Higashikata and Kawamura（2015）での推計結果を基に作成。
(注)　総選挙委員会の資料，中央統計庁の人口センサス結果，ならびに Podes 各年版を用いて推計。推計に当たっては年ダミーを加えている。括弧内の数字は分散不均一頑健標準誤差。*，** はそれぞれ 5%，1%水準で統計的に有意であることを示す。

付表 2-B　業績投票の推計結果

	2004〜2009 年		2004〜2014 年	
	(1)	(2)	(3)	(4)
1人当たり経済成長率（%）	0.733**	1.484**	0.526*	0.783**
	(0.280)	(0.481)	(0.222)	(0.293)
2004 年ダミー	4.450**	5.560**	8.755**	9.710**
	(1.496)	(1.956)	(1.563)	(1.688)
2009 年ダミー			4.858	5.141**
			(1.270)	(1.095)
定数項	8.518**	6.903**	4.231**	3.252*
	(1.163)	(1.684)	(1.249)	(1.391)
県・市ダミー	No	Yes	No	Yes
F 統計量		1.921**		1.825**
修正済み決定係数	0.020	0.344	0.040	0.254
サンプルサイズ	541	541	833	833

(出所)　Higashikata and Kawamura（2015）での推計結果を基に作成。
(注)　括弧内の数字は分散不均一頑健標準誤差。*，** はそれぞれ 5%，1%水準で統計的に有意であることを示す。

コラム：アンケート調査から投票行動を探る

東方　孝之

　第2章では県・市単位で集計されたデータを基に分析した結果を紹介したが，個人の行動を直接観察すれば，もっといろいろなことがわかるはずである。とはいえ，インドネシア全体の平均的特徴を確認できるような調査を実施するのは資金面などの問題もあり，極めて難しい。そこで，今回の選挙にあわせて，筆者が過去に調査したことのあったランプン州のみを対象としてアンケートを用いた家計調査を行い，個人の投票行動を探ることにした。結論からいえば，以下に紹介する個人の投票行動の分析結果は，基本的には第2章で紹介した内容と整合的なものであった。ただし，調査地外の地域でも同様な傾向を確認できるか，という点についてはまた別の研究結果を待って慎重に検討する必要がある。

　ランプン州はスマトラ島南端に位置する州であり，首都ジャカルタからは飛行機で40分程度。コーヒー豆の産地として知られているように農業が主要産業であり（2013年にインドネシアの農業がGDPに占める割合は14%であったのに対して，ランプン州では36%），1人当たり所得はインドネシア全体平均の7割程度にとどまっている。歴史的経緯からジャワ島からの移民が多く，2000年人口センサスによればジャワ人が6割を占めている。また9割以上がムスリム（イスラーム教徒）である。

　調査地はランプン州内の州都バンダル・ランプン市（Kota Bandar Lampung），ならびにそこに隣接するプサワラン県（Kabupaten Pesawaran）から合計7カ所の村・区を選び，次いで，総選挙委員会が公開していた有権者名簿を基にランダムサンプリングで回答者を選んでヒアリングを行った。実際の調査は現地で活動している非政府組織（NGO）の協力のもと，2013年12月から2014年2月（2013年度調査），ならびに2014年9月から11月（2014年度調査）にかけて実施した。

　ここでは，いま手元にある774人（世帯）の回答を基に，この調査地での有権者の投票行動を簡単に紹介したい。

　まず，各個人の属性と投票先との関係についてみてみよう。第2章で紹介したように，宗教的亀裂に基づく投票行動があるのならば，イスラームへの信仰心があつい人ほどイスラーム系政党を支持する，という傾向が確認でき

るはずである。2013年度調査の質問票では，ムスリムに対してのみ，信仰行為についての8つの質問にあらかじめ回答してもらっていた*。そこで，今回は便宜的にその回答結果を単純に足し合わせて「信仰行為指数」を作り，この指数と投票行動との関係をみることにした。各質問項目とも最大値は3であるため，この指数は最小値0，最大値24となる（ムスリムでない場合にはゼロとなっている）。信仰行為指数の平均値は14.5であったため，調査対象となった人たちは平均的にはどの行為も「頻繁に」行っていたことになる。

　さて，有権者は「イスラーム系政党」「世俗系政党」「棄権」という3つの選択肢に直面しているとの想定のもと，どのような属性をもった人がどの選択肢を選ぶ確率が高くなっているかを確認してみた。その結果，①女性だと棄権する確率が高まる，②年齢・教育年数が高くなると棄権する確率が高まる，そして，③信仰行為指数の値が大きいほどイスラーム系政党を選択する確率が高まる一方で，棄権する確率が低くなる，という傾向が確認された。この分析結果のなかでは，とくに，最後の③がとても興味深い。というのも，第2章でみたように，県・市別集計結果を用いた分析結果によれば，2009年にイスラーム系政党の得票率が下がった際には，棄権・無効票の割合が増えていたからである。つまり両者には負の相関関係があることを第2章では指摘していたが，その相関関係がこの個人の投票行動でも観察されたことになる。

　つぎに，所得の変化が与党・野党選択に与えた影響を調べてみた。有権者が「連立与党」「野党」「棄権」という3つの選択肢に直面しているとみなして，回答者の特性との関係を確認したところ，①信仰行為指数が高いほど連立与党を選択する確率が高く，②選挙前後で世帯所得成長率が高いほど与党を選ぶ確率が高くなっていた。①については，2014年選挙に参加したイスラーム系政党は5政党あったが，そのうち4政党が与党に加わっていたことが理由だと思われる。②については，選挙をはさんでの所得変化がプラスであれば連立与党を支持する，という直感的にもわかりやすい結果であるといえよう。この点については，第2章における指摘，すなわち2014年までの1人当たりでみた地域別経済成長率の高さと連立与党支持の高さに正の相関関係がある，という指摘と整合的な結果であるといえよう。なお，調査地では，名目世帯所得が2013年度から2014年度調査のあいだに低下した，と回答した世帯が多い。つまり，この短期間に所得が低下したと回答した大多数の調査対象者は，おそらくはそれを一因として，野党を選択していたと推察される。

　最後に，ここまでは「3つの選択肢に直面した有権者がどれを選ぶかを分析した」と説明してきたが，実際の分析に当たっては，4番目の選択肢とし

て「秘密」を含めている。アンケート用紙にその選択肢は含まれていなかったが，個人に投票行動を直接質問すると「秘密」だと回答する人が出てきてしまうのは避けられない。今回の調査では，774人中13人が「秘密」と回答している。そうした回答者をサンプルから落としてしまうと，バイアスのある結果が出てきてしまう恐れがある。そのため，今回は有権者が4つの選択肢に直面しているという設定のもとで分析を試みた。ちなみに，世帯の所得水準が高い，ないしは世帯所得成長率が高い人ほど「秘密」と回答する確率が高くなっている。インドネシア中央統計庁でも高所得層からのデータ収集には苦労している話を耳にするが，そうした苦労話とも整合性の高い結果が得られたといえよう。

[注]
* 1日5回の礼拝 (shalat lima waktu)，断食 (puasa ramadhan)，コーランの読経 (membaca alquran)，1日5回以外の礼拝 (shalat sunnah)，宗教勉強会への参加 (mengikuti pengajian)，信仰告白 (mengikuti tahlilan)，断食明けの布施 (melakukan khaul)，死後7日目の死者の弔い (tujuh harian bagi anggota keluarga yang meninggal) の8項目について，それぞれ0：「したことがない」，1：「めったにしない」，2：「頻繁に」，3：「いつも／かなり頻繁に」のなかから該当する選択肢を答えてもらった。

第3章

大統領選挙
――庶民派対エリートの大激戦――

川村　晃一・見市　建

はじめに

　2014年7月9日に実施された大統領選挙は，史上稀にみる大激戦となった。2004年に実施された史上初の大統領直接選挙によってメガワティ・スカルノプトゥリからスシロ・バンバン・ユドヨノへと政権が移って以来，10年ぶりとなる政権交代を決する選挙だけに，選挙戦が激しくなることはある程度予想はされていた。

　一方で，ジャカルタ首都特別州知事として全国的な人気を獲得しつつあったジョコ・ウィドド（通称ジョコウィ）が3月に出馬を決めた時点では，ジョコウィが他の候補を大きくリードしていた[1]。ところが，4月の議会選後から最有力対抗馬のプラボウォ・スビアントに対する支持率がじわじわと上昇し，6月下旬の選挙期間中には両者の差はほぼなくなった。そのため，選挙戦は予想を超えて激しさを増し，国民を二分する選挙になった。

　本章は，激しい選挙戦となった2014年の大統領選挙を有権者の投票行動という観点から分析する。選挙戦では何が争われ，有権者はふたりの候補者に何を期待したのだろうか。接戦となった大統領選挙の勝敗を分けたのはどこだったのだろうか。4月の議会選挙と7月の大統領選挙で有権者

の行動はどう変わったのだろうか。本章では，中央レベルの総選挙委員会（KPU）から発表された州レベルの公式投票結果だけでなく，その下位にある県・市自治体レベルの投票データを用いて有権者の投票行動を明らかにする[2]。また，大統領選挙に先立って実施された地方首長選挙と大統領選挙の結果を比較することによって，宗教やエスニシティといった地域社会の構造が有権者の投票行動に及ぼした影響を分析する。なお，なぜジョコウィが大統領候補として台頭したのか，そして，なぜプラボウォが追い上げることができたのかといった疑問については，第4章が政党内の政治力学という観点から分析しているので，本章とあわせて参照していただきたい。

　以下，まずジョコウィとプラボウォというふたりの候補者の個人的資質や政治的基盤のちがいを整理し，選挙戦では何が争われたのかを明らかにする。そのうえで，大統領選挙の結果を概観したのち，有権者の政党支持や地域の特性といった観点から有権者の投票行動を分析する。

第1節　1対1の戦いとなった大統領選挙

　大統領選挙に出馬する候補者は，政党によって擁立されることが必須条件である（第1章参照）。しかも，大統領候補を擁立できるのは，大統領選挙の3カ月前に実施された議会選挙で得票率25％以上もしくは議席率20％以上を獲得できた政党および政党連合だけである。この規定から，大統領選挙に出馬できる候補者の数は3人ないし4人以下に絞られる。つまり，実質的には，自党から候補者を擁立できるのは，議会選挙で上位4位以内の政党になる。しかし，議会第1党に返り咲いた闘争民主党（PDIP）でさえ得票率は19％にとどまるなど，単独で大統領候補擁立の要件を満たせる政党はなく，必然的に複数の政党による連立が必要になった。

　その政党連立を形成する交渉においては，3つの点が重要になってくる。まず第1に，大統領選挙は人気選挙になりがちであるため，候補者自身のイメージやアピール力が最も重要である[3]。知名度が低かったり，イメー

ジの悪い候補者に勝ち目はないし，政党も人気のない候補者に協力するインセンティブはない。第2に，大統領選挙は全国投票であるため，特定の集団や組織だけに依存した選挙戦略では勝てない。広く有権者の支持を得るために，さまざまな集団や党派を包摂する支持基盤づくりが必要である。言い換えれば，陣営内部のイデオロギー的な同質性は不要であり，いかなる連立の組合せも可能なのである。そして第3に，大統領選挙は，正副大統領がペアで立候補するという点である。副大統領候補選びは，大統領候補のイメージを高めるうえでも，支持基盤を相互に補完するという点からも非常に重要である。大統領候補を出すことができない中小の政党にとっても，副大統領候補を出せれば，連立内での発言力を高めることができると計算する。

　4月7日に議会選挙の投票が終了し，民間調査会社による選挙速報によって投票結果の大勢が判明した直後から，活発な連立交渉が政党間で展開された。そのなかで最初に候補者が決まったのは，グリンドラ党が擁立したプラボウォである。同党は議会選挙で第3党だったということもあり，当選後の閣僚ポストの配分を事前に約束するなど，なりふり構わぬ連立工作を展開した。その結果，宗教色の比較的強いイスラーム系の4政党が連立に加わった。副大統領候補にも，そのうちのひとつである国民信託党（PAN）の党首で，ユドヨノ政権下では運輸相，経済担当調整相を歴任したハッタ・ラジャサがあてられた。

　一方，第1党になった闘争民主党はジョコウィを大統領候補に擁立することを決めていたが，連立交渉においては事前のポスト配分を拒否し，真にジョコウィ政権に協力してくれる政党だけと連立を組む戦略をとった。ただし，副大統領候補選びでは，候補の個人的人気を重視するのか，組織や地盤をもった人物を選ぶのかで党内の意見が割れた。結局，組織・地盤の力を無視することはできず，ゴルカル党の元党首で，第1期ユドヨノ政権で副大統領を務めたユスフ・カラが副大統領候補に選ばれた。

　第2党のゴルカル党は，財閥経営者の党首アブリザル・バクリを擁立するはずだった。しかし，バクリの国民的人気は低く，出馬しても当選する見込みは非常に小さかった。そのため，バクリ擁立に協力してくれる政党

も現れず，バクリは自らの出馬を諦めざるを得なかった。あとはどの候補者の擁立に協力するかである。バクリはまず，ジョコウィに接近し，協力の見返りに首相級ポストと7つの閣僚ポストの配分を要求した[4]。これがジョコウィに拒否されると，つぎにプラボウォに接近した。プラボウォが前例のない「上級相」のポストをバクリに約束すると，バクリはふたつ返事でプラボウォへの協力を決定した。

　ユドヨノ政権の与党・民主主義者党は，過去3年のうちに汚職事件によって党首を含む幹部がつぎつぎと検挙され，党内にユドヨノの後継者はいなかった。事態を打開するため，外部の人材を取り込もうとアメリカ合衆国式の党内予備選挙を実施してみたものの，これも有権者の関心を引くほどには盛り上がらず，目論見は外れた。党としての方針を定められないうちに，連立をめぐる動きにも乗り遅れてしまった。結局，大統領選挙では中立の立場をとるしか選択肢は残されていなかった。

　こうして，大統領選挙の立候補者は，闘争民主党など5政党が擁立したジョコウィ＝カラのコンビと，グリンドラ党など6政党が擁立したプラボウォ＝ハッタのコンビの2組に決まった。ジョコウィ連合は，4月議会選挙の合計得票率が40.9％，合計議席率が37.0％であるのに対して，プラボウォ連合は，合計得票率が48.9％，合計議席率が52.1％となり，組織面ではプラボウォ連合が一歩リードする形になった。投票日直前の7月1日には，中立の立場を表明していた民主主義者党が，党としてプラボウォ＝ハッタ組を支持することを正式に表明した。民主主義者党が連立に加わったことで，プラボウォ連合の合計得票率は59.1％，合計議席率は63.0％にまで上昇した。

第2節　対照的な候補者の戦い

1．対照的なふたりの候補者の出自

ジョコウィとプラボウォのふたりは，自身の出自や性格といった点でき

わめて対照的な人物である。

　ジョコウィは，1961年にジャワ島中部の古都ソロに生まれた。父は家具職人をしていたが，家は貧しく，少年時代から家業を手伝っていたという。その後大学に進み，卒業後は家具商として成功を収める。2005年に，闘争民主党の公認をうけてソロ市の市長選に立候補して当選すると，市政を刷新して注目を集めるようになる。ジョコウィは，政府内の汚職を追放し，効率的な行政サービスの提供を進めるなどの行政改革に取り組んだり，貧困家庭に対する医療・教育の無償化を実現させた。さらには，再開発事業を実施する際に対話を通じて住民の同意を得たりするなど，住民の目線に立った政策をつぎつぎと実行していった。2010年には得票率90.1％で市長に再選されるなど，地元住民から圧倒的な支持を獲得した。

　その人気に目をつけたのが，グリンドラ党の創設者であるプラボウォだった。2014年大統領選挙への出馬をめざしていたプラボウォは，庶民派のジョコウィを支援することで自らのイメージを高めようと，2012年のジャカルタ州知事選挙にジョコウィを担ぎ出すことにした。闘争民主党とグリンドラ党の相乗りで出馬したジョコウィは，現職の圧倒的優位という下馬評を覆し，ジャカルタ州知事に当選する（第9章参照）。ジョコウィは，ソロ市長時代と同様，州知事としても住民目線での政策を実行していった。

　首都の知事の言動はマスメディアでも大きく報じられ，ジョコウィ人気は全国へと拡大していった。しかし，プラボウォにとっては，ここまでの全国的なジョコウィ人気の拡大は，大きな誤算だったであろう。まさかジョコウィが自らのライバルになるとは思ってもみなかったはずである。

　当初，2014年大統領選挙にはメガワティ党首自身が立候補するとみられていた闘争民主党も，党内外のジョコウィ人気を無視することはできなくなった。同党は，4月議会選挙の選挙戦が始まる直前の3月に，ジョコウィを党の正式な大統領候補とすることを決めたのである。

　対するプラボウォは，ジョコウィとは対照的に，トップ・エリートの家庭に生まれ育った人物である。プラボウォは，1951年にジャカルタでジャワ貴族の家系に生まれた。父は，インドネシアにおける経済学の大家スミ

トロ・ジョヨハディクスモである。スミトロは，スハルト体制初期には経済閣僚も務め，同国の開発政策を担う多くの経済テクノクラートを育てた。その父に連れられて少年時代に海外での生活も長く経験しているため，プラボウォは英語やオランダ語などの外国語も堪能である。

その後陸軍に入隊したプラボウォは，スハルト大統領の第4子と結婚すると，軍内で急速な昇進を遂げた。1997～1998年に民主化運動が高揚したときは，陸軍のエリート部隊である戦略予備軍（Kostrad）や特殊部隊（Kopassus）の司令官として，民主化活動家の誘拐事件やジャカルタ暴動に関与していた疑いがもたれている。スハルト大統領が辞任した後，これらの人権侵害事件の責任を問われて軍籍を剥奪されると，しばらくは国外で暮らしていたが，2004年の大統領選挙を前に帰国して政治活動を始めた。2004年はゴルカル党からの立候補をめざしたが叶わず，2009年はメガワティ闘争民主党党首の副大統領候補として大統領選挙に出馬したが，ユドヨノに敗れている。2014年4月の議会選挙でグリンドラ党が第3党に躍進したことにより，プラボウォはようやく自らが立候補する権利を得たのである。

2．何が争われたのか

両陣営の特徴をみてみると，プラボウォ陣営にはイスラーム系政党が多く集まったとはいえ，いずれも世俗主義系政党とイスラーム系政党の連合であり，イデオロギー的差異はそれほど大きくない。ただし世俗的イメージが強く，世俗主義の護持者を自認する闘争民主党の候補であったジョコウィに対しては，宗教（イスラーム）に基づくネガティブキャンペーンが組織的に行われ，後述するようにこれが効果を発揮した（第4章および第9章参照）。

両陣営の政策にも大きなちがいはみられない。どちらも，汚職の撲滅，地方や農村の開発，農林漁業の振興，教育，保健，住宅政策の強化などを打ち出していた。政策潮流は，ユドヨノ時代の成長優先から，成長と分配のバランス重視へと大きく変化しつつあった。

それでは，有権者は何を基準に投票すればいいのであろうか。2014年の大統領選挙で有権者に問われた選択は，ふたりの候補者がそれぞれ体現する政治指導者像であり，それから生じる政治スタイルのちがいであった。

　ジョコウィは，庶民出身の政治家として，国民と同じ目線に立ち，国民との対話を通じて，国民とともに歩んでいく新しい政治スタイルを有権者に提示した。自らを飾らず，誠実であろうとする彼の姿勢は，これまでの既存エリート政治家にはみられなかったものであった。連日報道される汚職事件のニュースに接していた国民にとって，政治家とは自らの利権獲得ばかりを考える存在でしかなかった。既存の政党・政治家に対する不信感が高まっているときに，ジョコウィは新しい指導者像と，新しい政治スタイルを国民に提示したのである。これまで政治的に顧みられることのなかった下層や庶民は，自らが中心となる新しい政治のあり方を実現してくれる政治家としてジョコウィに期待を寄せるようになった。

　一方，プラボウォは，旧来の伝統的な政治指導者像を提示することで，民主化後の時代に失われた強い指導者の出現を求める国民の渇望感に応えようとした。選挙戦でプラボウォは，馬に乗って登場し，拳を振り上げて支持者を鼓舞した。演台に上がるときには，1950年代の政治家のようにカーキ色のシャツを着て，クラシックな形のスタンドマイクの前に立った。演説では，外国によって国富が奪われていると説き，民族の尊厳を回復して強いインドネシアを建設するためには強い指導者が必要だと訴えた。それは，まさにスカルノ初代大統領の姿に重なるものであった。プラボウォは，自らを叡智によって国民を導いていく政治家と位置づけたのである。

　ふたりが提示している指導者像はまったく正反対のものだった。この異なる指導者像は，政治スタイルのちがいに直結している。両者が国民に示した政策綱領の内容は似通ったものであったが，その実現方法はまったくちがうものになる。ジョコウィが，国民とともに政策課題を解決していこうとするのに対して，プラボウォは自らのリーダーシップで政策を実現していこうとする。有権者には，新しい指導者像を体現するジョコウィと，旧来の伝統的な指導者像を体現するプラボウォという対照的な選択肢が示されたのである。

第3節　大接戦となった大統領選挙

　総選挙委員会の公式結果によると，ジョコウィ＝カラ組が約7100万票（得票率53.2％）を獲得して，約6258万票（得票率46.9％）を獲得したプラボウォ＝ハッタ組を破った（巻末資料3）。両者の差は約842万票，得票率で6.3％ポイントである。選挙戦の終盤には，支持率の差が4％ポイントまで縮まっているとの世論調査の結果が発表されていたように[5]，両者の差はほとんどなくなっているとみられていた。しかし，選挙戦最終盤のジョコウィ陣営による巻き返しが功を奏し，最終的な両者の差はそれよりも若干広がったが，僅差の選挙結果だったといえる。

　それでは，有権者はどのように投票したのだろうか。州別の投票結果をみてみると，ジョコウィが全国33州のうち23州で勝利したのに対して，プラボウォが勝利したのは10州にとどまっている。ただし，プラボウォは，3382万人と最大の有権者数を抱える西ジャワ州で6割の支持を得たり，西スマトラ州で76.9％を得票したりするなど，有権者の78％が住むジャワ島とスマトラ島ではほぼ互角の戦いを展開した。ジャワ島6州の合計得票率ではジョコウィが51.9％とわずかにリードしたが，スマトラ島10州の合計得票率ではプラボウォが50.3％と僅差でジョコウィを上回った。しかしプラボウォが勝利するためには，大票田のジャワ島とスマトラ島で差をつけて勝つ必要があった。僅差となった北スマトラ州，ジャカルタ州，東ジャワ州でいずれもジョコウィの後塵を拝したのが，プラボウォにとっては大きな誤算であった。

　ジャワ，スマトラの2島に次ぐ票田であるスラウェシ島6州では，ジョコウィが62.3％とプラボウォを大きく引き離した。ここは，ジョコウィと組んだ副大統領候補カラの地元で，彼の強力な組織的・人的ネットワークが張りめぐらされている。ジョコウィは，カラの出身地である南スラウェシ州や隣接する西スラウェシ州で7割以上の票を獲得するなど，スラウェシ島におけるカラの集票効果は絶大であった。ジョコウィが副大統領候補を決めるに当たっては，非政党人や退役軍人なども選択肢として候補

に挙がっていたが，スラウェシを中心とするインドネシア東部地域に強い支持基盤をもつという点が決め手となってカラが選ばれた。結果的には，その選択が勝負の決め手になったといえる。

　プラボウォに票が多く集まったのは，イスラーム教組織の影響力が強い地域だった。前述の西スマトラ州をはじめ，イスラーム法に基づいた特別自治が唯一認められているアチェ州や，西ジャワ州，バンテン州，西ヌサトゥンガラ州，カリマンタン島で唯一プラボウォが勝利した南カリマンタン州，ゴロンタロ州，北マルク州などは，いずれも伝統的にイスラーム寄宿学校を拠点とする宗教指導者が社会的・政治的影響力を保持しているところである。プラボウォ陣営には，5つのイスラーム系政党のうち4政党が合流していたが，イスラーム系政党の支持者のあいだでは，政党を通じた支持固めが効いたようである。しかし，イスラーム寄宿学校最大の基盤である東ジャワ州では，プラボウォは約139万票（6.3％ポイント）差でジョコウィに負けている。

　これに対して，非イスラーム教徒や少数派のエスニック・グループが多く住む地域ではジョコウィ支持が強かった傾向がでている。キリスト教徒のメラネシア系住民が多数住むパプア州と西パプア州におけるジョコウィの合計得票率は，71.7％とプラボウォを大きく引き離した。パプア2州におけるジョコウィの得票率は，出身政党・闘争民主党の伝統的な地盤で，ヒンドゥー教徒が多数派を占めるバリ州での得票率71.4％を上回っている。プラボウォの権威主義的な政治指導スタイルは少数派の無視ないしは抑圧を想起させるものであったため，少数派の宗教やエスニック・グループに所属する有権者は，イスラーム色の強いプラボウォではなく，インドネシアの多元性をイメージさせるジョコウィを支持したといえる。

第4節　有権者はどのように投票したのか

1．擁立政党の得票率と候補者の得票率

　プラボウォは，4月の議会選挙の合計得票率でいえば59.1%になる政党連合を結成したが，実際の得票率はそれを12.2%ポイント下回った。その意味で，政党による有権者の動員は必ずしもうまくいったとはいえない。大統領選挙は候補者個人の人気投票になりがちであるし，インドネシアでは有権者の政党支持が流動的であるため，議会選挙における投票行動と大統領選挙における投票行動は必ずしもリンクしないからである。それでは，どの党における票の動員がうまくいかなかったのだろうか。4月の議会選挙と7月の大統領選挙における有権者の投票行動にはどのようなちがいがみられるのだろうか。ここでは，第2級地方自治体である県・市レベルでの投票データを使って，これらの点を確認してみる。

　まず，ジョコウィを擁立した5政党の議会選挙における得票率とジョコウィの大統領選挙における得票率を比較してみる。図3-1で示されているように，5政党の合計得票率の高かったところではジョコウィの得票率も高くなっており，統計的にも両者のあいだには有意な関係がある。その意味では，有権者の行動は議会選挙と大統領選挙のあいだで一貫性があるようにみえるし，政党による票の動員もある程度成功したように思われる。とくに，出身政党である闘争民主党とジョコウィの得票率のあいだには強い相関関係がみられた（図3-2）。また，連立に参加したナスデム党や公正統一党（PKPI）とジョコウィの得票率のあいだにも相関関係がみられる。しかし，陣営内の他の政党による票の動員は限定的だったようである。ジョコウィの得票率とのあいだに相関関係がみられたこれらの政党は，特定の宗教やエスニシティの優越を許さず，多様な社会による国家統一とその維持が最も重要と考える世俗主義系の政党である。つまりジョコウィに投票した有権者には，世俗主義的イデオロギー指向の強い人びとが多かったと考えられる。これは，州別の得票率を基にした分析の結果とも一致す

図3-1 ジョコウィ連合参加政党の合計得票率とジョコウィの得票率の関係

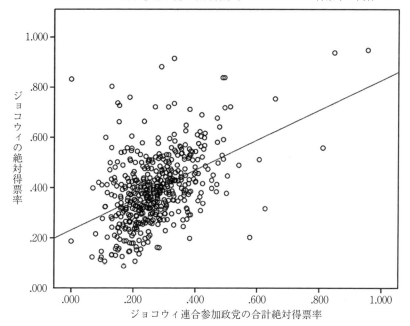

(出所) 筆者作成。
(注) ここで用いたデータは，県・市レベル（N=497）における，有権者総数に占める政党もしくは候補者の得票数の割合（絶対得票率）である。以下の図も同様。

るものである。

つぎに，プラボウォを擁立した7政党（立候補段階で陣営に加わった6政党と民主主義者党）とプラボウォの得票率の関係をみてみる。図3-3で示されているように，7政党の合計得票率の高かったところではプラボウォの得票率も高くなっており，両者のあいだには統計的に有意な関係がある ことも確認される。プラボウォ陣営についても，議会選挙と大統領選挙における有権者の行動に一貫性があることが見い出される。しかし，プラボウォが創設したグリンドラ党や陣営内の最大政党であるゴルカル党とプラボウォの得票率とのあいだには，統計的に有意な関係性はみられなかった。

それでは，プラボウォに対する支持は，どの政党の支持者によって支え

図3-2　闘争民主党の得票率とジョコウィの得票率の関係

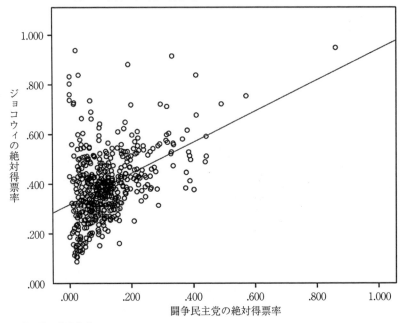

(出所)　筆者作成。
(注)　図3-1に同じ。

られていたのだろうか。それは，プラボウォの州別得票率の結果を分析したところで指摘したように，陣営内のイスラーム系政党だったようである。プラボウォを支持したイスラーム系4政党の合計得票率とプラボウォの得票率のあいだには，強い相関関係がみられる（図3-4）。そのなかでも，福祉正義党（PKS）や月星党（PBB），開発統一党（PPP）の得票率の高かった地域でプラボウォの得票率が高かったという傾向がでている。これらのイスラーム系政党は，同じプラボウォ陣営の国民信託党（PAN）やジョコウィ陣営に加わった民族覚醒党（PKB）に比べると，イデオロギー色が強い政党である。つまり，大統領選挙におけるプラボウォは，より政治的にイスラーム色の強い有権者によって支持される傾向があったと考えられる。

それでは，両候補の差はどこから生じたのだろうか。両候補の得票率と

図3-3　プラボウォ連合参加政党の合計得票率とプラボウォの得票率の関係

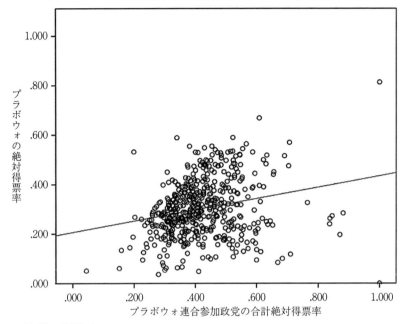

（出所）　筆者作成。
（注）　図3-1に同じ。

投票率の関係をみると，両者のちがいがはっきりとみえる。図3-5からわかるように，投票率が上昇するとプラボウォもジョコウィも得票率が上がる傾向は同じであるが，ジョコウィの方が，投票率の上昇が得票率の上昇により結び付きやすかったのである[6]。つまり，支持する政党をもたない有権者や投票を迷っていた有権者が，最終的に投票したのはジョコウィだった。それが，ジョコウィが最後にプラボウォを突き放すことができた要因だったようである。

以上の分析結果からわかるように，今回の大統領選挙では，世俗主義系政党を支持する有権者はジョコウィに投票し，イスラーム系政党を支持する有権者はプラボウォに投票するという傾向がみられた。つまり，世俗主義系の政党を支持する有権者とイスラーム系の政党を支持する有権者のあ

図3-4 プラボウォ連合参加イスラーム系政党の合計得票率とプラボウォの得票率の関係

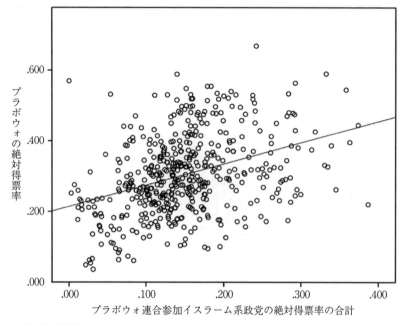

（出所）筆者作成。
（注）図3-1に同じ。

いだで候補者に対する支持が割れたというのが2014年の大統領選挙の特徴である[7]。そのことをさらに確かめるため，つぎに，ジャカルタ，北スマトラ，東ジャワを例に，地域の社会経済的特徴と候補者の得票率の関係をみてみる。

2．地域の社会経済的特徴と候補者の得票率

本項では接戦となった，ジャカルタ州，北スマトラ州，東ジャワ州の結果を検討する。前述のように，人口が多いジャワ島とスマトラ島のなかでも選挙結果の予測が難しかった同3州をジョコウィが制したことが，最終的な勝利に大きく貢献した。53.1%（ジャカルタ），55.2%（北スマトラ），

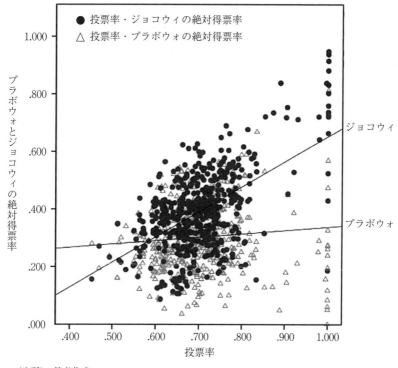

図3-5 投票率とプラボウォ，ジョコウィの得票率の関係

（出所）筆者作成。
（注）図3-1に同じ。

53.2％（東ジャワ）というジョコウィの得票は全国平均に近いが，それぞれの州内では結果に大きな偏りがあり，その傾向と理由も一様ではない。

ジャカルタ州では2012年に同じくジョコウィが立候補した州知事選（第9章参照）ときわめて類似した結果がでた。すなわち，地元のエスニック・グループであるブタウィ人はいずれの選挙でもジョコウィの対立候補を支持し，華人や非ムスリムはジョコウィ組への支持と強い相関がみられた。2012年と同様に，ジョコウィに対する宗教的なネガティブ・キャンペーンが効果を発揮した。他方，2012年州知事選の決戦投票ではジョコウィ組への支持と学歴，ジャワ人の割合の相関がみられたが，2014年大統領

表3-1 ジャカルタ首都特別州におけるプラボウォ組とジョコウィ組への支持とエスニシティ，宗教と学歴の相関関係

	ジャワ人	ブタウィ人	華人	ムスリム	学歴
プラボウォ	.166**	.528**	-.750**	.833**	-0.024
ジョコウィ	-.006**	-.528**	.740**	-.833**	0.024

（出所） 筆者作成。
（注） N=262（261地区とプラウ・スリブ），** P<0.01。エスニシティ，宗教，学歴のデータは2000年世論調査に基づく。学歴は短大卒以上の割合。

　選挙では学歴と両候補への相関はみられず，逆にジャワ人はプラボウォ組を支持する傾向がみられた（表3-1）。ブタウィ人と学歴には負の相関があるが，これを相殺するプラボウォへの高学歴者の支持があったのかもしれない。プラボウォ組はまた国軍関係者の組織的な動員を行ったようである。262の地区の大半でジョコウィの得票は大きく変動しなかったが，2012年に比較してジョコウィの得票が10％ポイント以上減少した14の地域（いずれも南・東ジャカルタ）には，陸軍特殊部隊の基地があるチジャントゥン，空軍司令部があるハリム・プルダナ・クスマ，国軍住宅があるチブブールとケボン・マンギスが含まれている。

　非ムスリムが約34％を占める北スマトラ州でも，宗教間の投票行動の差異が明確であった。キリスト教徒が多数派の内陸部やニアス島ではジョコウィ組が圧倒した。他方で，バタック人ムスリムが多数派を占める州の南部ではプラボウォが大差で上回った。プラボウォ陣営の誤算は，同じくムスリムが多数派を占める東海岸の4県における敗北であった。2013年に行われた州知事選では，福祉正義党が推すジャワ人のガトット・プジョ・ヌグロホとマレー人貴族出身で元州知事の弟エリー・ヌラディの組が東海岸の全県・市で勝利した。福祉正義党はプラボウォを支持，同選挙で州南部を制したグス・イラワン前北スマトラ銀行総裁（議会選でグリンドラ党から国会議員に当選）がプラボウォの選対州支部長であった。ガトットとグス・イラワンの両組の得票を合わせると54.2％と，闘争民主党候補の24.4％を大きく上回っており，プラボウォ陣営は北スマトラ州における

表3-2 北スマトラ州東岸5県（56地区）におけるプラボウォ組とジョコウィ組への支持とエスニシティ，宗教，移民，学歴の相関関係

	ジャワ人	ムスリム	移民	都市	学歴
プラボウォ	.038	.516**	-.035	.315*	.369**
ジョコウィ	-.033	-.411**	-.040	-.285*	-.385**

（出所）筆者作成。
（注）N=56，** P<0.01，* P<0.5。エスニシティ，宗教，移民，都市，学歴のデータは2000年世論調査に基づく。学歴は高卒以上の割合。

勝利を予想していた。

では，2013年にガトット組が勝った地域で，なぜプラボウォは敗れたのだろうか。2000年の人口センサスと村レベルまで行政単位が一致し，ムスリムの割合が7割を超える東海岸5県にまたがる56地区の選挙結果を検討すると，比較的学歴が高く，都市部でプラボウォの支持が高かったことがわかる（表3-2）。州都メダンとその周辺県でもプラボウォが上回っている。他方で，人口の過半を占める村落部や高卒未満の層でジョコウィへの支持が上回った。北スマトラ州の3割以上，東海岸では半数近くを占めるジャワ人の地区別割合と両候補への支持の相関関係は見い出せなかった。2013年にガトットに投票したジャワ人の一部はジョコウィ支持に回ったとみるべきだろう。

では，ジャワ人ムスリムが圧倒的多数を占める東ジャワ州ではどうだろうか。ジョコウィは，インドネシア独立後最初の1955年選挙以来，世俗系政党の得票がつねに上回り，民主化以降は闘争民主党が握ってきたマトラマン地方の大半で勝利した。プラボウォが上回った15県・市のうち，10はマドゥラ島とタパルクダ（馬蹄）地方と呼ばれるイスラーム寄宿学校を基盤とするインドネシア最大のイスラーム組織ナフダトゥル・ウラマー（NU）の中心地，残りの5県はマトラマン地方だがユドヨノの地元で過去2度の議会選でいずれも民主主義者党が勝利をしているパチタンとマゲタン，県知事がプラボウォ支持をしたボジョネゴロ，ラモンガン，グレシックである。プラボウォが上回ったタパルクダの15県のうち10県は，議会

選ではジョコウィを支持する民族覚醒党や闘争民主党が勝利している。

　では，これらプラボウォが勝利した15県にはどのような共通点がみられるのであろうか。それはキアイと呼ばれるイスラーム法学者や県知事など，地元有力者の政党からの自律性の高さである。プラボウォが勝利したマドゥラ島のスメネップ県を除く3県では，過去3度の総選挙で毎回ちがう党が第1党になっている。これは，キアイが選挙のたびに支持政党を乗り換えた影響である。この3県ではプラボウォ組の得票は7割を超えている。とくにバンカラン県ではキアイである前知事が圧倒的な権力を誇り，その息子が全国最年少の知事を務めるほか，総選挙委員会にも影響を及ぼして，プラボウォに8割以上の得票をもたらした。ジョコウィ組の得票がゼロという投票所まであった(8)。なお，前県知事は汚職の容疑で2014年12月に逮捕された。

　ボンドウォソ県とシトゥボンド県でも2009年総選挙では民族覚醒党から分裂したイスラーム共同体覚醒党（PKNU）が勝利している。イスラーム共同体覚醒党の一部は2014年総選挙に際してグリンドラ党に合流している。同じくいずれも民族覚醒党が第1党でありながら，プラボウォが勝利したシドアルジョ県では民族覚醒党の支部長でもある県知事が「個人として」プラボウォ支持を表明，ボジョネゴロ県では国民信託党の党幹部である知事が，パスルアン市ではキアイたちが積極的にプラボウォ支持に動いた。ジョコウィ陣営も政党のほか，NU前会長のハシム・ムザディやNU女性組織会長で東ジャワ州知事選に2度出馬したホフィファ・インダル・パラワンらの支持を得て，キアイの支持獲得に動いた。その結果，ホフィファが2007年知事選の決選投票で勝利した16県・市のうち，12地域でプラボウォを上回った。敗れた4県は，前述のシドアルジョ県とボジョネゴロ県を含め，いずれも県知事が明確にプラボウォ支持を表明した地域であった。

　東ジャワ州では独立以来の世俗とイスラームの文化的地域的な亀裂が2014年大統領選にも反映する一方で，地域の有力者に頼る選挙戦が行われた。世俗的なマトラマン地方の大半を制したジョコウィ陣営は，民族覚醒党や一部キアイの支持を得てイスラーム系政党が強いタパルクダでも善

戦した。プラボウォはマドゥラ島を中心としたキアイや地域的な有力者に接近して議会選における政党支持とは異なる勢力図を描いたが及ばなかった。

おわりに

　かつてない大激戦となった2014年の大統領選挙は，ジョコウィの勝利で終わった。選挙期間中には差別的な内容を含む誹謗中傷が乱れ飛ぶなど，民主化後の選挙としては最も荒れた選挙戦ではあったが，暴力事件が発生することはなかったし，候補者による選挙プロセスの介入も発生しなかった。市民の監視のもと，投開票作業は淡々と進められ，公正な選挙が実現した。一般の有権者は，大統領選挙には高い関心を示しつつも，平穏な選挙の実施を望み，公正な選挙結果を受け入れる冷静さを保っていた。一連の選挙を平和裡に終えたことで，インドネシアは民主主義の成熟を国内外に示した。

　しかし，激しい選挙戦は，国内に対立の傷跡を残すことにもなった。これまでの大統領選挙や地方首長選挙など，政府の代表である執政長官を選出する選挙では，候補者は自らの得票を最大化するために，宗教やエスニシティなど社会の亀裂を包摂するように正副候補者が組まれ，宗教やエスニシティの差異を強調して対立を煽るような選挙戦術がとられることは少なかった。ところが，この大統領選挙では，扇動的な選挙戦術が露骨に展開された。その背景として，候補者が今回初めて2組となったことが第1に挙げられる。しかも，候補者のそれぞれの社会的出自や性格といった点がきわめて対照的だった。そのため，候補者のちがいを際立たせることで有権者の支持を獲得しようとする戦術が有効性をもってしまったのである。二項対立的な争点が候補者によって持ち出されたため，有権者は，強い指導者か親しみやすい指導者か，イスラームか多元主義か，という二者択一の選択を迫られてしまった。選挙戦の激しさそのものよりも，どちらかの立場の選択を迫るような状況が出現したことの方が，長期的には懸念され

る点である。

　選挙が終わり，国民は普段の生活に戻り，社会は落ち着きを取り戻したようにみえる。しかし，大統領選挙によってもたらされた二項対立的な状況が，完全に沈静化したわけではない。議会では与野党が激しく対立し，政党内部でもジョコウィにつくかプラボウォにつくかで対立が起きている。民主化後のインドネシアは，政治的にも社会的にも，多様な利害の共存によって安定を確保してきた。2者による正面対決ではなく，多様な勢力による競争と協調が確保されるかどうかが，今後のインドネシアで政治的安定が続くかどうかの鍵となる。

〔注〕
(1)　たとえば，4月議会選挙の投票日直前に公表された世論調査では，ジョコウィの支持率が32.9％（Indikator 2014），31.8％（CSIS 2014）で，2位のプラボウォを20％前後引き離していた。
(2)　本章で用いた大統領選挙のデータは，以下のとおりである。州別のデータは，2014年7月22日に総選挙委員会から発表されたKPU（2014）である（巻末資料3参照）。州のひとつ下位の地方自治体である県および市レベルにおけるデータについては，総選挙委員会のウェブサイト（http://pilpres2014.kpu.go.id/dc1.php）で公開されたDC1フォームの集計表を利用した。議会選挙のデータについては，第2章を参照。
(3)　たとえば，インドネシア初の大統領直接選挙となった2004年大統領選挙を分析した川村（2004）は，候補者のイメージが組織基盤による票の動員よりも重要だったと指摘した。また，2009年大統領選挙を分析したSukma（2010, 61-62）も，大統領選挙は政策よりも候補者個人の資質によって人気が決定される「ビューティー・コンテスト」となったことを指摘している。
(4)　"Empat Penjuru Pendukung Kalla"［カラの4人の支持者］, *Tempo*, 26 May-1 June 2015, p. 37.
(5)　"Survei IFES dan LSI: Elektabilitas Jokowi 43％, Prabowo 39％"［IFESとLSIの世論調査：ジョコウィの支持率43％，プラボウォの支持率39％］, detikNews（http://news.detik.com），25 June 2014.
(6)　大統領選挙の投票率は，4月の議会選挙の投票率（75.1％）を下回り，69.6％であった。
(7)　これまでの大統領選挙における投票行動を対象とする分析は少ないが，Mujani, Liddle and Ambardi（2012）は，大統領選挙においては宗教やエスニシティの投票行動に対する影響はほとんどみられず，業績評価が非常に重要だということを指摘している。2014年大統領選挙に関する本章の分析は，それとは対照的な結果を示した。

(8) 特定の投票所で，いずれかの候補の得票がゼロだったというケースは，他の地域でもみられた。プラボウォが大統領選挙の不正を憲法裁判所に訴えた際の論拠も，パプア州の一部投票所において自らの得票がゼロだったという開票結果である。しかし憲法裁判所は，これは部族や集落ごとに事前に協議を行って投票先を決める「ノケン」と呼ばれる慣習的な投票方法に基づいたものであり，許容されるという判断を下した（川村 2014）。同様の投票慣行は，マドゥラや，北スマトラ州のニアス，カリマンタン，バリ，マルク，北マルクなど共同体の影響力の強い地域でこれまでにも確認されている。この投票方式では，共同体に所属する有権者が集まって投票先を協議するということになっているが，実際には共同体の長の意向が強く働くこともあり，「ひとり1票の秘密投票」という民主的な選挙の原則にのっとっているとするのは無理があるだろう。

〔参考文献〕

<日本語文献>
川村晃一　2004.「インドネシア大統領選挙第一回投票——組織の選挙とイメージの選挙——」『アジ研ワールド・トレンド』(109) 32-35.
——　2014.「『慣習』と『民主主義』の両立：インドネシア大統領選挙余話」『Foresight』（フォーサイト），9月14日（http://www.fsight.jp/29281）．

<外国語文献>
CSIS (Centre for Strategic and International Studies). 2014. "Amidst the 'Jokowi Effect': Vacillating Voters and An Unfinished Contestation." CSIS National Survey, March.
Indikator. 2014. "Efek Kampanye dan Efek Jokowi: Elektabilitas Partai Jelang Pemilu Legislatif 2014." ［選挙運動の効果とジョコウィ効果：2014年議会選挙に向けた政党の得票可能性］Indikator Politik Indonesia.
KPU (Komisi Pemilihan Umum). 2014. "Hasil Penghitungan Perolehan Suara dari Setiap Provinsi dan Luar Negeri dalam Pemilu Presiden dan Wakil Presiden Tahun 2014 diisi berdasarkan Formulir Model DC PPWP dan Sertifikat Luar Negeri." ［PPWP DC モデル・フォームおよび海外証書に基づいて記入された2014年正副大統領選挙における各州および海外の得票集計結果］．
Mujani, Saiful, R. William Liddle and Kuskridho Ambardi. 2012. *Kuasa Rakyat: Analisis tentang Perilaku Memilih dalam Pemilihan Legislatif dan Presiden Indonesia Pasca-Orde Baru.* ［庶民の力：ポスト新体制期インドネシアの議会選挙および大統領選挙における投票行動に関する分析］Jakarta: Mizan Publika.
Sukma, Rizal. 2010. "Indonesia's 2009 Elections: Defective System, Resilient Democracy." In *Problems of Democratisation in Indonesia: Elections, Institutions, and Society,* edited by Edward Aspinall and Marcus Mietzner. Singapore: Institute of Southeast Asian Studies.

第4章

ジョコ・ウィドド政権の誕生
——選挙政治と権力再編——

本 名 　純

はじめに

　ジョコ・ウィドド（通称ジョコウィ）政権の誕生は，インドネシアの政治史上，きわめて重要な意味をもっている。第1に，同国において初めて「庶民出」の大統領が誕生したという意義である。建国の父スカルノ，開発の時代のスハルト，その後の民主化時代のハビビ，アブドゥルラフマン・ワヒド，メガワティ・スカルノプトゥリ，スシロ・バンバン・ユドヨノと続く大統領経験者は，すべて広義の意味でエリート層から排出されてきた。スカルノは貴族の出身，スハルトとユドヨノは陸軍高級将校，ハビビは工学博士でスハルト時代の大臣・副大統領，ワヒドはインドネシア最大のイスラーム組織のカリスマ議長，メガワティはスカルノの娘であり闘争民主党（PDIP）の党首である。一方，ジョコウィは2005年にソロ市長になるまでは，平凡な家具屋のオーナーであり，エリート層とは程遠い世界を生きてきた。今回の大統領選挙では，有権者の多くが，国政での経験はゼロではあるものの「庶民感覚」溢れるジョコウィに期待し，これから5年間のインドネシアの舵取りを任せた。これは歴史的な転機といえよう。
　第2に，ジョコウィ大統領の誕生は，選挙戦を通じてプラボウォ・スビ

アント候補を打倒したことに大きな意味をもっている。スハルトの元娘婿であるプラボウォが率いる選挙陣営は，スハルト権威主義時代の守旧派勢力の結集という政治色が強く，彼らは今のインドネシアの政治を「行き過ぎた民主主義」と批判し，過去への回帰を訴え，他方で外国企業による経済の搾取が国を弱体化させているとし，救国のための保護主義・排他主義をアピールした。もしプラボウォが選挙に勝っていたら，今後のインドネシアの民主主義は大きな危険に晒された可能性がある。選挙はかなりの接戦で，終盤にはどちらが勝ってもおかしくない状況になった。実際の投票も，第3章でみたように，得票率53％対47％と大差のない結果となった。この選挙結果は，非民主化勢力の政権奪取がもう少しで実現し得たということを示している。ジョコウィの勝利は，そのプラボウォの挑戦を打破したという意味で，1998年のスハルト政権の崩壊と民主化の到来に次ぐ歴史的な重要性をもっているといえよう。

　なぜジョコウィが大統領候補として台頭したのか。なぜプラボウォとの接近戦になったのか。今回の選挙戦を経て，政党エリートの政治権力はどのように再編されているのか。ジョコウィ政権の政権統治ビジョンと彼を取り巻く政治環境にはどのような特徴があるのか。前章の大統領選挙分析を受けて，本章ではジョコウィ政権の誕生につながる政治過程と，新政権下の政治エリートの権力関係について分析したい。

　以下では，まずプラボウォとジョコウィという今回の選挙の主役が台頭した背景を議論する。つぎにジョコウィの選挙戦を考察し，総選挙と大統領選挙で彼の選挙キャンペーンの特徴を浮き彫りにする。最後に，選挙後のジョコウィ政権の発足と，新大統領のジレンマ，そして彼の政権統治ビジョンについて考察したい。

第4章　ジョコ・ヴィドド政権の誕生

第1節　プラボウォとジョコウィ
　　　——ふたりの対照的なリーダー像——

　ジョコウィの知名度が全国に広がるようになったのは、彼が2012年10月にジャカルタ首都特別州知事に就任してからである。それ以前は、中ジャワ州のソロ市長を2005年から務めており、市民の人気は高いものの、その知名度は広くてもジャワに限定的だった。そのジョコウィが、任期途中の2014年に大統領選に出馬するという異例のスピードで政界の階段を駆け上ることができたのはなぜか。その背景にはプラボウォの台頭があり、そのもうひとつ背後にはユドヨノ政権に対する国民の政治不信がある。

　ユドヨノ政権の誕生が2004年。その後10年にわたってユドヨノは安定政権を維持してきた。第1次ユドヨノ政権が2004年からの5年間で、2009年の大統領選で再選を果たし、第2次政権が2009年10月からの5年間である。この10年間の政権安定の秘訣は、巨大な連立与党体制をつくって維持してきた点にある。連立与党で国会議席の7割を牛耳ったため、野党は政治の蚊帳の外となった。内閣ポストも連立のパートナーたちに配分して、パワーシェアリングを大事にしてきた。「きわめて慎重で用心深く、敵をつくらないように細心の注意を払うのがユドヨノ大統領である」と、彼の直近のスタッフは評価する[1]。

　しかし、この巨大連立による政権安定には大きな代償が伴った。改革の停滞や汚職の蔓延である。「虹色内閣」と呼ばれるように、ユドヨノ政権は、政治的方向性やイデオロギーのまったくちがう政党が、与党連合を組んでそれぞれ利益追求に励んでいた。たとえば、スハルト時代の翼賛与党であったゴルカル党は、さまざまな民主改革に対する抵抗勢力の先鋒となり、急進イスラーム勢力の福祉正義党（PKS）は各地でイスラーム勢力の強化を梃子入れする。政治志向のちがう政党同士が一緒に政権運営をできる大きな理由は、パワーシェアリングで利権の旨味を離したくないからである。各省庁に絡む公共事業の利権は、担当大臣の所属政党に落ちてくる。この仕組みがユドヨノ時代の10年間で確立した[2]。

こういう政権ガバナンスが背景にあり，ユドヨノに対する国民の不満も蓄積していく。とくにふたつの汚職事件が政権不信を決定的にした。ひとつは，ユドヨノ率いる民主主義者党の若手幹部たちによる汚職事件である[3]。同党は，「ユドヨノ新党」ということで，2004年の政権発足時はクリーンで改革派のイメージを売りにしてきた。にもかかわらず，2010年以降，現役閣僚のアンディ・マララゲンや党首のアナス・ウルバニングルムを含む次世代のリーダーといわれてきた党の主要幹部が，つぎつぎと大型収賄容疑で逮捕されていった。政党政治家はやっぱり信頼できない。そういうムードが国民に充満するのは当然である。

　さらに2013年10月，今度は憲法裁判所の長官が巨額の贈収賄容疑で逮捕された。憲法裁は，違憲立法審査や大統領の罷免，選挙結果の有効性を決める重要な機関で，いってみれば政治的公正性の砦である。その長官さえも汚職で私腹を肥やしていた。この事件で国民の政治不信は頂点に達した。

　このような政治的失望感を，うまく自分の売り込みにつなげたのがプラボウォである。前章でみたように，彼はスハルトの娘婿として，1990年代の半ばには，国軍で最大の影響力をもつ将校だった。しかし1998年のスハルトの退陣に伴って彼も失脚する。独断で陸軍特殊部隊に秘密工作チームをつくり，反政府活動家の拉致を命令したという理由で，同年，軍籍も剥奪された。その後，雲隠れのごとく，ヨルダンにわたってビジネスに専念していたが，5年後には政界復帰の可能性を試すために，2004年のゴルカル党の党大会に参加し，同党の大統領候補者選挙に立候補した。この党内選挙では最下位だったが，政界へのカムバックに対して国民の反発がさほど強くないと読み，以後，本格的に大統領への野心をもつようになる。

　その足場として，2008年にグリンドラ党が準備された。プラボウォの弟のハシム・ジョヨハディクスモは大資本家であり，彼が政党立ち上げの資金を出資し，党のコンセプトは右腕のファドリ・ゾンが考えた。右翼ナショナリズムとポピュリズムを融合したようなスローガンを掲げ，強い意志と決断力に長けたプラボウォが，強いインドネシアを復活させる，とい

うイメージ戦略を重視した。

　このイメージが，ユドヨノ政権の末期になって，国民に受け入れられるようになっていった。新党であるグリンドラ党は，ユドヨノ政権に参加していないので，今後の期待ができる。強いイメージがあるプラボウォなら，今の閉塞感を打破してくれるかもしれない。他党の党首をみても，たとえばゴルカル党のアブリザル・バクリ党首は，自ら率いる財閥バクリ・グループの悪評が絶えないし，イスラーム系政党の党首たちも汚職疑惑で信頼ならないし，野党第１党の闘争民主党のメガワティ党首も一度大統領をやっている。次を期待できる候補がいない。であるならプラボウォに賭けてみたい。そう考える人が急速に増えていった。

　サイフル・ムジャニ・リサーチ・アンド・コンサルティング社（SMRC）という信頼度の高い世論調査機関がインドネシアにあるが，2012 年に行われた 5 回の世論調査をみると，「次にどの大統領がよいか」との問いに「まだわからない」とする回答者が多いものの，選んでいる人のなかでは，プラボウォがつねに 1 位を占めるようになっていた（SMRC 2014a, 34）。当時，上述のファドリ（グリンドラ党副党首）も，「この勢いでいけば 2014 年は勝てる。これから 2 年かけて周到に党とプラボウォの両方を売り込んでいく」と自信をもっていた[4]。

　以上のことからわかるように，「プラボウォの台頭」という政治現象は，ユドヨノ時代の政権運営に対する国民の失望の裏返しであった。連立与党に大臣ポストを分配することでパワーシェアリング政権を作って，安定を第 1 にしてきた代償として，各省庁で汚職が広がり，行政改革も進まず，大統領は決断力も発揮できない。ポスト・ユドヨノ政権に，その打破を期待したい。それができるのはプラボウォだけかもしれない。こういう声が徐々に国民に浸透していった。

　その状況が一変したのが 2013 年である。「ジョコウィ現象」といってもよい。彼は 2012 年 9 月のジャカルタ州知事選挙で，現職のファウジ・ボウォを破って当選し，翌 10 月に州知事に就任した人物である[5]。前職はソロというジャワ島中部にある古都の市長である。2005 年にソロ市長に選ばれ，2010 年に圧倒的な人気で再選し，任期半ばの 2012 年に，所属す

る闘争民主党のメガワティ党首からジャカルタ州知事選への出馬を要請された。同党は当初，ファウジ再選を支持するユドヨノの民主主義者党と歩調を合わすことで，2004年大統領選挙以来，仲違いしているユドヨノとメガワティの和解につなげたいという思惑があったものの，メガワティはかたくなに和解を拒んだ。その彼女に，ファウジの対抗馬としてジョコウィの擁立を強くロビーしたのが，彼女の親友であるソフヤン・ワナンディ（インドネシア経営者協会前会長）と元副大統領のユスフ・カラ（メガワティ政権下の社会福祉担当調整大臣）であった。

このジョコウィ擁立案に飛びついたのがプラボウォである。ジョコウィとペアを組む副州知事候補としてバスキ・チャハヤ・プルナマ（通称アホック）を提案し，このペアであれば中間層の多いジャカルタの有権者に響くとメガワティに訴えた。アホックは当時ゴルカル党所属の国会議員であったが，それ以前はバンカ・ブリトゥン群島州の東ブリトゥン県知事という経歴の持ち主である。副知事候補を決めかねていたメガワティに対して，プラボウォは，彼が推すアホックとペアを組ませてもらえるなら，選挙資金はこちらで担当すると説得した。「アホックとは以前にまったく面識がなかった。メガワティは初め嫌がったが周辺が説得した。結果的にいいコンビになった」とジョコウィは回想する[6]。

この時プラボウォは，ジョコウィの擁立に一役買うことで，庶民派ソロ市長として人気の高い若手地方リーダーと手を取り合う次期大統領候補というイメージをジャカルタ市民にアピールしたかったと思われる。また，アホックは華人でクリスチャンである。その彼の後見人を演じることで，宗教や民族の多様性を尊重するプラボウォというアピールが可能になる。これが彼にとって戦略的に重要である理由は，スハルト政権末期に陸軍中将として国軍に君臨していたプラボウォが，暴力的なイスラーム組織の政治動員を扇動し，華人やキリスト教を敵対視していた過去を記憶する有権者がまだ多く，そのイメージを払拭する必要があったからである[7]。プラボウォにとって，ジョコウィとアホックは，自らの大統領選挙にプラスに作用するファクターであり，その読みのもとで，弟のハシムは大量の選挙資金をジョコウィ＝アホック・ペアに投入し，ジャカルタ州知事選を

戦った[8]。

　このようにメガワティとプラボウォという2大野党のトップが支えるジョコウィ＝アホックのペアが，2012年のジャカルタ州知事選を制し，「庶民派」で若くて気さくなふたりがジャカルタの政治と行政を変革するという期待が高まることとなった。その期待を裏切らず，ジョコウィは州知事就任後，すぐにさまざまな難問に取り組んだ。大量の露天商が道をふさいで渋滞が慢性化している問題や，洪水対策用の貯水池に無許可で住み着いている人たちに立ち退いてもらう問題など，これまでの知事が野放しにしてきた難問に取り組み，対話と説得で解決策を出していった。さらには，州独自の無料診療や教育無償化を導入し，貧しい人たちの健康と教育の充実を図ってきた。渋滞の緩和に向けた地下鉄（大量高速鉄道MRT）の建設も，彼の時代になって本格的に動き出した。行政改革にも早急にとりかかり，公共事業の決定過程の透明化や，入札のインターネット化，さらには区長の選出に公募制を導入するなど，「奉仕する行政」への変革を訴えた。

　明らかにこれまでとちがうタイプの州知事の誕生に，ジャカルタ市民は大いに喜んだ。「実行する知事」，「仕事ができる知事」，「庶民目線の知事」といった評判が広がり，連日メディアが彼の「ブルスカン」（blusukan——抜き打ち視察）を追いかけてニュースにする。それが5カ月も続いた時点で，ジョコウィはすでに単なる州知事としてではなく，有力な次期大統領候補としてメディアが意識するようになっていた。SMRCの2013年3月の世論調査では，初めてジョコウィの名が大統領候補として登場し，支持率10％でプラボウォの8％を抜いた（SMRC 2014a, 34）。上述のように，プラボウォは元国軍エリートとして，強い決断力をもつ憂国の士というイメージが国民人気の源であった。その彼とは対照的なリーダー像が，ここにきて示されたのである。政治経済エリートの匂いのしないリーダー。庶民に近いリーダー。行政改革を断行して社会福祉に取り組むリーダー。メディアはこういうイメージでジョコウィを扱うようになっていった。

第2節　ジョコウィ擁立の党内政治

　このジャカルタでの「ジョコウィ現象」を，いち早く脅威に感じたのがプラボウォである。先の州知事選挙で支援したジョコウィが，大統領選でライバルになり得るとは思ってもいなかったであろう。ジョコウィを警戒するプラボウォとグリンドラ党は，闘争民主党のメガワティ党首に対し，2009年の約束を守るように訴えかけた。その約束とは，2009年の大統領選挙でプラボウォがメガワティの副大統領候補となる条件として，5年後の2014年にはメガワティがプラボウォを支持するというものである[9]。ジョコウィに対する期待が高まろうと，党の大統領候補を決めるのはメガワティであり，彼女も過去2度大統領選挙で負けた無念を晴らして再び大統領に返り咲きたいという野心がある[10]。そういうエリート政治の論理から考えれば，ジョコウィが出てくる可能性は低いと政界の多くの人は思っていた。

　しかし，「ジョコウィ現象」を政治的に利用できるとひらめいた人たちがいた。闘争民主党の若手議員や，メガワティにあまり近くない党内非主流派の議員たちである。彼らの一番の心配は，翌2014年4月の議会選挙にあった。このままでいくと，党は何の新しいアピールもなく，「独立の父」スカルノ初代大統領の娘であるメガワティの弱々しいカリスマに頼る選挙になる。それでは多くの地域で党が議席を失う。そうなったら，全国各地で同党が従来重視してきたインドネシアの世俗主義や多様性が衰退し，イスラーム主義政党が幅を利かすことになりかねない。それは「多様性のなかの統一」という国是の危機であり，阻止する必要がある。そのためにも「メガワティ以外」で選挙を戦う必要がある。こういう論理を掲げて，ジョコウィの擁立に向けて動くグループが党内に出てきた[11]。彼らがメガワティから自律したところで，「ジョコウィ全国事務局」（Seknas Jokowi）というボランティア運動組織を立ち上げ，ソーシャル・メディアを駆使して，ジョコウィ擁立運動を党の内外に仕掛けていった[12]。

　この運動のインパクトが2013年9月の闘争民主党の全国幹部集会でみ

られた。会場に集まった各地の党州支部の幹部たちは，「次期大統領選挙にジョコウィを擁立すべき」という要請を執行部に伝えた。全33州支部のうち，30支部がジョコウィ支持を表明した。メガワティの名を挙げたのは中ジャワ州とジョグジャカルタ特別州と東ジャワ州の3支部のみで，しかもメガワティ単独ではなく，ジョコウィの名前と併記する形をとった。単にこの3州は党首に配慮しただけだということは明らかだった[13]。

　この党地方支部のジョコウィ擁立要求は，メガワティにとって大きなショックだった。人気が低迷するユドヨノ政権が終われば，闘争民主党の時代が再来する可能性が高く，その日のために党首を続けてきたメガワティにとって，自分の役割は終わりと党内で宣言されたようなものである。彼女の複雑な心境は想像に容易い。ソロの田舎から出てきたばかりのジャカルタ州知事を，「人気者」というだけで大統領候補にしてよいのだろうか。政党のキャリアパスとしても異例であり，党秩序は乱れないか。ジョコウィに求心力が集まることで，自分をカリスマ扱いしてきた党の人間が離れていくのではないか。自分の党内影響力が低下しないか。このような保身の心がメガワティに芽生えてもおかしくない。全国幹部集会の夜，彼女は州支部長たちを別邸に呼び出し，「大統領候補を決めるのは党首の私です」と念を押し，これ以上ジョコウィのことをメディアで喋るなと箝口令を敷いた[14]。

　これに便乗したのがメガワティの取り巻きたちである。彼らは，彼女の影響力を背景に党内の重要ポストを得て，それを元にビジネス経営も上手くやってきた。彼らの心配は，党内求心力がジョコウィに移り，メガワティの影響力が薄れることである。この取り巻きたちが，「理想のシナリオ」として模索したのが，正副大統領候補としてメガワティとジョコウィをペアで擁立する案である。人気のジョコウィを副大統領候補にすることで，メガワティの大統領への復帰を実現させるというシナリオである[15]。ジョコウィはまだ早い。党は伝統的にスカルノ家の血筋でやってきたからこそ根強い支持基盤があるわけで，それを裏切ることはよくない。そもそもジョコウィは党内でも新参者である。このような意見がリニ・スマルノ（メガワティ政権下の商工相）を代表とするメガワティの側近たちから出さ

れた。娘のプアン・マハラニも，自分が母親の後を継ぐつもりで党運営を支えてきた立場から，ジョコウィ擁立には消極的だった[16]。こういう思惑の側近たちがメガワティを駆り立て，ジョコウィでなくても選挙は勝てると彼女に吹き込み，大統領選に再度立候補させる目論見を立てていた。

　ジョコウィ自身は，典型的なジャワ人らしく，大統領選への出馬意欲については公にはまったく語らず，自分の仕事はジャカルタの行政であると繰り返し答えていた。しかし，プライベートではいろいろ語っていた。「メガワティでは選挙は負ける。私が彼女の副大統領候補になっても負ける。それだけプラボウォの人気は高まっている。若い人たちのあいだで彼に対する支持が広がっている。彼らは軍人時代のプラボウォを知らないので危険である」とジョコウィは指摘した[17]。彼は，先の党の全国幹部集会で流れは確実にできたとみていた。しかし，本人の意欲とは別に，闘争民主党の大統領候補を決めるのは自分ではなくメガワティである。「メガワティの思考回路は複雑だ。まずは彼女の信頼を勝ちとることが大事である。一緒に出かけ，ご飯を食べ，自分を理解してもらう。野心は絶対みせてはいけない。」こう考えていた。その一方で，選挙戦のイメージももっていた。「来年1月の党設立記念日のタイミングで擁立を発表してもらえれば，議会選挙まで3カ月あるので十分準備ができる。うまくいけば得票率35％も夢じゃない。その勢いで7月の大統領選に突入する。これが理想である」と野望を覗かせた[18]。

　しかし，メガワティのほうは，なかなか態度を決めなかった。人気のジョコウィに託すか，やはり自分が出馬するか。取り巻きは後者がよいという。しかし自分は本当にプラボウォに勝てるのか。ジョコウィは自分を裏切らないか。メガワティの不安が尽きないことは想像に容易い。

　こういうメガワティのジレンマを理解するジョコウィは，極力彼女と会う時間を増やし，裏切るようなことはないというメッセージを送り続けた。それでも2014年1月の党設立記念日に，メガワティの発表はなかった。いよいよジョコウィ周辺も焦り始める。ここで一歩踏み込んだ。Seknas Jokowiの地方支部が各地で発足し，草の根運動として，「ジョコウィ大統領の実現」を街頭でアピールするイベントが繰り広げられた。ツイッター

やフェイスブックでイベント参加者を募り，メディアもこれを大々的にとりあげ，ジョコウィの出馬を支持する一般世論も高まっていった。その結果，当時の世論調査（SMRC 2014a, 36-37; Indikator 2014a, 41）でも，約50％の回答者がジョコウィとプラボウォの対決では前者に投票すると答え，後者（20％）を大きく引き離していった。

　このトレンドをみて，いよいよ党内も動いた。2月の半ば，「チーム11」（Tim 11）と呼ばれるメガワティ直属の諮問チームは，彼女にチームの調査結果を伝えた。党のためにも彼女のためにも，ジョコウィ擁立がベストなシナリオであるという結論だった。これでメガワティの態度が固まった[19]。ジョコウィ擁立の発表は，4月9日の総選挙のキャンペーンが始まる3月16日の直前にしようという話になり，「ジョコウィ旋風」を活かして大幅な議席増大をねらう作戦を練った。そして3月14日，メガワティはジョコウィを党の大統領候補に指名すると公に発表した。これで選挙は快勝で，闘争民主党も票を伸ばして与党に返り咲き，今後5年間は党の黄金期が訪れる，と多くの党関係者が楽観的になった。

第3節　ジョコウィの選挙政治

　この闘争民主党の期待に反して，総選挙での闘争民主党の得票率は予想をはるかに下回った。同党の選対部長であるプアンが選挙前に示した目標は27％である。得票率27％という目標は，大統領選を睨んだ目標であり，第1章でみたように，選挙法の規定で，25％以上の得票率，もしくは国会の議席保有率で20％以上を獲得した政党か政党連合のみが大統領戦に候補者をノミネートできる。各党はどこも単独で候補を擁立したい。そのため，25％を若干上回る数字が獲得すべき得票率の目標となる。

　この数字は夢ではなかった。15年前，民主化後初の1999年選挙で同党は33％とっている。当時よりもメディアやソーシャル・ネットワーキング・サービス（SNS）の影響が大きい今なら，もっと浮動票をとれると考えていた。とりわけ，ユドヨノ率いる国会第1党の民主主義者党が，幹部

の汚職事件の連発で世論の批判が強いなか，多くの浮動票がジョコウィ支持で闘争民主党に流れる可能性があった。世論調査でも，有権者がジョコウィと闘争民主党を同一視していれば33％にとどく可能性を示していた（CSIS 2014）。

　メガワティ自身も，4月9日の総選挙で党が大勝し，10年間の野党生活から抜け出し，これからのインドネシア経済の黄金期に与党の党首として君臨したいと考えていたであろう。そのためにも，世論人気のジョコウィを大統領に担ぎ上げ，長期政権をねらう。1期5年の政権を2期やって2024年。その後はスカルノの血を引くメガワティの息子のプラナンダ・プラボウォか娘のプアンを大統領候補に仕立てる。それが上手くいけば，今後，少なくとも15年は闘争民主党が国政を牛耳れる。こういうビジョンが党内で語られていた。ところが，総選挙の結果は，第1党にはなったものの，目標の27％どころか20％にも届かない19％という得票率だった。大番狂わせといってよい。その原因は第2章で整理しているように，キャンペーンの問題と議会選挙の性質に多く求められる。

　「キャンペーンは完全に失敗だった。ジョコウィではなくプアンを全面に出したテレビ・コマーシャルは有権者にまったく響かなかった」と，ジョコウィの特別補佐は回想する[20]。しかし，プアンの立場からみれば，総選挙の主役は党選対部長の自分であり，ジョコウィではない。プアンは総選挙のファンドレイジングをメガワティから任されており，自分が集めてきた党の選挙資金をジョコウィの宣伝に使おうと思わなかった。ジョコウィの宣伝は，大統領選挙のキャンペーンのときに別資金を使ってやってほしい，というのがプアンの主張である。この時からジョコウィとプアンの相互不信は確たるものになっていく。

　このキャンペーンの失敗と並んで，総選挙の力学自体も「ジョコウィ効果」が期待より低かった理由として考えられる。そもそも，総選挙の主役はジョコウィでもプラボウォでもなく，国会や州議会や県・市議会の議席を争う全国約23万人の議員候補たちである。当然ジョコウィやプラボウォといった名前は投票用紙にはなく，有権者は地元議員を選ぶために投票する。その議員候補者たちは，地縁や血縁，その他各種のローカル・

ネットワークを駆使して，自らの当選に向けて1年前から準備してきた。地元のさまざまな集会に顔を出しては寄付金を出し，自分こそが地元に有益な候補であることを訴えてきた。総選挙は議員候補者間の戦いであり，他党候補者はもとより，同じ党から出馬する候補者さえも競争相手となる。自分を有権者に売り込まないと勝てない。党の政策だとか，大統領候補が誰だとかではなく，自分の人気を固める。これが全国各地の議員候補者の行動原理となっていた。その結果，有権者も，党より候補者を一義的に考え，より魅力的な候補者に票が集まった。ここに闘争民主党の皮算用が大きく外れる理由があった。「ジョコウィを大統領に！と訴えるだけで，地元の発展ビジョンを語れない闘争民主党の候補者たちは各地で負けた」と今回の選挙で落選した同党の国会議員は回顧する[21]。

闘争民主党のショックも癒えないなか，5月4日に信頼できる世論調査の結果が発表された。それによると，ジョコウィとプラボウォが7月の大統領選で一騎打ちの場合，ジョコウィ支持率は2013年12月の段階で62％だったものの，2014年3月には56％，そして議会選挙後の4月14日の調査では52％まで下降していた。逆にプラボウォ支持率は23％，26％，36％と上昇を示した（SMRC 2014b）。この差はじわじわと縮まり，6月末の調査では差はほとんど無くなった。その傾向からすれば，プラボウォが7月9日の大統領選を制することも不可能ではなくなった。接戦ムードのなか，6月4日に大統領選に向けての選挙キャンペーンがスタートした。

第3章でみたように，ジョコウィ陣営は副大統領候補にユスフ・カラを選んだ。ジョコウィ選対チームには，カラ率いる財閥カラ・グループとの利益相反が懸念されるのでほかの候補者がよいという意見も強かったが，ソフヤン・ワナンディとヤコブ・ウタマ（日刊コンパス紙創設者）がメガワティの説得に労をとった。彼らは，闘争民主党やジョコウィの支持基盤が弱いスラウェシ島や東ジャワを地盤とする同国最大のイスラーム組織ナフダトゥル・ウラマー（NU）の票動員ができるのはカラしかないと直談した。ジョコウィもその論理に従った。「カラとは馬が合う。コンビとしても役割がはっきりしていてやりやすいと思う」とジョコウィは選挙前に語っていた[22]。

プラボウォ陣営は，文字どおり総力戦で臨んできた。彼は副大統領候補にハッタ・ラジャサ（国民信託党党首）を迎え，国会に議席をもつ5つの政党（グリンドラ党，国民信託党，開発統一党，ゴルカル党，福祉正義党）の連合に擁立された。これらの政党は決してイデオロギーやビジョンのもとに集まったものではない。政治的影響力の温存を第1に考える党首たちの合理選択であった。ジョコウィ陣営は，連立交渉で事前のポスト配分を拒否した。逆にプラボウォ陣営は公然に政権誕生後のポストの約束をした。そのパワーシェアリングの魅力は，汚職疑惑のかかっている党首ほど大きく映る。プラボウォ支持を真っ先に表明した開発統一党（PPP）の党首スルヤダルマ・アリは，ユドヨノ政権下の宗教大臣だが，巡礼預金不正流用の疑惑で容疑者に指定されていた。ゴルカル党のバクリ党首も，自らの財閥に絡む汚職や脱税疑惑を抱える。福祉正義党の党首アニス・マッタも贈収賄疑惑が後を絶たない。国民信託党（PAN）も党首のハッタ自身が石油ガス関連の取引で疑惑がかかっているだけでなく，林業相で次期党首候補のズルキフリ・ハサンも汚職疑惑で逮捕寸前であった。ズルキフリは党設立者アミン・ライスの親類で，ズルキフリの逮捕はライス家にとって大きな痛手となる。こういう政党エリートたちが生き残りの望みをかけて，パワーシェアリングを約束するプラボウォ陣営についたのである。

　この勢力は，最後にユドヨノ大統領率いる民主主義者党も加えて6党の大連合を形成した。傘下に5つのテレビ局を擁し，それらが大々的にプラボウォを宣伝した。また，全国の州・県知事の大多数が，この6党の支援を受けており，こういう知事たちが露骨にプラボウォの宣伝を手伝った。こういう環境を整えたプラボウォ陣営の選挙キャンペーンは各地で効果を発揮した。

　まずネガティブ・キャンペーンによる誹謗中傷で，ジョコウィ支持率を落とすことに成功した。プラボウォ陣営は，SNSを駆使してジョコウィ攻撃を繰り広げ，SNSに疎い田舎の村々にはタブロイド紙をばらまいた。とくにジョコウィ支持の強い中ジャワ州と東ジャワ州で集中的に行われた。「ジョコウィは偽イスラーム教徒である」，「ジョコウィは華人である」，「ジョコウィはイスラエルの手先である」，「ジョコウィは共産主義者であ

る」,「ジョコウィはメガワティの人形にすぎない」などの風評が,組織的に村々に伝えられていった。グリンドラ党も,各地方支部が地域住民にジョコウィの悪口を吹き込んでいた。その活動を怠けているのが発覚すると,党本部から破門が宣告される。だから一生懸命にやった。ハシムとバクリが準備した運動資金も中央から潤沢に投下され,末端党員にも活動資金が渡った。「末端の教育と訓練に,ずいぶんお金と時間をかけたのが今回の選挙の特徴だ」とグリンドラ党副党首は選挙前に説明した[23]。その結果,おそらく今回の選挙は,これまでで最も誹謗中傷の多い汚い選挙となった。

　また,上記の5つのテレビ局は,プラボウォに強い決意と決断力があり,ナショナリストで「闘う男」というイメージを植え付けていった。プラボウォ自身も各地での演説で,英雄のイメージを演出し,馬に乗り,感情をむき出しにして「強いインドネシアの復興」を訴えた。「豊かなインドネシアは外国に搾取されており,国のあらゆる貴重な資源が外国に漏れている。この漏れを止めればインドネシアは豊かになる。それを強い意志で実行するのが私である。」このように,仮想敵を外国に設定して,ナショナリズムを煽り,闘争的なデマゴーグで人びとを沸かせる右翼ポピュリズムがプラボウォのシンボルとなった。

　誰が彼を支持していたのか。地域や宗教の支持分布については第3章を参照しつつ,さらに世代や階層でみると,おおまかには若い世代,そして高学歴・高所得者層にプラボウォ支持者が多かった（Indikator 2014b, 21-22）。若い人たちの特徴は,昔のプラボウォを知らない点にある。また,高学歴・高所得者にプラボウォ支持者が多い理由は,ジョコウィの庶民派スタイルをよく思っていない点にある。ジャカルタでもソロでも,貧しい人たちの救済策を手厚くしてきたジョコウィの姿は,エリートにとって面白くないだけでなく,場合によっては脅威を抱く対象となる。いわゆる富裕層の政治的保守化であり,彼らがときに強権的な政治を支持する傾向はインドネシアに限らない。

　こういうプラボウォの攻勢に,ジョコウィ陣営はなかなか対抗できずにいた。まず,一番頼りの闘争民主党の末端での活動が鈍かった。大統領選

は自分の利害にあまり関係ないと思っている地方党幹部が多く、敵陣営の誹謗中傷を末端でブロックする努力を怠った。彼らにとって、ジョコウィは総選挙で党の票を増大するのに必要なマスコットだったが、それが終われば用はない。自分のお金でジョコウィの選挙運動をする義理もない。さらには、党がジョコウィの副大統領候補として選んだユスフ・カラは、こともあろうにゴルカル党の元党首であり、ユドヨノ第1次政権の副大統領である。いってみれば、かつての敵である。なぜ、そんな人の選挙を手伝わないといけないのか。そういう論理が働いた[24]。

　そのため、ジョコウィ自身が遊説先で誹謗中傷を否定することに追われ、防戦一方でフレッシュなアピールに乏しくなった。遊説スケジュールを過密にしすぎたために、予定の場所に来ないということも起こり、待ちぼうけを食った人びとのジョコウィ離れも進んでいった。予定どおりに遊説が行われなければ、テレビ中継の予定も狂ってくる。せっかく魂のこもったスピーチをしても、テレビ・クルーの到着が間に合わず、放送されないというお粗末な事態も発生した。こういう展開の末、6月末には両者の支持率はほぼ拮抗する。「国家情報庁（BIN）の分析が入ってきた。このままではわれわれは負ける」とジョコウィの選挙参謀のひとりは嘆いた[25]。

　しかし、ここから劇的な巻き返しが起こった。ジョコウィ陣営は、怠慢な党に頼るのではなく、これまで真剣に支えてくれたボランティアの運動に望みを託した。7月の第1週、彼らは各地で一斉に戸別訪問を行い、ジョコウィの魅力を訴え、誹謗中傷を否定し、ジョコウィが掲げる福祉政策や雇用政策をわかりやすく売り込んだ。ツイッターやフェイスブック、ブラックベリー・メッセンジャー（BBM）、ワッツアップといったSNSを総動員して、ボランティアの人数を一気に増やし、全国で100万人を超えた。「ひとりが1日ふたりのジョコウィ支持者を増やす」という目標を掲げて、1週間の草の根キャンペーンを行った。もし目標達成なら1400万人の支持を確保することになる。

　この「ジョコウィ再浮上」のクライマックスが、7月5日にジャカルタで行われた10万人規模の大コンサートだった。200人を超える芸能人やミュージシャンが集まり、ジョコウィへの投票を呼びかけ、市民の力で政

治を変えようと訴えた。海外からも、スティングなどの大物アーティストがジョコウィを応援するツイートを発信した。この日は、ジョコウィ運動の復興として大きなアピールとなり、これで4月からずっと下降してきた支持率が再上昇した。このミラクルの一番の貢献者はボランティアである。とくに女性ボランティアが運動をリードした。この「新しい風」が選挙情勢を大きく動かした。

　そして、このタイミングでの世論調査発表もバンドワゴン効果を期待したものであった。「中立とかいっている場合ではなかった。プラボウォの阻止と民主主義を守るために、最後は末端でボランティアを組織して一緒に反プラボウォのチラシを配った。総選挙監視庁（Bawaslu）に訴えられたが止めるつもりはなかった」と調査機関の所長は回顧する[26]。

　7月9日、約1億9千万人の有権者が投票日を迎えた。大きな混乱もなく、朝から投票が行われ、即日開票作業が始まった。過去2回の直接大統領選挙でも、世論調査機関による開票速報が随時伝えられ、かなり正確に公式集計結果に近い数字を示してきた。そのため、今回も大勢はすぐに判明し、両者の対決にピリオドが打たれるものと思われていた。

　その開票速報の多くが、ジョコウィの勝利を示した。約52％の得票率で、プラボウォの47％に5ポイント差をつけた。地域別でみても、ジャワ人のジョコウィは、やはり最大票田のジャワ島を中心に票を集め、副大統領候補のカラは、スラウェシ島の盟主だけあり、同島での集票に大きく貢献した。このペアで全国の票をねらうという陣営の作戦は見事に的中した。メガワティは、目に涙を浮かべながら勝利宣言を行い、ジョコウィ支持者たちもお祭りムードとなった。

　しかし、プラボウォ陣営は、あっさり負けを認めるほど潔くはなかった。開票速報が出て、敗北が決定づけられないように、彼らは知名度も信頼度も低い調査機関を雇って、陣営に都合のよい「開票速報」を発表させた。当然プラボウォ優勢となる。この「お手盛り速報」を根拠に、ジョコウィ陣営の勝利宣言にクレームをつけ、勝負は実際の票集計が終わるまでわからないと訴えた。

　総選挙委員会（KPU）の公式な集計結果発表は7月22日を予定してい

た。このあいだに，各地で手作業の集計作業が行われ，全国で40万を超える投票所の開票結果を村，郡，県・市，州と集約していき，最後に中央のKPUが全国の数字を発表する。ジョコウィ陣営の懸念は，プラボウォ勢力がこのプロセスに介入し，途中で投票用紙や票の改ざんを試みる可能性だった。地方総選挙委員会の職員を買収か脅迫することで，数字の書き換えが行われ，最悪の場合，勝敗がひっくり返るシナリオが懸念された。実際，4月の総選挙では地方総選挙委員会の買収が大きな問題となっていた。

とはいえ，5ポイントの差を埋めるのは並大抵の介入ではない。3ポイント入れ変えれば勝敗が逆転するとはいえ，それでも300万以上の票を盗む必要がある。それは不可能に近い。そんな大規模な不正は隠し通せるものではない。当然，有権者も黙っていないであろうから，大きな混乱を招く可能性がある。それを回避するためにも，集計作業を透明にする必要がある。そう考えたボランティアたちは，今度はITに詳しい青年を中心にフェイスブックで仲間を募り，独自の全国集計システムをネットに構築し，末端の投票所の開票結果を写真でアップし，その集計が村から州まで上がってくるプロセスをすべて透明化させた。もちろんこれは公式な集計ではないが，投票所の開票結果自体は公式なデータなので，それをきちっと集計していく作業は，誰がやろうと問題はない。

こうしてボランティアたちは，「選挙を守る」というサイトを立ち上げ，誰でも票集計を監視できるシステムを2日間で作り上げてしまった。KPUが技術的に難しいと何年も言い続けてきた集計の可視化システムである。このボランティアの活躍で，懸念されていた事態を防ぐことができた。そして選挙結果の正統性を大きく高めることができた。今回，民主化後の選挙のなかでは最も汚い選挙キャンペーンを経験したが，その結果，最も透明性の高い開票システムを確立できたというのは皮肉なものである。

7月22日，KPUはジョコウィの正式な勝利を認定した。得票率53.15%。プラボウォは46.85%。開票速報とほぼ同じ結果である[27]。この日，インドネシアの政治に新しい歴史が刻まれた。軍人でも富裕層でもなく，庶民の出の人が初めて大統領に選ばれたという歴史である。一般庶

民でも大統領になれる。インドネシアン・ドリームが実現した日である。

第4節　ジョコウィ政権の誕生と権力再編

　大統領選挙は敗北したものの，プラボウォ陣営は6党の連合であり，国会議席では560議席中353議席（議席保有率63%）を握っており，その数の力でジョコウィ陣営に挑戦してきた。まず，すぐさま法律を改正して国会の主要ポストは議席数に応じた比例配分ではなく議員選挙で決めるとし，新国会が10月1日に開かれるや否や，国会議長と副議長，そして11の委員会の委員長と副委員長ポストの計69ポストをすべてプラボウォ陣営（通称「紅白連合」）が奪取した。この「数の支配」は地方議会でも顕著で，33州の州議会のうちバリ州と西カリマンタン州の2州を除く31州は紅白連合が多数派を牛耳ることとなった。

　紅白連合はプラボウォを筆頭とするが，幹事役はゴルカル党のバクリ党首である。彼は，紅白連合が団結してインドネシアの「行き過ぎた民主主義」を是正すべきだとし，直接首長選挙や大統領選挙の廃止をアピールした。地方首長選挙については，国会の数の論理で法改正し，2005年以前のような議会での間接選挙に戻すことで，紅白連合が州議会を牛耳る31州で今後は州知事ポストを支配する。そのうえで，憲法改正を行い，直接大統領選挙も廃止し，スハルト時代のように国民協議会が大統領を選出する仕組みに戻す。そうすれば次の大統領は紅白連合から輩出できる。憲法改正は，国民協議会（MPR）で全議員の3分の2が参加したうえで過半数の賛成票が必要であるが，紅白連合は，半数を超える勢力を保持しており，もし3分の2の議員が参加した場合，投票で憲法改正が実現する可能性がある。現状では，ジョコウィ陣営が団結して拒否すれば3分の2の参加は食い止められるが，政局の展開次第では，そのコントロールも不能になることはあり得る。この直接選挙の廃止は，インドネシアの民主主義にとって大きなリスクとなるが，闘争民主党の権力獲得にとっても切実な脅威であり，紅白連合の切り崩しがジョコウィ政権発足前の大きな課題となった。

この政党エリートの政治的駆け引きで前面に出たのがメガワティを中心にした闘争民主党の幹部であり，副大統領になるユスフ・カラであり，ジョコウィのキャンペーン・スポンサー兼ナスデム党の党首スルヤ・パロである。紅白連合の分断に向けた彼らのロビー活動が功を奏し，まず開発統一党が崩れた。同党は，上述のように党首のスルヤダルマ・アリがプラボウォ陣営への参画を決めたが，その路線を不服とする勢力が選挙後に勢いを増し，党内は分裂状態に陥った。選挙後の党大会で，反スルヤダルマ派が党首の座を奪い，党はジョコウィ連合に入ることになったが，党内は依然として亀裂が入ったままである。つぎにユドヨノの民主主義者党が紅白連合に加わらない方針を決めた。何事にも慎重なユドヨノらしく，紅白連合の一部となってジョコウィ政権と対立し続けることのリスクと，中立の姿勢を示して両陣営からアプローチされる存在になることのメリットを考え，野党連合とは距離をおくスタンスを表明した。しかし，この決断を促した要因として，退役陸軍中将でジョコウィの選挙参謀のひとりだったルフット・パンジャイタンのロビーがあった。ユドヨノ政権下で問題になっていたセンチュリー銀行に対する公的資金注入にかかわる不正疑惑や，息子で党幹事長のエディ・バスコロ・ユドヨノ（通称イバス）が絡む贈収賄疑惑など，ユドヨノも退陣後の懸念を抱えており，それらについて一定の見通しをルフットが示したことで，ユドヨノの紅白連合を離れる決定が後押しされたといわれている[28]。

　そして最後にゴルカル党が分裂する。バクリの党首再任を決定したバリ島での党大会は手続き的に問題があるとし，党内反バクリ勢力はアグン・ラクソノ（ユドヨノ政権下の国民福祉担当調整大臣）を担いで別途党大会を開き，アグンを党首と決めた。そして彼は紅白連合からゴルカル党は離れてジョコウィ政権を支持する立場をとった。バクリ側は裁判を起こしているが，事実上，党内は分裂であり，紅白連合の切り崩しとしては成功している。

　残るはグリンドラ党と国民信託党と福祉正義党であるが，グリンドラ党でさえ，プラボウォは国会政治にあまり興味をもっていない。彼の野望は大統領になることであり，その選挙が終わった今，次の2019年の選挙を

睨んで「潔いリーダー」のイメージで売る方針にシフトしている。そのためグリンドラ党も、状況次第ではジョコウィ政権を敵視しない立場をとるようになりつつある。このプラボウォ対応もルフットが積極的に行っており、その効果は大きい。こうして政権発足後半年もしないうちに、大統領選挙の対立を反映した国会の勢力関係も大きく変化するようになった。その後も、2015年9月には国民信託党が政権支持を表明し、紅白連合の勢力は大きく衰えている。

　重要なのは、こういう政治交渉の前面に立つのはジョコウィではないという点である。彼にはそういう中央政界の駆け引きをやってきた経験もなければ、資本もなければ、おそらく関心もない。彼は「政治家」というよりも「庶民派行政リーダー」である。ユドヨノのように国家ビジョンを雄弁に語るより、ミクロで技術的な議論を好み、ものづくりやサービスの向上といった仕事に熱意をもつ。そういう状況もあり、国会対策の前面に立ったのはジョコウィ自身ではなく、彼を取り巻く政党パトロンたちであった。そして、ジョコウィは彼らに任せて国会との関係を「対立」から「協調」に変え、政権運営に一定の安定感を得たことの代償として、パトロンたちの政治的発言力の増強を許すことになった。その実態が内閣人事に如実に現れた。

　閣僚選びに与党連合の党首が発言力をもつのは不思議ではないものの、大統領に就任する前にジョコウィが側近チームと準備した閣僚候補者名簿と、実際の閣僚を比べてみると、そのちがいの大きさに驚く。ジョコウィの内閣草案には選挙をともに戦った功労者たちが多く名を連ねていたが、実際に発表された内閣名簿には彼らのほとんどが外れていた。発表された34閣僚中、ジョコウィの引きで入閣したのは6人程度で[29]、その他はメガワティ、ユスフ・カラ、スルヤ・パロが押し込んできた人物たち、そして連立に参加する政党から送られてきた人たちであった。当然、彼らの忠誠はジョコウィではなくパトロンに向く。

　閣僚以外の人事においても、パトロンの影響力は大きく、たとえば最高検察庁長官にはスルヤ・パロの押しで、これまでの業績からは適任とは思えない候補が就任した。パロは大統領諮問会議の人選にも関与し、友人で

不動産ビジネスで有名なヤン・ダルマディを委員に就任させた。ヤンは，北ジャカルタにある「ペンタックス9」や「ハイライ」といった老舗の違法カジノ店を経営することでも知られる。ほかにも，メガワティの側近で諜報畑の大物退役軍人であるヘンドロプリヨノ（元国家情報庁長官）もジョコウィのパトロンであるが，彼の息子は国営通信会社の監査役に任命され，義理の息子も異例の昇進で大統領親衛隊長（陸軍少将）に抜擢された。
　メガワティ自身も，閣僚の人選では昔からの側近であるリャミザルド・リャクドゥ（メガワティ政権下の陸軍参謀長）を国防大臣に送り込んだ。武闘派・守旧派で知られる彼の抜擢にはメディアも市民社会も驚き，16年に渡って維持されてきた軍の文民統制が骨抜きにされたことや，国軍の権限拡大に対する懸念が多く表明された。また，海軍と空軍の人事にもメガワティの関与がみられた。それは海軍参謀長と空軍参謀長の両ポストで，それぞれ新参謀長の任命で最も妥当な副参謀長からの昇任を拒んだ。そのふたりの副参謀長はユドヨノ時代の大統領副官である。いかに彼女がユドヨノを嫌っているか，そしていかに彼女が国家機関を私物として考えているかがわかる。
　このような略奪的で非合理的な人事が繰り広げられ，ジョコウィ自身も大きな不満を貯め込んでいった。ジャカルタの中央政界の事情に疎いせいもあるものの，それにもまして，大臣がそれぞれのパトロンの方を向いて仕事をしている様子や，大統領に必要な情報が集積されない状況の改善策を模索する日々が続いた。ジョコウィは政府の司令塔であるべき大統領の機能を高め，政権の政策的なプライオリティの明確化や省庁へのコマンド体系を強化するために，2015年1月に大統領府を新設し，その統括役としてルフトを大統領首席補佐官に任命した。これに対してメガワティや闘争民主党は不信感をあらわにする。ジョコウィは党を政府から遠ざけようとしている，という批判の声が高まった。そんなさなかに，またしてもメガワティの人事介入が原因で，ジョコウィ政権の土台がぐらつく事態が起きる。それは国家警察長官の人事だった。
　メガワティは，自らの大統領時代に副官であったブディ・グナワン国家警察教育訓練総局長を早急に国家警察長官に昇進させたかった。とくに

2014年7月頃から汚職撲滅委員会（KPK）が，メガワティ政権時代の中銀流動性支援融資（BLBI）に不正流用があったとする疑惑を調査すると表明し，当時の大統領も調査対象とした。メガワティとブディは，この調査を行わせないという意思のもとで，警察組織を動かそうと考えた。彼を長官にすることでそれが実現する。そのため，2015年10月まで任期のあったスタルマン警察長官を退官させ，ブディを後任にさせるという人事案をジョコウィに差し出した。これにはジョコウィも躊躇した。なぜなら，ブディは「不自然に巨額の貯蓄がある銀行口座」をもつ数人の警察幹部のひとりとして，汚職疑惑の対象であった。ブディに対しては，KPKが以前から警告を出しており，市民社会も彼の警察長官就任には大きな抵抗を示すことが予想された。その「市民の声」を無視したら，今度こそジョコウィも世論の支持を完全に失う。それは命取りである。かといって，メガワティに正面から反対すれば連立与党の支持を失い，政権運営は麻痺する。

　このジレンマに直面したジョコウィは，まずKPKがブディを汚職容疑者に指定するのを待った。そのうえで，メガワティの顔を立てる形で，ブディの長官昇任案を国会に提出した。もちろん，国会が汚職容疑者を新長官として承認するはずはないと考えていた。国会で多数派の紅白連合が反対すれば，この人事案を撤退させ，世論の賛同を得ると同時にメガワティにも説明がつくと計算していた。ところが国会は承認してしまった。紅白連合としては，ジョコウィに難しい選択を迫り，彼がこの人事案を実行しても撤回しても政権の足元は弱まると展望していた。

　ボールを投げ返されたジョコウィの次の一手は，諮問チームの設置だった。法律の専門家やイスラーム知識人のリーダーなど，政府の外から9人を招いてチームとして協議してもらい，その方針を尊重するという政治手法を試みた。これでブディは問題であると結論が出たら，それに従いメガワティにも理解してもらう。そのシナリオに沿って，諮問チームは，ブディの長官昇任は問題であるとし，人事案の撤退を提言した。ジョコウィも，すぐさまブディの昇任人事案を取り下げて，新長官には現副長官のバドロディン・ハイチを就任させる案を再提示した。このように，ジョコウィの決定は，メガワティの方針と真っ向から対立するもので，闘争民

党も強烈なジョコウィ・バッシングを繰り広げた。「ジョコウィは党を裏切った。弾劾に匹敵する」といった声が，党内のメガワティ側近たちから浴びせられた(30)。

　このように，選挙の前から懸念されていたジョコウィとメガワティの関係に，政権発足から半年もしないうちに決定的な亀裂が生じた。ことの発端は，ジョコウィを部下としかみていないメガワティの，目に余る縁故主義的人事要求にある。ジョコウィは，それがいかに問題で，国民に説明できない人事であるかということをわかっている。彼の支持基盤は世論であり，選挙を支えてくれた市民のボランティア勢力だということも忘れていない。その原点に立って，この警察人事では，メガワティと政権内の政党エリートを敵に回すリスクを背負って政治的な決断をした。これから5年，メガワティの下僕となって，国民に見捨てられながらも大統領を続けていくか。もしくは政治的な自立をめざして，政権基盤は不安定化するものの，国民に信頼される大統領をめざすか。後者で行こうとジョコウィは側近に語った(31)。既存の連立与党の論理に縛られるのではなく，フレキシブルに，テーマによっては紅白連合に接近し，彼らと交渉して政策の支持を獲得する。それによって現与党連合の圧力を中性化し，メガワティとその他のパトロンに対する依存度を低めていく。このような政治ビジョンがジョコウィに芽生えつつある，と側近は語る(32)。

　しかし，その展望は，警察人事の混乱をみるかぎり，明るいものではない。大統領の決定に対し，ブディはメガワティや闘争民主党の支持を背景に抵抗し，彼の右腕のブディ・ワセソ国家警察刑事局長を中心に，KPKの弱体化を進めようとした。ワセソは，ブディの長官昇任人事を妨害したKPKのアブラハム・サマド委員長とバンバン・ウィジャヤント副委員長を，公文書偽造や虚証教唆の容疑者に認定した。警察のKPKへの復讐は凄まじく，ついにはKPK幹部全員が告訴か容疑者に指定された。この容疑者指定によって，KPK指導部は交代を迫られ，新たに就任した委員長代行は，ブディの汚職疑惑の調査を止めることを発表した。ジョコウィは，警察に対してKPKへの不当な圧力は止めるように指示するものの，ブディとワセソは警察内で勢力を固めつつ，大統領の意向をサボタージュす

る姿勢を強めている[33]。

　この警察のKPK攻撃に対して、世論の多くは批判的で、大統領が強いリーダーシップを発揮してKPKを守るべきであると訴える。実際、KPKの去勢は民主主義の脆弱化につながる。市民社会はそれを許さない。しかし闘争民主党や与党連合のエリートは、今後の利権活動を妨害しかねないKPKを早めに弱体化させ、ブディ率いる警察の庇護のもとで、安定的に政治権力とビジネス権益の拡大を目論む。ジョコウィは、そのふたつのうねりのあいだに挟まれている。このまま身動きとれずに埋没していくのか、それとも現状打破の突破口をみつけて、国家リーダーとしてのプレゼンスを示すのか。この警察・KPK問題への対応は、その大事な分水嶺となろう。

　2015年3月に、ジョコウィは諮問チームの勧告どおりにハイチを国家警察長官に任命したが、反面、メガワティと闘争民主党の圧力に押されてブディが副長官に就任するのを許した。これで警察のトップ人事は、一応、決着がついた形となった。しかし、警察組織の実権は、メガワティというバックをもつブディと、その側近のワセソが握っており、KPKへの攻撃は続いている。ジョコウィは、いかにKPKを守り、ブディとワセソをコントロールしていくのか。その行方が注目される。

おわりに

　本章では、ジョコウィが大統領候補として台頭した背景から、彼を擁立する政党エリートの思惑、選挙政治の実態、そして新政権誕生後のジョコウィのジレンマを考察してきた。振り返ってみると、ユドヨノ政権の後半、政界は民主主義者党を筆頭とする連立与党幹部の汚職事件の連鎖で、ユドヨノの政権ガバナンスに対する国民不信が募り、そのムードのなかでジョコウィという新しいタイプのリーダーに対する期待値が高まっていった。庶民のための政策を重視し、「反エリート」で草の根の政治参加を好むジャカルタ州知事に、世論の大きな支持が寄せられた。

そのジョコウィが選挙で戦ったのが，プラボウォというスハルト時代の象徴であった。プラボウォは選挙キャンペーン中，何度も今の民主主義の実践がインドネシアの価値観から逸脱していると指摘し，直接首長選挙制度の見直しなどをほのめかしていた。またスハルトを国家英雄に指定するとも主張していた。その彼の陣営には，汚職疑惑を抱えた政党党首たちが集結した。このプラボウォの挑戦は，過去16年に及ぶ民主政治の深化を危機に晒す可能性を秘めていたことから，ジョコウィ陣営の戦いは，「民主主義を守る」戦いとして，国内外で認識される傾向にあった。彼の選挙での勝利は，草の根ボランティアの活躍なしには不可能であったことからも，ジョコウィ大統領の誕生は，「民主主義の成熟」を示すものと理解された。

　しかし「民主主義を守る」選挙プロジェクトは，ジョコウィという神輿を担ぎつつ，その神輿がトロイの木馬となって，政権発足後に本性を現した。ジョコウィに群がる政党のパトロンたちは，「勝利の配当」を当然とし，政治的な影響力を駆使して既得権益の拡大に精を出している。支持母体である闘争民主党でさえ，多くの議員は「庶民派ジョコウィ」とは感覚的に程遠い人たちが多い。彼らの大きな関心は，議会選挙で使った大量のお金をどう回収するかであり，任期中にいかに稼ぐかである。10年間の野党生活から抜け出し，これから与党の旨味を堪能しようと考えている人たちは少なくない。連立政権に参加する他の政党も，同じ傾向にある。

　このような勢力は，プラボウォに象徴される「反民主主義」ではない。むしろ，従来の「質の悪い民主主義」を謳歌したいエリートたちである。彼らにとって，ジョコウィはすでに煙たい存在になりつつある。警察人事でそれがはっきりした。今後も，既得権益にメスを入れる行政改革など，ジョコウィが重視する政策は国会の内外で妨害されるであろう。それに対して大統領はどう立ちまわるのか。

　「利害関係を遠ざけるのです。これが市民に信頼されるリーダーになる秘訣です。私に失うものはありません。政治に負けたらソロに帰るだけです。」選挙前，ジョコウィはそう語った[34]。そのビジョンを貫くことができるのか。政党エリートの利害関係の圧力から自律するには，つねに世論

を味方につけ，市民の支持をバックに大統領のリーダーシップを発揮する必要がある。その原動力はボランティアである。ジョコウィは選挙戦の終盤，全国で100万人ともいわれるボランティアの末端での奮闘のおかげで当選した。選挙が終わったらボランティアも解散するのが普通であろう。しかしジョコウィの考えはちがった。むしろ，これから政府とボランティアの協働が始まる。集めたボランティア組織の各代表に対して，彼はそう説明した。実際に，今でも毎週のように特定のボランティア組織と会合を続けており，これをどう動かすことで効果的な政権リーダーシップにつながるかを模索しているさなかである(35)。

　彼の構想では，これから市民ボランティアが，あらゆる政策の実施において末端からの情報を大統領直轄のオペレーションルームに直接上げる。修繕の必要な学校，医師のいない診療所，壊れた橋や道路，役所の職権乱用など，末端行政の問題を市民が写真でアップロードし，オペレーションルームがそれを集約し，GPS情報から地域トレンドを解析し，大統領や関係大臣に直接分析が届く。必要に応じて大統領や大臣が，その問題の現場を「抜き打ち視察」し，直接確認して改善の指令を出す。これまでソロやジャカルタで行ってきた抜き打ち視察は，IT技術を駆使することで全国レベルでも適応可能だと彼は確信している。つねに市民の監視の目があり，それが直接大統領とリンクする情報の流れを構築することで，行政機関の態度が変化し，仕事に取り組む姿勢も変わる。これが彼のめざす「メンタル革命」であり，壮大な実験となろう。

　いま，市民のボランティア活動を各地でリードしているのは，1980年代や1990年代に民主化運動家だった人たちである。彼らの多くは，スハルト退陣後に運動を引退している。あれから16年がすぎ，ジョコウィ政権の発足とともに，彼らは市民ボランティアの中核となり，インドネシアの新しい国家ガバナンスの構築を支える潜在的な勢力となりつつある。

　権力と利権をトップダウンで分配することに没頭してきたこれまでの政治と決別する。逆に有権者の信託を大事にし，末端からのボトムアップで政策の優先を決め，政治が決断する。その静かな革命に向けたジョコウィの戦いは始まったばかりである。警察・KPK問題で突破口を見い出し，

政党政治の束縛から相対的に自律し，本来の政治指導力を取り戻すことができなければ，その新しい国家ガバナンスの実現も単なる夢物語で終わってしまうであろう。

〔注〕
(1) ジュリアン・パシャ大統領報道官へのインタビュー，2013年10月3日，ジャカルタ。
(2) このユドヨノ政権の性格については，本名（2013）を参照。
(3) 詳しくは Honna（2012）を参照のこと。
(4) ファドリ・ゾンへのインタビュー，2012年8月26日，ジャカルタ。
(5) ジョコウィの州知事選挙については，Suaedy（2014）に詳しい。
(6) ジョコウィへのインタビュー，2013年10月18日，ジャカルタ。
(7) プラボウォのイスラーム動員については，Honna（2003, Ch.1）。
(8) プラボウォのジョコウィ＝アホック支持については，"Bandar Calon DKI-1"〔ジャカルタ首都特別州知事候補の港〕, *Tempo*, 26 March 2012 を参照。
(9) ファドリ・ゾン・グリンドラ党副党首へのインタビュー，2013年10月9日，ジャカルタ。この約束は念書があるが，もちろん法的拘束力はない。
(10) メガワティの野心については次の記事に詳しい。"Ambisi Mega Jadi Presiden Masih Membara"〔メガの大統領就任への意欲，いまだ燃えさかる〕, *detik News* (http://news.detik.com), 19 December 2013.
(11) その中心にいたのが中ジャワ州出身のムハマッド・ヤミン，ダダン・ジュリアンタラ，ウントロ・ハリアディ，アグン・プトゥリといった，1980年代にガジャマダ大学を拠点として反スハルト学生運動を展開していたリーダー格の人たちである。たとえばウントロは，スハルト政権下でプラボウォ派の将校に弾圧された人民民主主義党（PRD）の初代リーダーのスゲン・バハギヨとガジャマダ大学哲学部の同期であり右腕であった。
(12) Seknas Jokowi は上述の中ジャワ州出身の元学生運動家が中核になりつつ，全国展開していった。中心人物には，たとえば1989年インドネシア大学（UI）卒で現在も左派 NGO 代表のボニー・スティアワンや，同じく UI 卒のヒルマル・ファリド（通称ファイ）がおり，Seknas の運動方針に大きな影響力を与えていた。ファイは上述のアグン・プトゥリの夫であり，ジョコウィのソロ市長時代からの友人である。さらに年配者のグナワン・ウィラディも Seknas のブレインのひとりで農業政策をアドバイスしている。彼は1960年代に共産党の学生組織に参加していたため，スハルト時代にボゴール農科大学の教員職を解雇された過去をもつ。このように，ジョコウィ擁立運動の中心人物たちの多くがスハルト時代の反体制活動家である。
(13) より具体的には，中ジャワ州支部長はメガワティの娘のプアン・マハラニの推薦で州支部長ポストを得たことから，プアンとメガワティの顔色を伺う必要があった。ジョグジャカルタの州支部長の場合は，地元盟主のスルタン・ハメンクブウォノ

第4章　ジョコ・ヴィドド政権の誕生

10世との友好関係を考慮せざるを得なく，もしスルタンがゴルカル党から大統領候補として出馬したいという野心をもっている場合，ジョコウィ支持では関係悪化のリスクを伴った。東ジャワの州支部長は，支部内の権力闘争の文脈で，メガワティに忠誠を示しておきたかった。

(14)　闘争民主党執行部メンバーへのインタビュー，2013年10月8日，ジャカルタ。
(15)　ルフット・パンジャイタンへのインタビュー，2013年11月8日，ジャカルタ。当時，ルフットはジョコウィのインフォーマルな選挙参謀のひとりであった。彼は元陸軍特殊部隊出身で，ワヒド政権下では商工相を務め，その後シンガポール大使となり，退官後は鉱山ビジネスで成功し，ゴルカル党首のアブリザル・バクリの顧問となった。ルフットは，陸軍現役時代，昇進をプラボウォに妨害されたことがあり，今でも退役軍人のコミュニティにおける反プラボウォの先鋒である。プラボウォ大統領の実現を阻止するためにバクリの顧問になったものの，バクリの世論支持は低く期待できないことがわかると，ジョコウィを担いで当初の目的を達成しようとしていた。のちのジョコウィ政権下では，まず大統領首席補佐官となり，2015年8月の内閣改造で政治・法務・治安担当調整大臣に就任した。
(16)　プアンは次期党首への野望を党内の側近たちにはよく語っていたが，公言したことはあまりない。しかし，ジョコウィ政権誕生後，すぐに彼を牽制する形で，自分がメガワティの後継者になるという意欲を強く示唆した。"Sukarno Family Key to PDI-P, Says Puan" *The Jakarta Post*, 24 September 2014.
(17)　ジョコウィへのインタビュー，2013年10月18日，ジャカルタ。
(18)　上の発言はすべてジョコウィへのインタビュー，2013年10月18日，ジャカルタ。
(19)　チームの役割とメガワティの決断については，たとえば"Ujian Pertama Petugas Partai"［政党役員最初の試験］, *Tempo*, 23 March 2014.
(20)　ジョコウィには，ソロ時代からの補佐たちがチームを組んでインフォーマルにキャンペーンの指揮をとっていた。その「ソロ・チーム」のメンバーとの会話，2014年5月2日，ジャカルタ。
(21)　ヘリ・アフマディへのインタビュー，2014年8月5日，ジャカルタ。
(22)　ジョコウィへのインタビュー，2013年10月18日，ジャカルタ。
(23)　ファドリ・ゾンへのインタビュー，2013年12月9日，ジャカルタ。
(24)　シダルト・ダヌスブロト国民協議会議長宅での闘争民主党幹部定例会議における筆者の聞き取り，2014年8月5日，ジャカルタ。
(25)　ジョコウィのソロ・チームのメンバーとの会話，2014年6月21日，ジャカルタ。
(26)　サイフル・ムジャニSMRC所長へのインタビュー，2014年8月12日，ジャカルタ。
(27)　プラボウォ陣営は，KPUの決定を不服として，選挙結果に対する異議を憲法裁判所に申し立てた。そのため，憲法裁が判決を下すタイムリミットである8月21日まで，選挙結果の最終的な判定は持ち越された。しかし，ジョコウィの勝利が憲法裁で覆ることはなかった。
(28)　大統領アドバイザーへの聞き取り，2015年1月29日，ジャカルタ。
(29)　国家官房長官，国家開発企画相，社会相，文化・初等中等教育相，運輸相，エネルギー・鉱物資源相の6人。のちに任命されたアンディ・ウィジャヤント内閣官房

長官を入れると7人。アンディはチーム11のメンバーであった。また2014年12月に大統領補佐官室を新設し，首席補佐官にルフトを任命した。このようにしてジョコウィは自分に近い人物を徐々に増やしている。2015年8月の内閣改造では，メガワティの圧力でアンディは更迭されたものの，ルフトは政治・法務・治安担当調整大臣としてより影響力をもつようになった。チーム11のメンバーであったテテン・マスドゥキもルフトの後任として首席補佐官に抜擢され，ジョコウィのインナーサークルが強化されている。

㉚　このような声については，たとえば "Politisi PDI-P: Yang Punya Peluang, Sekarang Saatnya Makzulkan Jokowi"〔闘争民主党の政治家：チャンスのある者，いまがジョコウィを追い落とす時〕, *Kompas*, 26 January 2015を参照。

㉛　大統領アドバイザーへの聞き取り，2015年1月29日，ジャカルタ。

㉜　大統領アドバイザーへの聞き取り，2015年1月29日，ジャカルタ。

㉝　2015年3月に警察は上層部62人の大規模な人事異動を行い，ブディの直系の部下も16人昇進しており，彼らがブディを守りKPKへの攻撃を強める体制を確立しつつある。詳しくは，"Budi Gunawan's men in, 'traitor' out" *The Jakarta Post*, 7 March 2015。なお，ワセソは，2015年9月に国家麻薬庁長官に「左遷」されたが，警察内での影響力は依然として大きい。

㉞　ジョコウィへのインタビュー，2013年9月24日，ジャカルタ。

㉟　Seknas Jokowi設立者のひとりであるヘルミ・ファウジへのインタビュー，2015年3月24日。

〔参考文献〕

＜日本語文献＞

本名純 2013.『民主化のパラドックス――インドネシアにみるアジア政治の深層――』岩波書店.

＜外国語文献＞

Indikator. 2014a. "Efek Kampanye dan Efek Jokowi: Elektabilitas Partai Jelang Pemilu Legislatif 2014." Temuan Dua Survei Nasional, 28 Februari-10 Maret, 18-24 Maret.〔選挙運動の効果とジョコウィ効果：2014年議会選挙に向けた政党の得票可能性：2月28日～3月10日，3月18日～24日に実施したふたつの全国世論調査の結果〕.

―――― 2014b. "Hasil Exit Poll Pemilu Presiden RI 2014."〔2014年インドネシア共和国大統領選挙での出口調査結果〕Rabu, 9 Juli 2014.

CSIS (Centre for Strategic and International Studies). 2014. "Di Tengah Efek Jokowi: Pemilih yang Masih Ragu dan Kontestasi yang Masih Belum Selesai." Survei Nasional CSIS Maret 2014.〔ジョコウィ効果のなかで：躊躇する有権者，終わっていない競争：2014年3月CSIS全国世論調査〕.

Honna, Jun. 2003. Military Politics and Democratization in Indonesia. London:

RoutledgeCurzon.
―― 2012. "Inside the Demokrat Party: Power, Politics and Conflict in Indonesia's Presidential Party." *South East Asia Research* 20 (4) December: 473-489.
SMRC (Saiful Mujani Research and Consulting). 2014a. "Efek Kampanye Terbuka dan Calon Presiden Pada Peta Kekuatan Partai Politik Menjelang Pemilu 2014: Temuan Survei Nasional 26-29 Maret 2014."［野外選挙キャンペーンと大統領候補が2014年選挙における政党勢力図に及ぼす影響：2014年3月26〜29日の全国世論調査結果］.
―― 2014b. "Koalisi Untuk Calon Presiden: Elite vs Massa Pemilih Partai, Temuan Survei."［大統領候補のための連立：政党のエリート対政党の有権者大衆］20-24 April.
Sueady, Ahmad. 2014. "The Role of Volunteers and Political Participation in the 2012 Jakarta Gubernatorial Election." *Journal of Current Southeast Asian Affairs* 33 (1) January: 111-138.

第 2 部

ユドヨノ政権 10 年の到達点と
ジョコウィ政権の課題

2014 年 7 月の大統領選挙で当選したジョコ・ウィドド。インドネシア初の庶民出身大統領として国民の大きな期待を背負う。(撮影:見市建)

第5章

ジョコ・ウィドド政権の基本政策

佐藤 百合

はじめに

　2014年10月20日，大統領選挙を僅差で制したジョコ・ウィドド（通称ジョコウィ）が第7代インドネシア共和国大統領に就任した。第7代にして初めて，エリートでもなく軍人でもない国家指導者が誕生した。ジョコウィ政権の発足は，インドネシアの歩みにどのような変化をもたらすだろうか。本章は，基本政策という観点からジョコウィ政権の性格を把握し，インドネシアの先行きを展望しようとするものである。

　まず第1節では，建国以来のインドネシア史のなかにジョコウィ政権を位置づける。つぎに第2節で，ジョコウィ政権の基本政策を，「選挙公約」と「国家中期開発計画」を手がかりにしながら整理し，その特徴を抽出する。第3節では，「働く内閣」と名づけられたジョコウィ内閣の特徴を概観する。第4節では，ジョコウィ政権が直面する課題を整理する。第5節では，政権1年目の政策運営を評価する。最後に，ジョコウィ政権の登場が今後のインドネシアのパフォーマンスにどのような影響を与えるかについて考える。

第 1 節　ジョコウィ政権の歴史的位置づけ

　ジョコウィ政権が誕生した 2014 年は，インドネシアが 1945 年 8 月 17 日に独立を宣言してから 69 年目，国際的に独立主権国家として認められてから 65 年目に当たる。この間の歩みを大づかみにしたうえで，インドネシアの現在位置を確認しよう。
　まず独立宣言から 20 年ほどは「建国」の段階だった。つぎに「開発」の時代が 32 年間続いた。そして「民主化」への大転換が起きた。社会は混乱したが，やがてインドネシアは「安定と成長」を取り戻し，国際社会においても民主的な新興国として一定の地位を確保するところまできた。
　最初の「建国」段階は，「建国の父」たる初代大統領スカルノの治世であり，国家統治のあり方が模索された時代である。インドネシアはまず対オランダ独立戦争を闘い，独立が認められた連邦共和国を単一共和国に編成し直した。1950 年代には自由民主主義に基づく議院内閣制を試行した。だが，多政党の離合集散と地方反乱に悩んだスカルノは，ある結論に達する。それは，大統領に権力を集中させた権威主義体制であった。経済面では外国資産を国有化することで経済的自立をはたし，国家主導の統制経済を志向した。しかし，多様な勢力のうえで超然としているはずだった大統領はしだいに共産主義に傾き，閉鎖的な統制経済は行き詰まりをみせる。
　つぎに，「開発の父」スハルト第 2 代大統領による「開発」の時代がくる。強力な権威主義によって国家を安定させ，「開発」に邁進(まいしん)する体制が構築された時代である。陸軍将校だったスハルトは，スカルノから 1966 年に実権を奪うと，直ちに共産主義と訣別し，資本主義諸国寄りに立場を変えた。経済を自由化し，外国直接投資と外国援助を導入し，工業化，農業開発，社会開発を推進した。他方，政治的には権威主義体制をスカルノから受け継いで強化した。軍と官僚を母体に中央集権を進め，抵抗勢力を弱体化させた。しかし，監視機構をもたない体制はやがて汚職・癒着・身内びいきに侵蝕されるようになる。
　アジア通貨危機で「開発」の成果が色あせるとスハルトへの不満が一気

に噴き出し，長期にわたった権威主義体制は「民主化」運動によって1998年に崩壊した。体制転換期に登場した第3代ハビビ，第4代アブドゥルラフマン・ワヒド，第5代メガワティ・スカルノプトゥリ（スカルノの長女）の3人の大統領は，いずれも異常な形で就任または退任した。地方で分離運動や紛争が起き，テロ事件が頻発し，経済もアジア通貨危機の後遺症に苦しむなかで，憲法が4回改正された。これによって，国民の自由と人権が保障され，三権分立，直接選挙，地方分権が定められた。6年半のあいだに民主主義の制度的土台が整えられた。

建国史上初めての大統領直接選挙が2004年に平和裡に行われ，インドネシアの民主主義体制がスタートした。国民に選ばれた第6代スシロ・バンバン・ユドヨノ大統領は，2009年にも再選され，任期をまっとうして退任した初めての大統領になった。ユドヨノの10年に，インドネシアは「安定と成長」をとり戻した。陸軍出身のユドヨノのもとで，根の深いアチェの分離運動に和平が成立し，テロ事件もかなりの程度抑えられた。経済は平均6％近い成長を示し，名目国内総生産（GDP）は4倍に拡大した。インドネシアは20カ国・地域（G20）のメンバー国になり，有力な新興国のひとつと目されるまでになった。

これが，インドネシアの現在位置である。そして今，インドネシアは，新しい段階に歩を進めようとしている。ただし，それは「建国」「開発」「民主化」「安定と成長」に続く，次の時代への転換点ということではない。あくまでも前の時代の延長線上にあって，そこに新しい要素をつけ加えようとしている。延長線上にあるというのは，民主主義体制という制度的土台は変わらないからである。「安定と成長」，つまり，国を割り社会を揺るがすような動乱や撹乱が抑えられ，失業と貧困を減らしていけるだけの成長が続くことも大前提である。

その前提のうえに，新たにつけ加えられる要素とはなんだろうか。最も重要な要素は，2014年大統領選挙に出馬した2組の候補がともに強調していた主張が示している。それは，国民が自国に自信をもつためのアイデンティティを確立することである。めざすべき自国像を国民が認識し，それに向けて前進すべく動機づけられる。外に向けては，自国の国益をはっ

きりと主張できるインドネシアになる。2組の大統領候補の選挙公約は，インドネシアが「主権を有し」「自分自身の足で立つ」(ブルディカリ——Berdikari：Berdiri diatas kaki sendiri の略——)べきことを，「建国の父」スカルノの言葉を借りて強調していた。そして，アイデンティティの拠りどころを，ジョコウィ陣営は「海洋」に求め，プラボウォ陣営は「アジアの虎」になる，と表現した。

ジョコウィの個人的特性もまた，新たにつけ加えられる要素の一部になるだろう。ジョコウィが歴代大統領と一線を画すのは，彼が非エリートだという点である。「建国」に始まり「開発」「民主化」を経て「安定と成長」に至るインドネシアのこれまでの歩みを率いてきたのは，いずれもエリート指導者だった。しかし今度は，庶民出身のジョコウィが庶民と同じ高さの目線で庶民のための政治を行う。それを国民は期待している。

ジョコウィの得意技に「ブルスカン」(blusukan——抜き打ち視察)がある。彼は，大統領になっても，ソロ市長，ジャカルタ首都特別州知事だった時代と変わらず，好んでアポなし現場視察を行い，住民の声を聞く。これを彼はブルスカンと呼ぶ。「(未知の場所に) 入る」ことを意味するジャワ語である。これまで大統領の現場視察は「下に降りる」(turun ke bawah, 略して turba) とか，「山を降りる」(turun gunung) などと表現されてきた。開所式などのイベントか災害時でもなければ，最高指導者はそれほど頻繁に「山から降りて」はこなかった。ジョコウィはもともと，そして大統領になっても，山には棲んでいない。この言葉遣いの変化ひとつとっても，大統領の立ち位置が大きく変わったことが表れている。

インドネシアの現在位置を改めてまとめれば，次のようになろう。インドネシアは，2004年に確立された民主主義体制を維持し，ユドヨノ政権10年の成果である国家の安定，経済の成長，国際社会における認知を前提にして，自国アイデンティティの確立を図ろうとしている。これは，新興国と目されるようになったインドネシアに国民が自信をもち，めざす自国像に向けて前進していくための内なる改革である。そこに登場したジョコウィ政権は，自国アイデンティティとして「海洋立国」を掲げる一方，庶民のための政策を展開しようとしている。

第2節　基本政策にみる特徴

1．基本理念

　ジョコウィ政権の基本政策を知るための公式文書はふたつある。ひとつは大統領選挙に際して発表された「選挙公約」(Widodo and Kalla 2014) であり，もうひとつは政権発足後に5年間の任期中の全政策を国家開発企画庁（バペナス──Bappenas）がとりまとめた「国家中期開発計画2015～2019年」(Republik Indonesia 2015)[1] である。両方の文書に，政権の基本理念を示す「ビジョン」「ミッション」「9つの優先アジェンダ」が掲げられている（表5-1）。

　「ビジョン」は，政権が描くインドネシアの将来像である。表5-1に訳出した「ビジョン」の文言は，「選挙公約」によれば，「3原則」（トリサクティ──Trisakti）を踏襲している。トリサクティというのは，初代大統領スカルノが1960年代半ばに唱えた思想で，「政治において主権を有し，経済において自分自身の足で立ち（ブルディカリ），文化において個性を発揮する」(Widodo and Kalla 2014, 3) というものである[2]。

　スカルノがトリサクティを唱えてから50年あまりを隔てて，今ことさらに「主権・自立・個性」が強調されるところに意味がある。その背後には，自信と裏腹の不安が見え隠れする。民主的な新興国として外形的には一人前になったものの，ひとたび足元を見つめ直してみれば，われわれはいまだに自国の主人公になりきれていないのではないか。国益を主張すべきときに満足に主張できておらず，経済の要所は外国に押さえられている。インドネシアらしさとはいったい何なのか，われわれ自身がはっきり自覚できていない。こうした不安感が膨らんできたからこそ，改めて国民と国家のアイデンティティの確立が強く意識されるようになったと考えられる。

　「ミッション」には，政権が実現したいより具体的な姿が7項目挙げられている。ここで目につくのが「海洋」というキーワードである。国民と国家のアイデンティティを「海洋」に求めることが表明されている。この

表 5-1　ジョコウィ政権の基本理念

ビジョン
主権を有し，自立し，個性を発揮するインドネシアを相互扶助（ゴトン・ロヨン）に基づいて実現する

ミッション
1　領域の主権を守り，海洋資源を保全しながら経済的自立を支え，群島国家としてのインドネシアの個性を反映することのできる，国家的安全を実現する
2　法治国家を基礎とした，先進的で，バランスがあり，民主的な社会を築く
3　自由積極外交を展開し，海洋国家としてのアイデンティティを強化する
4　高く先進的で豊かなインドネシア人の生活の質を実現する
5　競争力のある国民を形づくる
6　自立し先進的で強固で，かつ国益に基づいた海洋国家たるインドネシアを実現する
7　文化において個性のある社会を実現する

9つの優先アジェンダ（*Nawa Cita*）
1　すべての国民を守り安心感を与える国家をとりもどす
2　清廉で効果的で民主的で信頼される行政ガバナンスを構築する
3　統一国家の枠組みのなかで地方と村落を強化し，辺境からインドネシアを構築する
4　汚職のない，品格のある，信頼される法堅持とシステム改革を実行し，国家を強化する
5　インドネシアにおける人間と社会の生活の質を向上させる
6　インドネシア国民が他のアジア諸国とともに前進し興隆できるように国民の生産性と国際市場における競争力を向上させる
7　国内経済の戦略部門を活性化し，経済の自立性を実現する
8　国民性に対する革命を実行する
9　インドネシアの多様性を確固たるものとし，社会復興を強化する

（出所）「選挙公約」（Widodo and Kalla 2014）および『国家中期開発計画 2015〜2019』（Republik Indonesia 2015）第 1 巻 5 章より全文を逐語訳。

点については次項でとりあげる。また，政権がめざす国づくりの方向性が，「法治国家を基礎とした」，「先進的で」，「バランスがあり」，「高く…豊かな…生活の質」，「競争力のある」，「強固で」，「国益に基づいた」といった表現で示されている。アイデンティティを確立したうえで，国民と国家の発展段階をもう一段引き上げることがめざされている。

「9つの優先アジェンダ」は，政権がなすべきさらに具体的な活動である。サンスクリット語で「9つの思想」を意味するナワ・チタ（*Nawa Cita*）と称され，政権の基本理念の一部をなしている。抽象的な文言が連ねられているようにみえるが，「国家中期開発計画」第1巻では，政権のおもな政策がこの9項目のもとに編成されている[3]。

第8項目に「革命」とあるのは，ジョコウィ大統領が重要性を強調している「メンタル革命」（revolusi mental）を指す。メンタル革命は，旧態依然とした悪弊を打ち破り，理想の実現に向けて前進する国民全体の精神的な集団行動だという。「主権・自立・個性」を実現するには，制度を改革するだけでなく，国民一人ひとりがマインドセットを変えなければならない，とジョコウィは唱える（Widodo 2014）。他力本願や指導者任せではなく国民一人ひとりの自己変革こそが必要だと説くメンタル革命は，大統領就任演説で彼が国民に向けて呼びかけた「働く，働く，働く」とともに，ジョコウィ政権の基本理念を表す合い言葉になった。

以下では，「ミッション」が力点をおく「海洋」，優先アジェンダにみる分配の重視，成長戦略の3点を，基本政策の特徴としてとりあげる。

2．アイデンティティとしての「海洋」，戦略としての「海洋」

総選挙委員会（KPU）が大統領選挙の結果を発表した2014年7月22日の夜半，ジョコウィとユスフ・カラの正副大統領候補は，ジャカルタ北西の古い港スンダ・クラパの帆船のうえで勝利を宣言した。10月20日，ジョコウィ大統領は就任演説のなかで「われわれは海洋国家としてのインドネシアをとり戻すために懸命に働かなければならない。大洋，海，海峡，湾にこそわが文明の将来はある。これまでわれわれはあまりにも長いあいだ，海に，大洋に，海峡や湾に背を向けてきた」と述べ，「インドネシア共和国という船に乗り，偉大なるインドネシアに向けてともに漕ぎ出そう」と国民に呼びかけて演説を締めくくった[4]。

前節で述べたように，ジョコウィ政権は，国民と国家のアイデンティティを確立しようとしており，「海洋」をそのアイデンティティに選んだ。

日本でいうならば，国民一般に浸透した自国認識として，古くは明治期以来の「貿易立国」があり，1970年代には「技術立国」という言葉も生まれた。これになぞらえていえば，「海洋立国」というコンセプトをジョコウィ政権は打ち出したことになる。
　インドネシアは，1万3466の島をもつ世界最大の群島国家である[5]。インドネシアが「建国」の時代に国際社会に対して国益を強く主張した特筆すべき出来事に，1957年の「群島国家宣言」がある。宣言者である首相の名をとって「ジュアンダ宣言」と呼ばれる。これは，公海と領海とのあいだに群島水域という概念を設け，群島の最も外側の島を結んだ直線（群島基線）で囲まれる群島水域，および群島基線から12海里の水域を，インドネシア固有の領域として宣言したものである。群島理論と呼ばれるこの考え方は，その後25年におよぶ外交交渉の末に1982年の国連海洋法会議で公式に承認されるに至った。ジュアンダ宣言は，「海洋立国」をめざすインドネシアの原点ともいえる。
　しかし，群島理論はあくまで国家の主権がおよぶ範囲を主張するものであって，海洋とともに生きるというアイデンティティには直結しない。独立以来のインドネシアの国家観は，むしろ陸地が中心であり，海洋を中心にした発想は影が薄かった。歴代内閣の構成からこの点をたどってみると，海と名のつく大臣ポストが設けられたのは1957年のジュアンダ内閣における海運大臣が初めてである。これを引き継ぐ形で，スカルノ大統領が組閣した1959～1967年には海運大臣あるいは海事大臣がおかれ，海に一定の位置づけが与えられた。閣僚数が50以上に膨れ上がった時期には漁業大臣や海洋産業大臣が追加された。しかし，国家開発が本格的に進んだスハルト体制期には，30年にわたって一度も海と名のつく大臣ポストはおかれなかった。スハルトの「開発」は陸地中心であった。
　海洋開発の重要性に目を向けたのは，アブドゥルラフマン・ワヒド大統領である。スハルト体制に対するアンチテーゼでもあっただろう。彼は1999年の政権発足にあたって海洋開拓省（2000年に海洋漁業省に改称）を新設し，大臣をおいた。これが，現在に連なる海洋開発行政の制度的な起点となった。2001年に地方分権が始まると，独自の裁量で海洋漁業局を

第5章　ジョコ・ウィドド政権の基本政策

表5-2　ジョコウィ政権の海洋ドクトリン

世界海洋の要衝
(Poros Maritim Dunia/World Maritime Fulcrum)
としてのインドネシア

1　**海洋文化の再興**
　　大洋をいかに管理するかによってアイデンティティ，豊かさ，将来性が変わってくる民族であるという認識をもつ

2　**海洋資源の保全と管理**
　　漁業と漁民の振興を通じて海洋資源の主権を構築し，海洋の富を国民の利益のために最大限活用する

3　**海洋インフラと連結性**
　　海洋高速道路，深海港，ロジスティック，造船，海洋観光を振興する

4　**海洋外交**
　　海洋協力を呼びかけ，密漁，領海侵犯，領有権問題，海賊，海洋汚染などの海洋紛争の原因を取り除く

5　**海洋安全保障**
　　ふたつの大洋の要衝にある国家として航行安全と海上治安を守る責務をもつ

（出所）「ASEAN首脳会議インドネシア大統領演説」(2014年11月13日，脚注6参照) より抄訳。

　農業局から分離して漁業を振興する州や県も現れた（岡本2007）。海洋への関心はこうして喚起されたものの，その後ユドヨノ政権が提起した「6つの経済回廊」は，陸と陸をつなぐ陸地中心の開発構想だったという指摘がある。とりわけ，ユドヨノ大統領が執心したスマトラ島とジャワ島をつなぐスンダ海峡大橋は「海を分かつ」発想であり，「海をつなぐ」ジョコウィ政権の構想によって否定されることになる（Wibisono 2014）。
　2014年11月13日，大統領として初の外遊となったミャンマーでの東南アジア諸国連合（ASEAN）首脳会議の演説で，ジョコウィ大統領は「5つの海洋ドクトリン」を発表した（表5-2）[6]。第1は，海洋民族としての，海洋国家としてのアイデンティティを再興する，という表明である。第2と第3は，経済開発戦略としての海洋である。海洋資源，とくに漁業を振興し，海洋インフラを開発する。海洋高速道路というのは，アチェからパ

プアに至る24の港湾をつなぐ海の回廊構想である。海洋流通が効率化すれば，ジャワに比べて数倍から数十倍も外島での物価が高くなる現象が解消される，とジョコウィはいう。第4と第5は，対外戦略としての海洋である。海洋紛争としては，これまで野放しにされてきた密漁問題が領有権問題よりも重視されている。インド洋と太平洋のふたつの大洋における安全保障は，前ユドヨノ政権が提唱した「インド太平洋友好協力条約」構想の延長線上にあるが，海洋防衛力の強化により力点がおかれている。

　このように，ジョコウィ政権の「海洋ドクトリン」は，海洋を国家アイデンティティとして，さらには国家戦略としてとらえている。政権の外交ブレーンであり，「海洋立国」の考案者のひとりでもあるリザル・スクマ戦略国際問題研究所（CSIS）所長は，海洋国家を単なる理想や主義として掲げるのでなく，具体的な戦略として実現しようとする点にかつての政権とのちがいがある，アジア地域のこれからの経済資源活用のカギは陸でなく海にある，と指摘している（Sukma 2014）。ジョコウィ政権は，経済開発戦略として陸地以上に海洋を重視する方向へと舵を切った，初めての政権と位置づけることができるだろう。

3．分配の重視

　庶民出身のジョコウィ大統領に国民が期待するのは，庶民の目線に立ち，庶民の声を聞き，庶民のためになる政策を実行することである。経済が成長を続けるのは当然のこととして，その成長の果実がどのように分配されるのかが国民の関心事になる。
　この国民の期待に応えようとするのが，「9つの優先アジェンダ」の第3と第5の項目である。第3項目は，地方，村落，辺境など，経済的に脆弱な地域がより多くの果実を得られるようになるための政策であり，平準化（pemerataan）とも表現されている。第5項目は，人間開発と社会開発を指している。教育，保健，社会保障がここに含まれる。
　ユドヨノ政権も失業と貧困の削減を重視していたが，そのためには成長が不可欠だとのロジックを立て，第1期には投資環境の改善，第2期には

インフラ開発，食料とエネルギーの安全保障といった成長政策を優先テーマにした（佐藤2005；2010）。ジョコウィ政権においても次項に述べる成長政策は引き続き重要ではあるものの，分配面の政策がより前面に打ち出されたのが前政権とのちがいである。

分配面にかかわるおもな目標を表5-3にまとめた。失業率は前政権期にかなり下がってきており，これを維持しつつ，貧困人口比率を5年で3～4ポイント下げるとしている。8%の貧困人口比率は，2004年にユドヨノ政権が目標に設定しながら10年かけても達成できなかった水準である。15年かけて達成をめざすことになる。

平準化には，貧困・低所得層の底上げを図る所得階層間の平準化と，相対的な後進地域——村落，ジャワ外，東部インドネシア，辺境地域など——の底上げを図る空間的な平準化がある。ジョコウィ政権の基本的なアプローチが，相対的な経済的弱者が標準的な社会生活を送るために必要な基礎的サービスへのアクセスと，生産活動に従事するために必要な手段へのアクセスを改善し，同時にそのアクセスを効果的に活用できる能力を向上させるというものである。たとえば，表5-3に挙げた金融機関からの借入れ，各種の証明書，情報通信へのアクセスは，小事業者の生産活動を後押しする。一定規模の農地の保有，農林産種苗・種畜・水産種苗へのアクセス，産地で加工度を高める技術の普及，産地に近い市場の整備なども，重要な方策として位置づけられている。

農地については，ジョコウィ政権は農地改革（reforma agraria）を選挙公約と国家中期開発計画に盛り込んでいる。土地問題の根幹にある土地権の不確定性（土地証書がなかったり，複数あったり，不備あるいは不正確だったりするなど）を改善すること，国有地や新規開墾地，移住予定地など900万ヘクタールの土地権を小農・農業労働者に分配すること，それにより小農の1世帯当たり平均農地面積を0.3ヘクタールから2.0ヘクタールに増やすことが企図されている。小農（petani gurem）とは1世帯当たりの農地が0.5ヘクタール以下の農家を指す。2013年の農業センサスによれば，全農家2614万世帯のうち小農は56%を占めている。この農地改革構想は，民主化後の土地行政改革をめぐる議論の方向性に沿ったもの[7]

表5-3 平準化・人間開発・社会開発に関する主な目標

指 標	単 位	2014年実績	2019年目標	備 考
〔マクロ指標〕				
完全失業率	%	5.9	4.0〜5.0	
新規雇用創出	万人（5年合計）	―	1,000	
労働力フォーマル部門比率	%	40.5	51.0	
貧困人口比率	%	11.0	7.0〜8.0	
〔所得の平準化〕				
所得下位40％の住民によるアクセス比率				
金融サービス	%	4	25	現金給付を除く
出生証明書	%	65	77	2013
情報通信	%	52	100	
飲料水	%	56	100	
下水処理	%	20	100	
小農の農地面積	ha（1世帯平均）	0.3	2.0	2013
ジニ係数		0.41	0.36	
〔空間的な平準化〕				
GDPに占める比率				
スマトラ	%	23.8	24.6	2013
ジャワ	%	58.0	55.1	2013
ヌサトゥンガラ	%	2.5	2.6	東部 2013
カリマンタン	%	8.7	9.6	東部 2013
スラウェシ	%	4.8	5.2	東部 2013
マルク・パプア	%	2.2	2.9	東部 2013
後進地域数	県の数	122	42	199県（2004）
後進地域経済成長率	%（5年平均）	7.1	7.24	
後進地域貧困率	%	16.6	14.0	
ジャワ外経済特区	特区数	7	14	
〔社会保障制度〕				
健康保険加入率	%	51.1	95.0〜	
労働保険加入率	%	16.1	フォーマル100% インフォーマル10%	（第2巻3章）
フォーマル部門	万人	2,950	6,240	（第1巻5章）
インフォーマル部門	万人	130	350	
〔人間開発・社会開発〕				
合計特殊出生率	%	2.6	2.3	2012
平均就学年数	年	8.1	8.8	2013
乳児死亡率	1000人中	32	24	2012
結核罹患率	10万人中	297	245	2013
高血圧症有病率	%	25.8	23.4	2013
国連人間開発指数		73.8	76.3	

（出所）『国家中期開発計画2015〜2019』（Republik Indonesia 2015）第1巻5章，第2巻3章，8章より作成。

（注） 2014年は実績値。2014年が得られない場合は計測年を備考に示した。

だが，どこまで実現可能かは未知数である。

　以上にみたような経済的弱者による生産手段へのアクセス改善は，「下からの開発，辺境からの開発」政策である。分配という観点からいえば，所得の第1次分配構造を改善しようとする政策だといえる。これに加えて，所得の第2次分配（再分配）もジョコウィ政権の重要政策である。政策手段のひとつが地方交付税交付金制度であり，後進地域に対して積極的格差是正措置をとるとしている。詳細は明示されていないが，本来の不均衡是正機能をはたしていないと批判されている一般配分資金（DAU）と特別配分資金（DAK）が後進地域により厚く配分される可能性がある。また，前政権末期に成立した村落法（法律2014年第6号）によって，全国7万4093（2014年）の村に対して県・市政府を経由せずに村落資金（dana desa）が直接配分されることになる。村落資金を消費ではなく生産活動に投資するよう，ジョコウィ大統領は促している。

　再分配政策として最も重要なのは，2014年に本格的に始動した社会保障制度である。ジョコウィ政権期における目玉となる政策であり，人間開発・社会開発の要に位置づけられている。もともとジョコウィは，ソロ市長時代に貧困層への無償教育カードと無償医療カードを独自に導入し，ジャカルタ州知事になるとジャカルタにも同様の制度を導入した。大統領就任後は，これを全国版に拡充し，無償教育カード（Kartu Indonesia Pintar）と無償医療カード（Kartu Indonesia Sehat）の配布を開始した。いわば手づくりの公的扶助サービスがジョコウィのトレードマークになっている。

　他方，国民皆保険・皆年金をめざした国民社会保障制度は，2000年にアブドゥルラフマン・ワヒド大統領が提唱したが，その後は亀の歩みで基本法（国民社会保障システムに関する法律2004年第40号），実施機関法（社会保障庁に関する法律2011年第24号）が制定され，ようやく2014年1月1日に社会保障庁（BPJS）が発足した。BPJSは，国民健康保険（JKN）と労働保険（労災補償，老齢給付，年金，死亡給付）を扱う。

　国民健康保険は，これまで軍人・警察官（1963年〜），公務員（1968年〜），民間従業員（1977年〜），貧困層（2005年〜）をそれぞれ対象として

表5-4 国民社会保障制度の加入者数（2014年）

(1) 国民健康保険（JKN）

対象カテゴリー	対象者（旧制度名）	加入者数（万人）	比率（％）
賃金受給就業者	軍人・警察官（Asabri） 公務員（Askes） 民間従業員（Jamsostek）	2,374	9.4
非賃金受給就業者	農民・自営業者等（制度なし）	596	2.4
中央政府支援受給者	貧困層（Jamkesmas）	8,640	34.3
地方政府支援受給者	貧困層（Jamkesda）	795	3.2
非就業者	（制度なし）	487	1.9
既加入者合計		12,891	51.1
うち社会保険型	貧困層以外	3,457	13.7
公的扶助型	貧困層	9,435	37.4
未加入者合計[1]		12,325	48.9
全人口		25,216	100.0

(2) 労働保険

		加入者数（万人）	比率（％）
旧制度加入者	軍人・警察官（Asabri） 公務員（Taspen） 民間従業員（Jamsostek）	116 456 1,231	1.0 4.1 11.0
既加入者合計[2]		1,803	16.1
未加入者合計		9,369	83.9
全就業人口		11,172	100.0

（出所）『国家中期開発計画2015～2019』（Republik Indonesia 2015）第2巻3章表3.17より作成（一部修正）。
（注）　1) 民間の医療保険，民間企業の自家保険の加入者を一部に含む。
　　　　2) 表5-3の数値（第1巻5章）によれば計3080万人となり，齟齬がある。

いた複数の制度をひとつに統合し，全国民に対象を広げて強制加入にしたものである。注意を要するのは，ひとつの制度のなかに公的扶助と社会保険とが併存していることである。すなわち，貧困層にとっては保険料なしで政府が医療費を全額負担してくれる公的扶助であり，それ以外の加入者にとっては毎月保険料の支払いを義務づけられる社会保険である[8]。初年の2014年に，加入者数は全国民の51％に当たる1.3億人に達したが

（表5-4の(1)），その7割以上の9435万人が公的扶助型である。ジョコウィ政権は5年間で加入率を95％以上に上げるとしている（表5-3）。2015年に国営・民間企業従業員，2016年には零細企業従業員の加入を進めるとともに，地方政府の公的扶助対象者を統合する。2017～2019年に1億人を超えるとみられる被雇用者以外の無保険者層，すなわち農民，自営業者，インフォーマル部門などの就業者，および非就業者を加入させる計画だが，この段階が大きな挑戦課題となろう。

　労働保険の方は，すべて社会保険型である。2015年から段階的に加入を進め，2019年にフォーマル部門の就業者は100％，インフォーマル部門（農民や自営業者を含む）は10％をカバーすることが目標とされている（表5-3）。全就業者の約半数を占めるインフォーマル部門の本格的な加入は，現政権の任期を超えた課題になる。

4．資源立脚型の成長戦略

　ジョコウィ政権は，任期中のGDP成長率の目標値を平均7.0％に設定している。ユドヨノ政権は第1期，第2期ともに6.6％（実績はそれぞれ5.6％，6.0％），スハルト政権期はつねに6.5％（実績は1968～1996年に平均7.0％）が目標だったことを考えると，かなり野心的な目標設定だといってよい。

　政権の成長政策は，「9つの優先アジェンダ」の第6と第7の項目に謳われている，生産性と競争力の向上，および戦略部門の活性化である。戦略部門あるいは優先部門は，①食料の安全保障，②エネルギーの安全保障，③海洋開発，④観光業・製造業，⑤インフラ・水の安全保障，⑥環境，である。これらの部門は，インドネシアのもつ天然資源をうまく環境と両立させながらいかに最大限に自国のために活用するかという点で共通性をもっている。資源立脚型の成長戦略といえるだろう。表5-5と表5-6に優先部門の目標をまとめた。

　食料とエネルギーの安全保障は前政権の重点課題で，自給を進める計画だったが，実際には内需が拡大して輸入が増加傾向にある。食料では，前

表5-5　優先部門の目標：食料とエネルギー

指　標	単位	2014年実績	2019年目標	年平均増減率(%)
〔食料安全保障〕				
籾つきコメ	万トン	7,060	8,200	3.0
とうもろこし	万トン	1,913	2,410	4.7
大豆	万トン	92	260	22.7
砂糖	万トン	260	380	8.3
牛肉	万トン	45	76	10.8
漁獲量	万トン	1,240	1,880	8.7
塩	万トン	250	450	12.9
灌漑地面積	万ha	914	1,000	1.8
ダム建設	件数	21	49	―
ダムによる灌漑水供給	%	11	20	―
〔エネルギー安全保障〕				
原油	万SBM/日	81.8	70.0	-3.1
新規製油所	件数	0	1	―
天然ガス	万SBM/日	122.4	129.5	1.1
国内利用比率	%	53	64	―
ガスパイプライン網	km	11,960	18,322	8.9
都市ガス網	万世帯	20	110	40.6
石炭	億トン/年	4.21	4.00	-1.0
国内利用比率	%	24	60	―

（出所）『国家中期開発計画 2015～2019』(Republik Indonesia 2015) 第1巻5～6章より作成。

　政権の重点5品目——コメ，とうもろこし，大豆，砂糖，牛肉——をそのまま受け継ぎ，高い増産目標が掲げられている。これを支えるべく，灌漑とダムの設備強化に力点がおかれる。海洋立国へのシフトに伴って，水産品も重点品目に追加された。漁獲量は現時点で中国に次ぐ世界第2の規模だが，違法・無報告・無規制漁業（IUU——illegal, unreported and unregulated——fishing）の取締りを厳格化して損失分を確保することによって，増産目標の達成が見込まれている。

　他方，エネルギーでは，増産は見込まれていない。減産基調が続く原油は，前政権が計画しながら実現できなかった製油所を増設し，石油製品の

表 5-6　優先部門の目標：海洋・観光・製造業・インフラ・環境

指　標	単位	2014 年実績	2019 年目標
〔海洋開発〕			
国連への島嶼登録*	島の数	13,466	17,466
海洋境界線の画定	相手国の数	1	9
漁船の順法率	%	52	87
海洋高速道路の港湾	港湾数	0	24
船舶建造数	隻	50	104
水産製品生産量	万トン／年	2,240	4,000～5,000
海洋保全区域	万 ha	1,570	2,000
〔観光業・製造業〕			
観光業			
GDP に占める比率	%	4.2	8.0
国内観光件数	億件	2.5	2.75
外国人観光客数	万人	900	2,000
製造業			
GDP に占める比率	%	20.7	21.6
製造業成長率	%	4.7	8.6
新規大中企業数	社	－	9,000
〔インフラストラクチャー〕			
発電能力	GW	50.7	86.6
電化率	%	81.5	96.6
1 人当たり電力消費	KWh	843	1,200
都市スラム居住地	ha	38,431	0
飲料水へのアクセス	%	70	100
下水処理へのアクセス	%	61	100
道路の新増設距離	km	1,202	2,650
鉄道総距離	km	5,434	8,692
港湾数	港湾数	278	450
港湾滞留時間	日	6～7	3～4
空港数	空港数	237	252
航空オンタイムパフォーマンス	%	75	95
県市ブロードバンド敷設	%	82	100
都市公共交通シェア	%	23	32
〔環境〕			
温室効果ガス削減	%	15.5	～ 26

(出所)　『国家中期開発計画 2015 ～ 2019』(Republik Indonesia 2015) 第 1 巻 5 章より作成。
(注)　＊脚注 5 を参照。

輸入依存度を下げる。天然ガスと石炭は，輸出から国内利用にシフトさせる。石炭は，確認埋蔵量では世界第10位にすぎないインドネシアが，3～4倍も埋蔵量の多い中国やインドなどに輸出を急増させ，2013年には世界最大の輸出国になった。だが，2009年鉱物・石炭鉱業法の制定後は国内利用比率を毎年定めており，その比率を今後5年で大きく高める計画である。

　海洋については，主権の主張から，インフラ，造船，漁業，資源保全に至る広範な内容を反映した目標が設定されている。製造業は，基本政策全体のなかでは決して大きな扱いではない。天然資源の加工業という観点から優先部門の一部に入っている。その一方，脱工業化の懸念，再工業化の必要性が国家中期開発計画に明記され，製造業の成長率を高めてGDPに占める比率を反転上昇させること，漸減傾向にある大中規模の製造業企業の数を増加させることが目標にされたのは，前政権にはみられなかった点である。インフラ開発は，ジョコウィ政権がとくに重視する分野である。経済的弱者に対する基礎インフラの整備と，成長を支える連結性の拡充との両方をにらむ。連結性では，道路と空運に比べて相対的に弱体だった海運と鉄道に力点がおかれているのが特徴である。

　環境については，温室効果ガスの削減目標を自発的に定める前政権の方針を受け継ぎ，2019年までに削減率を26％に近づけるとしている。とくに，取り組みが強化されるのは，林業・泥炭地，農業，エネルギー・運輸，工業，廃棄物の5分野である。

第3節　内閣の特徴

1. 閣僚の構成

　2014年10月27日，ジョコウィ政権の内閣が発足した。ジョコウィはこの内閣を「働く内閣」（Kabinet Kerja）と名づけた。インドネシアでは，スカルノ初代大統領が議院内閣制に見切りをつけて大統領制をしいた

1959年の組閣以来，内閣に公式名称をつける慣わしがある。「働く」は，勤労精神と実行を重んじるジョコウィの合い言葉だが，じつは「働く内閣」は1959年にスカルノが初めて自ら名づけた内閣とまったく同じ名称である。

　ジョコウィ政権の「働く内閣」の特徴をつかむために，閣僚の出身構成を歴代政権のいくつかの内閣と比較した。表5-7から指摘できるおもな点は次のとおりである。第1に，中央行政の経験者が少ない。表の最下段に示したのは，大臣経験者と官僚出身者の合計である。この比率が極端に低かったアブドゥルラフマン・ワヒド政権とほとんど同じレベルの低さである。民主化後の行政改革を担ってきた中堅官僚たちが副大臣クラスにまで複数育っていたが，彼らは登用されなかった。中央行政の経験をもたないジョコウィが経験ある既存の人材を活用するという形ではなく，むしろジョコウィと同じく経験のない新人が選ばれた。

　第2に，政党人の比率は期待されたほど低くない。ジョコウィは，議会内少数派に甘んじても，閣僚ポストを連立形成の道具にすることを拒否してきた。前政権では政党ぐるみの汚職で現役閣僚がつぎつぎに逮捕されており，政党色を抑えることを国民もまた望んでいた。だが実際には，第4章にみるように，与党周辺からの圧力はそれなりに強く，ジョコウィの思いどおりの人選ができなかったことがうかがえる。

　第3に，企業出身者が多い。ただし，大規模な企業グループの所有経営者ではなく，ジョコウィのような中小企業の起業経験者や，国営企業の改革を成功させた経営者などである。企業家マインドによる改革実行力が重視されている。

　第4に，表には示されていないが，世代が若返った。ジョコウィの生年である1961年以降の生まれが22人，63％を占める。スカルノの足跡を参照軸とするジョコウィ政権だが，リアルタイムではスカルノを知らない世代が政権のおもな担い手となる。

　ジョコウィ大統領は，就任式後の初閣議で閣僚たちに，本日から即刻「働く」ように，独自のアジェンダではなく「選挙公約」を実行するように指示した。そして，少なくとも月2回は現場を視察し，現場での発見を

表5-7 インドネシア歴代内閣

出身 \ 大統領 内閣の名称 期間	スカルノ (1) 働く内閣 1959〜1960		スハルト (1) 開発内閣 1968〜1973		スハルト (7) 開発内閣 1998	
政党	12	(39)	6	(25)	5	(15)
国軍・警察	9	(29)	7	(29)	4	(12)
官僚	0	0	1	(4)	14	(41)
学者・専門家	7	(23)	10	(42)	8	(24)
企業*	1	(3)	0	(0)	3	(9)
その他	2	(6)	0	(0)	0	(0)
合計	31	(100)	24	(100)	34	(100)
大臣経験者	11	(35)	14	(58)	11	(32)
＋官僚**	11	(35)	15	(63)	18	(53)

（出所）　アジア経済研究所『アジア動向年報』各年版，インドネシア国家図書館サイト（www.pnri.go.id），閣僚各人に関する各種情報より作成。
（注）　1）各内閣発足時の構成。正副大統領は含まない。スカルノ期は大統領制に復帰した後の初代内閣（閣僚ポスト数は34だが3人が兼任）。

基に戦略的な判断を行うよう求めた。新人が多いだけに，専門性や能力の点で不適任リスクはあるかもしれない。だが，若くて清新な人材，行政の素人集団が現場から学習しながら懸命に国政に取り組むというのは，これまでのインドネシアにはなかった挑戦である。

2．省の再編

ジョコウィ大統領は，組閣にあたって省庁の再編を行った。最も重要な第1の変化は，調整大臣よりも上位に国家開発企画庁（バペナス）を位置づけたことである。より正確にいうと，国家官房長官，内閣官房長官，国家開発企画大臣兼国家開発企画庁長官の3ポストを閣僚ラインナップの最上位においた（巻末資料4の閣僚名簿を参照）。そして，大統領選挙から政権移行にかけてブレーンとしてジョコウィを支えた3人の政治学者を配置

における閣僚の出身構成の変遷

(人，カッコ内は%)

A. ワヒド 国民統一内閣 1999〜2001		メガワティ 相互扶助内閣 2001〜2004		ユドヨノ (1) 一致団結内閣 2004〜2009		ユドヨノ (2) 一致団結内閣 2009〜2014		ジョコウィ 働く内閣 2014〜2019	
17	(52)	12	(39)	12	(34)	20	(57)	12	(34)
5	(15)	3	(10)	4	(11)	2	(6)	2	(6)
4	(12)	9	(29)	5	(14)	5	(14)	4	(11)
5	(15)	5	(16)	9	(26)	7	(20)	9	(26)
0*	(0)	1	(3)	3	(9)	0*	(0)	8	(23)
2	(6)	1	(3)	2	(6)	1	(3)	0	(0)
33	(100)	31	(100)	35	(100)	35	(100)	35	(100)
3	(9)	7	(23)	7	(20)	10	(29)	4	(11)
7	(21)	16	(52)	12	(34)	14	(40)	8	(23)

2) ＊ 民間・国営企業の起業者・経営者。ワヒド政権発足時に3人，ユドヨノ第2期政権に4人いたが，いずれも政党所属。

3) ＊＊大臣経験者に，大臣経験のない官僚出身者を足し，中央政府行政の経験をもつ閣僚の合計を示している。

した。従来は，国家官房長官と内閣官房長官は内閣の事務局的な位置づけであり，国家開発企画大臣は複数ある国務大臣職のひとつにすぎなかった。バペナスは，かつてスハルト体制下においては「開発」の計画策定権と予算権をもつ強力な司令塔だったが，民主化後は予算権を財務省に移譲し，企画機能だけにスリム化された。経済テクノクラートと官僚たちが全省庁の計画と実績をとりまとめる役務を担ってきた。それが今回の再編で，大統領の直下に引き上げられ，大統領と政策構想をともにする長官が国政運営を直接支えることになる。

第2の変化は，海事調整大臣府の新設である。「海洋立国」を掲げるジョコウィ政権は，海洋行政の担当省を調整大臣府に格上げし，かつ4つある調整大臣府の筆頭に位置づけた。海事調整大臣府の管轄下には，運輸省，海洋・漁業省，観光省，エネルギー・鉱物資源省の4省が配置された。「海洋ドクトリン」は広範な内容を包含していたが，行政としてはもっぱ

ら経済・資源面からの海洋開発が重視されている。調整大臣には技術評価応用庁（BPPT）で海洋リモートセンシングを専門にしていた技術系研究職の官僚が就き，その下の4大臣にはいずれも企業出身者があてられた。企業家マインドでの改革実行力が最も期待されるのが，海洋開発行政ということになる。

　第3は，環境省と林業省が統合して環境・林業省となったことである。森林や泥炭地の保全をめざす環境省と，林業開発を推進する林業省とはしばしば利害が対立することもあったが，近年劣化が進む森林の問題を環境省主体で統合的に管理しようとするものである。しかし，幅広い問題を扱うべき環境省が森林問題に矮小化されるとの懸念も環境NGOなどから表明されている[9]。

　第4は，農地（agraria）・空間計画省の新設である。同大臣が国家土地庁（BPN）長官を兼ねるので，国家土地庁が格上げされたともいえる。前述した農地改革を実行し，その基礎となる土地登記の整備，全国の土地利用にかかわる地理空間情報の整備などに責を負う。土地行政には，汚職を排してガバナンスを強化することが求められる。だが，土地問題を扱ったことのない政党人があてられたことで失望の声も聞かれる[10]。

　第5は，教育にかかわる省の再編である。教育・文化省から高等教育を分離し，研究・技術担当国務大臣府と統合して研究・技術・高等教育省とした。元の省は，文化・初中等教育省に改称した。研究・技術開発力を強化するために，政府系研究機関と高等教育機関とが統合的に所轄され，連携を強めていくねらいがあると大統領は説明している。

　また，建国以来の伝統であった国務大臣制が今回は採用されなかった。スカルノ大統領の「働く内閣」第1～3期だけが例外であり，その形式に倣った可能性がある。

第4節　ジョコウィ政権の政策課題

　ジョコウィ政権は，前政権に引き続いて成長を維持しつつ，新たに分配にかかわる制度の構築と普及を進めることになる。成長と分配それぞれにおける政策課題を整理しよう。

　まず分配面から，ジョコウィ政権期の目玉となる社会保障制度の課題を考える。制度の普及に合わせて取り組むべき重要課題のひとつは，財政基盤の強化，とりわけ租税収入の引上げである。インドネシアの社会保障制度は，貧困層向け公的扶助の部分が大きく，今後はこのための国庫負担の拡大が予想される。非貧困層に対しては，社会保険料の徴収対象が段階的に拡大されるが，この対象からは同時に所得税を徴収する必要があろう。政府の徴税捕捉率は低く，納税者数（2014年時点で2300万人）は保険料を支払っている国民健康保険の既加入者数3457万人（2014年）を大きく下回る。租税収入のGDP比は，前政権の10年間に11.3〜13.3％で推移し，G20の新興国のなかで最低水準だった。ジョコウィ政権はこれを2019年に16％に引き上げるとしている（Republik Indonesia 2015, I-4-16, II-3-4）が，この目標を達成するには，所得税に限らず，幅広い徴税可能性を追求する必要がありそうだ。徴税能力を伴わない国の社会保障制度は，持続可能ではあり得ないだろう。

　もうひとつ大きな課題となるのは，政権の後半期に予定されている農民・自営業者・インフォーマル部門への皆保険の拡大の実現可能性である。多くの農民人口を抱える中国やタイなどアジア中所得国の例は，この層への皆保険・皆年金の拡大に多くの困難が伴うことを示している。国家による「福祉の制度化」だけに頼るのではなく，企業内福祉や民間保険業などによる「福祉の商業化」や，家族や地域の相互扶助，非営利組織などによる「福祉の社会化」を合わせて進める包括的な社会保障を設計すべきことが示唆されている（末廣 2010）。先行する周辺国の経験に，インドネシアは多くを学ばなければならない。

　つぎに，成長を持続させるための課題をふたつ指摘したい。ひとつは，

インフラ開発や産業投資を支える金融機能を強化する必要があることである。通常,経済が発展すると金融市場が拡大し金融資産が蓄積される「金融深化」現象が進むことが知られている。ところが,インドネシアの金融深化指標（M2/GDP——現金・要求払い預金・定期性預金からなる金融資産の蓄積の大きさを経済生産規模に対する比で表した指標）はスハルト体制末期の60％（1998年）をピークに下降したまま,2010年代に入っても38〜40％で低迷している。この水準は,より低所得国であるベトナムの117％やインドの76％（2012年）に比べても大きく見劣りする。アジア通貨危機で深い打撃を受けた東南アジアの金融部門では,2000年代を通じて,企業は自己資本中心の資金調達に回帰し,銀行は産業金融よりも消費者金融にシフトする傾向が共通してみられるが（三重野2015),なかでもインドネシアの金融深化の立ち遅れは目立っている。ジョコウィ政権は,インフラ開発銀行を新設する計画であり,中国主導のアジアインフラ投資銀行（AIIB）にも期待を寄せているが,これらの新設機関からの融資が今後5年にどの程度機能するかはわからない。新たなインフラ投資需要に応えるためには,既存の国営・民間銀行,地方銀行の金融仲介機能を活性化させ,インフラ開発にかかわる国営企業の社債発行を後押しするなど,多様な方策が求められる。

　持続的成長のための第2の課題は,外資をいかにうまく活用するかである。「主権・自立・個性」を強調するジョコウィ政権は,国民の目に明らかな外国追従と映る姿勢をとることはできない。初の外遊で北京を訪れたジョコウィ大統領は,アジア太平洋経済協力（APEC）会合のCEOサミットでインドネシアへのインフラ投資を外国投資家たちに呼びかける演説を英語で行ったが,たちまち「売国奴」と一部から批判された。こうした空気が国内にはある。その一方,インフラや資源立脚型工業といったハード面の大型投資,産業高度化に欠かせない生産性,技術力,競争力,輸出力といったソフト面での能力向上投資に,外資は引き続き重要な役割をはたす。おそらくジョコウィ大統領は,国民にアピールする対外的強硬パフォーマンス——たとえば,拿捕した外国密漁船を爆破して沈没させる,麻薬取締法を犯した外国人死刑囚への恩赦を拒否して死刑を執行するなど

——を国内向けに続けながら,成長戦略としては外国との連携を積極的に進めようとするだろう。また,外国に対して,天然資源の加工度を国内で高める方向へ,ジャカルタ・ジャワ・陸地・内需中心から外島・海洋・輸出志向へと投資をシフトさせる方向へと,国策に沿った連携を要請するだろう。外国側においても,ジョコウィ政権の政策構想と大統領のおかれた立場についての包括的な理解が求められる。

第5節　政権1年目の政策運営

「メンタル革命」,「働く内閣」に表されるジョコウィ大統領の意気込みとは裏腹に,1年目の政権の動きは緩慢にみえる。折りからの経済面の逆風に対処できていないとの批判が高まり,ジョコウィは政権発足から10カ月目に閣僚6人を入れ替える内閣改造を行った。

　政策上の成果が上がっていないわけではない。政府は2014年11月に石油燃料補助金を削減した。2015年度の補正予算ではさらに燃料補助金を圧縮し,その4倍以上の276兆ルピア（約2.5兆円）をインフラ向けの投資予算として確保した。前政権期にはつねに燃料補助金を下回っていた財政投資を大幅に増額させたことは,財政の質を高める改革として国内外から高く評価された。投資環境では,政府は投資認可の単一窓口を始動させ,投資優遇免税の認可も28日営業日で下りるようにした。2015年4～5月には,海洋高速道路を構成するスラバヤ新港の開所とマカッサル新港の着工,そしてスマトラ縦断高速道路の着工が行われた。

　しかし,せっかく確保した財政投資の実行率が2015年第1四半期に3%,上期を終えても11%にすぎないこと[11]が,政府に対する評価を悪化させた。2015年の経済成長率は,世界金融不況だった2009年来の4%台に落ち,第1四半期4.72%,第2四半期4.67%と下げ止まっていない。成長減速の主因は,中国の旺盛な需要に牽引された2000年代の資源ブームが終わったことにある。だが,同時に,内需を喚起し成長を下支えすべき時に財政投資を実行できない政府に対して失望が広がった。

ジョコウィ大統領は2015年8月12日，海事担当，政治・法務・治安担当，経済担当の3調整大臣，内閣官房長官，商業大臣を交代させ，国家開発企画大臣に経済担当調整大臣を横滑りさせた（終章も参照）。大臣を束ねる調整大臣職と，格上げされた国家開発企画大臣（バペナス長官）職を梃子入れすることで，政府の機動力を改善することが改造人事のねらいであろう。この4ポストには，大臣経験者があてられた。その結果，表5-7に示した大臣経験者数は4人から7人（20%）に増え，ユドヨノ政権第1期と同水準になった（ただし，官僚出身者を加えた中央行政経験者数は10人（29%）で，依然としてワヒド政権に次いで低い）。経済担当と海事担当の調整大臣に起用されたのは，どちらも個性派でシニアの経済学者である。前者はダルミン・ナスティオン前中央銀行総裁で，経済テクノクラートのなかでは成長重視派に属する（佐藤2011, 165-170）。後者は，ワヒド政権期に経済担当調整大臣を務めたリザル・ラムリで，辛口の政策批判を展開する調査会社ECONITの創設者である。海事担当調整大臣は運輸，港湾，電力，資源開発といった経済利権が集中する行政を所轄するが，強固な意志と豊富な産業知識とを併せ持つ稀有な人材として，ジョコウィはリザル・ラムリに入閣を懇請した。この内閣改造は，「働く内閣」のエンジンを正常に作動させるための調整と位置づけられるが，その効果のほどは今後を注視しなければならない。

おわりに

ジョコウィ政権には，いくつかの意味で新しさがある。叡智ある指導者に導かれるインドネシアではなく，等身大のインドネシアが姿を現そうとしている。ジョコウィの言動には，これまでのように一握りのエリート集団に依存するのではなく，ごく普通の人びとが懸命に働いて小さな変革を積み上げていけば必ずやわが国は前進できる，という信念をみることができる。「建国」の時代を参照軸にして，ジョコウィ政権は国民と国家のアイデンティティを再措定し，国民を前進に向けて鼓舞しようとしている。

「海洋立国」を掲げ，陸地中心だった開発パラダイムを海洋志向へとシフトさせようとしている。ASEAN 共同体の発足を控えて ASEAN 域内の連結性が整備されるなかで，じつはインドネシア海域が一番のボトルネックになっていたことを考えれば，ジョコウィ政権の海洋シフトは時宜を得たものだともいえる。信念，理念，政策構想は，高く評価されてよいだろう。

しかし，現実は厳しい。本章で紹介した政策目標は，総じて野心的である。陸から海への重点シフトだけでなく，ジャワへの集中排除，村落や辺境の重視といった政策面のギアチェンジは，方向性としてはまっとうではあるが，短期的に成長加速効果が期待できるものではない。しかも，前政権期に吹いていた資源ブームの追い風はもうない。新しい変化が目にみえる成果を現すまでには一定の時間が必要である。

ジョコウィ政権にはまず，成長を雇用維持に必要な最低ライン以下に減速させないことが求められるだろう。成長が減速すれば，失業と貧困が悪化に転じ，財政収入が減少し，政権の開発戦略や分配政策の実行もままならなくなる。5～6％の成長を保ちながら，財政と金融のキャパシティ強化，村落や辺境といった末端行政のガバナンス能力の強化といった，国家運営の基礎体力を一歩一歩地道につけていくことが何よりも肝要であろう。

〔注〕
(1) 国家開発計画システム法（法律 2004 年第 25 号）によって，新政権は発足後 3 カ月以内に「国家中期開発計画」を大統領令の形で公布することが義務づけられている。
(2) スカルノがいつ「トリサクティ」を最初に唱えたかは定かではない。1966 年 6 月 22 日の第 4 回暫定国民協議会（MPRS）での大統領演説「9 つの章」（ナワクサラ——Nawaksara）でスカルノは，1963 年 5 月 15 日第 2 回暫定国民協議会大統領演説「重要なことを優先せよ！」(Ambeg Parama-Arta) と 1965 年 4 月 11 日第 3 回暫定国民協議会大統領演説「自分自身の足で立つ」（ブルディカリ）で強調したように，と前置きしたうえで，「政治において主権を有し自由であり，文化において個性を発揮し，経済において自分自身の足で立つというわれわれのトリサクティは，現在の国内および国際情勢のなかでわれわれの国家革命を完遂するための…（中略）… 最も優れた武器である」と述べている。しかし，1963 年および 1965 年の当該演説にはトリサクティという表現も，相当する内容もそのままの形では出てこない。3 つの演説原文はインドネシア政府情報省 *Penerbitan Chusus 1958-1967*（インドネシア語マイクロフィッシュ資料——アジア経済研究所所蔵），スカルノ初

代大統領デジタルライブラリー「スカルノ・オンライン」(http://www.soekarno.net)，日本国際問題研究所編（1973）を参照した。マイクロフィッシュ資料については高橋宗生氏（アジア経済研究所図書館）にご教示いただいた。記して感謝する。

(3) 「国家中期開発計画2015～2019年」は3巻とふたつの政策マトリックスからなる。第2巻は社会文化・宗教，経済，科学技術，政治，国防・治安，インフラストラクチャー，天然資源管理・環境などの10の分野別に，第3巻は7の地域別に全政策が編成されている。政策マトリックスは第2巻と同じ区分の分野別と，所轄の省庁別とがあり，政策プログラムごとに目標，指標，毎年の数値目標が掲げられている。

(4) 大統領演説の全文は内閣官房公式ウェブサイトに掲載されている。大統領就任演説は http://setkab.go.id/category/transkrip-pidato/page/13/ を参照（2015年8月24日に最終閲覧）。

(5) インドネシアの島の数について，インドネシア政府は1987年以来1万3667としてきたが，国連はこれを公式の数値と認めていなかった。1997年に海軍は島数を1万7508（うち島名があるのは5707）と発表し，島嶼リストを発行した。2003年に内務省は，シパダンとリギタンの2島がマレーシア領，カンビンとヤコの2島がティモール・レステ領となったことを受けて，島数を1万7504（うち島名があるのは7870）に修正した。一方，政府は2005年以降，国連海洋法条約の定義に沿った島の確定を進め，2007年から国連への島嶼登録を開始し，2012年に島名をつけた1万3466島を国連に登録した。それ以降2015年現在まで，公式の島数は1万3466となっている（以上の情報出所は海洋漁業省ウェブサイト「島名登録の軌跡」(Jejak Rekam Pendataan Nama-nama Pulau) http://www.kp3k.kkp.go.id　2015年4月13日に最終閲覧）。しかし，表5-6にみるとおり，ジョコウィ政権は任期中に国連への島嶼登録数を1万7466にまで増やす目標を掲げている。したがって，公式の島数は，先に確認されていた1万7504島から海食などで消滅したものを除いた数まで今後増えると予想される。ただし，世界第2位の群島国家フィリピンの島数が7109なので，島数が変動してもインドネシアが世界最大の群島国家であることには変わりない。

(6) ASEAN首脳会議における大統領演説の全文については，内閣官房ウェブサイト (http://setkab.go.id/category/transkrip-pidato/page/12/) を参照。(2015年8月24日に最終閲覧）。

(7) ジョコウィ政権の農地改革構想については水野広祐氏（京都大学東南アジア研究所教授）から貴重な示唆をいただいた。記して感謝する。

(8) 国民社会保障制度の創設に至る経緯については増原（2014），国民健康保険の運用の詳細については鈴木（2014）が参考になる。

(9) たとえば，Murdiyarso (2014)，および "Penggabungan KLH dan Kemenhut Bisa Turunkan Kualitas Lingkungan" ［環境省と林業省の統合は環境の質を低下させ得る］, *Ekuatorial*, 28 October 2014 (http://ekuatorial.com/forests/) を参照。(2015年4月18日に最終閲覧）。

(10) たとえば，次を参照。"Tak Punya Sejarah Keberpihakan: Kemampuan Menteri Agraria Diragukan" ［(民の) 味方だった経歴がない：農地大臣の能力に疑義］,

Konsorsium Pembaruan Agraria, 29 October 2014 (http://www.kpa.or.id/?p=4804), "Mengelola Harapan Publik"［世論の希望に対処する］, *Perspektif Baru*, 3 November 2014 (http://www.perspektifbaru.com/wawancara/971). いずれも2015年4月18日に最終閲覧。

(11) 2015年上期の全歳出の実行率は39%。燃料補助金は62%で，実額にすると同補助金支出は財政投資を上回っている。予算実行率は財務省ウェブサイトによる。http://www.perbendaharaan.go.id/new/?pilih=umum&yid=886（2015年8月24日に最終閲覧）。

〔参考文献〕

＜日本語文献＞

岡本正明　2007.「インドネシア――『インドネシア化』された海，そしてその脱構築の可能性について――」『「東アジア海」の信頼醸成』総合研究開発機構　105-122.

佐藤百合　2005.「ユドヨノ＝カラ政権の経済政策」財務省委嘱調査報告書『インドネシアの将来展望と日本の援助政策』日本金融情報センター　57-77.

―――　2010.「第2期ユドヨノ政権の経済政策と課題」本名純・川村晃一編『2009年インドネシアの選挙――ユドヨノ再建の背景と第2期政権の展望――』アジア経済研究所　151-171.

―――　2011.『経済大国インドネシア――21世紀の成長条件――』中公新書.

末廣昭　2010.「東アジア福祉システムの視点――国家・企業・社会の関係――」末廣昭編『東アジア福祉システムの展望：7カ国・地域の企業福祉と社会保障制度』ミネルヴァ書房　1-17.

鈴木久子　2014.「インドネシアの公的医療保険制度改革の動向」『損保ジャパン総研レポート』64　3月　88-105.

日本国際問題研究所・インドネシア部会編　1973.『インドネシア資料集・下1959-1967年』日本国際問題研究所.

増原綾子　2014.「変わるインドネシアの社会保障制度」末廣昭編『東アジアの雇用・生活保障と新たな社会リスクへの対応』東京大学社会科学研究所.

三重野文晴　2015.『金融システム改革と東南アジア――企業金融の実証分析――』勁草書房.

＜外国語文献＞

Murdiyarso, Daniel. 2014. "Insight: Merging Environment and Forestry Ministers: Quo Vadis?" *The Jakarta Post*, 7 November.

Republik Indonesia. 2005. *Rencana Pembangunan Jangka Menengah Nasional (RPJMN) 2005-2009.*［国家中期開発計画2005〜2009年］Jakarta: Republik Indonesia.

―――　2010. *Rencana Pembangunan Jangka Menengah Nasional (RPJMN) 2010-2014.*

Jakarta: Republik Indonesia.

―――― 2015. *Rencana Pembangunan Jangka Menengah Nasional (RPJMN) 2015-2019*. Jakarta: Republik Indonesia.（http://www.bappenas.go.id）.

Sukma, Rizal. 2014. "Gagasan Poros Maritim." [海洋要衝構想], *Kompas*, 21 August.

Wibisono, Christianto. 2014. "Maritime Shaft and MP3EI." *Indonesia Infrastructure Initiative*, 8 October,（http://indii.co.id）.

Widodo, Joko. 2014. "Revolusi Mental." [メンタル革命], *Kompas*, 10 May.

Widodo, Joko and Jusuf Kalla. 2014. "Jalan Perubahan untuk Indonesia yang Berdaulat, Mandiri dan Berkepribadian: Visi Misi dan Program Aksi Jokowi Jusuf Kalla 2014." [主権を有し，自立し，個性を発揮するインドネシアへの変化の道：2014年ジョコウィ=ユスフ・カラのビジョン，ミッション，アクション・プログラム], Jakarta, May.（http://kpu.go.id/koleksigambar/VISI_MISI_Jokowi-JK.pdf）.

第6章

ユドヨノ政権の10年間
―― 政治的安定・停滞と市民社会の胎動 ――

岡 本　正 明

はじめに

　スシロ・バンバン・ユドヨノ政権は，民主化から6年後の2004年に行われたインドネシア初の大統領直接選挙で誕生し，2014年まで2期，10年間続いた長期政権であった。1998年に民主化が始まってからハビビ政権1年5カ月（517日），アブドゥルラフマン・ワヒド政権1年9カ月（642日），メガワティ・スカルノプトゥリ政権3年3カ月（1185日）と短期政権が続いた後だっただけに，この長期政権は政治的安定を生み出し，民主主義体制の定着にかなり貢献したといえる。その間，経済的には5％を超える経済成長を続けたことで，民主主義体制と経済成長が両立することを示した。ユドヨノ政権末期の2013年に行われた世論調査では，民主主義体制を理想的な体制とみる割合が58％，民主主義をインドネシアに適合的とみなす意見が73％であり，民主主義という制度への信頼感は比較的高い（SMRC 2013）。

　したがって，マクロにみれば，ユドヨノ政権はそれなりに評価できる政権である。民主主義がなかなか定着しない中東のイスラーム諸国とちがい，インドネシアはイスラーム教徒が多数派の国家のなかで最も成功した民主

主義国家という評価をもらい，また，タイのように軍事政権が復活する兆しもなく，東南アジアでは最も民主的な国家とみなされている。32年間続いたスハルト権威主義体制の時代には想像もできなかったような大きな変化が起きたことになる。

　こうしたポジティブな評価の一方で，とりわけインドネシア国内における政権の評価は徐々に落ちていった。サイフル・ムジャニ・リサーチ・アンド・コンサルティング社（SMRC）によるユドヨノ政権への支持率調査によれば，2004年の初当選の時には同政権に満足，大変満足と答えた割合は69％と高かった。2008年には53％に下がったものの，2009年の再選前には70％まで支持率は上がった。しかし，第2期になると，緩やかな下落を示し，2013年には任期中最低の51％に落ちた。治安はよいものの，民主主義の質の低さがユドヨノ政権への不満の原因である。国政でも地方政治でもオリガーキー支配が顕著であり，法の支配が確立できておらず，汚職が拡散し続けているということが支持率低下の理由として挙げられている（SMRC 2013）。実際，ユドヨノが率いる民主主義者党の党首とその幹部が逮捕され，さらには，反汚職の聖戦を謳っていたイスラーム主義政党の福祉正義党（PKS）の幹部まで逮捕されるなど，有権者の政治不信を一気に高める事態まで起きた。しかも，分権化とともに汚職は地方にも拡散している。

　ユドヨノ政権の支持率低下を招いた要因としては，ユドヨノ自身の決断力のなさ，革新的政策のなさ，リーダーシップの弱さもメディアでは指摘されることが多かった。確かに，ユドヨノの政権運営をみていると，政権後期になるほど強いリーダーシップが目立たず，政権は安定というより停滞とみなしたほうがよくなってしまった。ただし，それだけではユドヨノ政権，あるいは，ユドヨノ政権時代の政治を正当に評価しているとはいえない。もうひとつ重要なことがある。市民社会勢力の台頭である。

　民主化後，インドネシアでは一連の憲法改正が行われて大統領の権限が弱まり，制度的に国政レベルで三権分立が進んだ。司法機関，立法機関のみならず，既存の機関への不信感から汚職撲滅委員会（KPK）などの独立機関も誕生し，加えて分権化も進んだことから，権力の分散が進んだ。ユ

ドヨノを評価するとすれば，彼がこうした権力の制度的分散に不満を抱いて強権的に権力集中させなかった点である。彼は，各機関，アクター間のバランスを配慮して決断を下すことが多かった。それは，ユドヨノのリーダーシップの弱さと受け取られることもあった。しかし，そのことが結果として，権力の恒常的多元性を保証し，社会からの変革の動きを政治制度内に取り込む可能性を残した。実際，路上でのデモやソーシャル・メディアを通じた市民社会の要望が，ときには国政，地方政治を動かすことがあった。ユドヨノ政権下で，このように市民社会勢力が台頭できたことは，今後の民主主義の質の向上につながる余地を残したことになる。

　民主化後のインドネシア政治については，スハルト権威主義体制からのアクターの連続性に着目するにせよ，資本のもつ構造的権力に着目するにせよ，少数の政治経済エリートによる寡頭支配に着目するオリガーキー論が主流であった[1]。しかし，民主主義が制度として定着すると，政治過程のダイナミズムに着目し，多元主義的側面を指摘した研究や反政府活動家や労働者の政治的影響力を視野に入れた研究も出始めている。そうした民主化後のインドネシア政治研究の変遷は，2014年に出版されたM・フォードとT・ペピンスキーの編著『オリガーキーを超えて』を読むとよくわかる（Ford and Pepinsky 2014）。ただ，こうした研究では，ある政権を分析するということに関心が弱い。しかし，ユドヨノ政権というのは，10年間も続いた民主化後初の長期政権であり，その特徴を理解することはきわめて重要である。というのも，同政権が良かれ悪しかれ一定程度の制度的多元性を保証したことが，インドネシアにおける民主主義の定着につながったからである。政権そのものは多様なアクターに絡み取られて身動きがとれなくなり，政権後半は政治的安定というより停滞という状況に陥った。しかし，制度的多元性を保証していたからこそ，その停滞を脱する動きが市民社会で台頭することができた。以下では，こうしたユドヨノ政権の特徴を国政，地方政治に分けてみていくことにしよう。

第1節　第1次ユドヨノ政権
　　　——改革と政治的安定の5年間——

　ユドヨノは2004年大統領選挙で約6割の得票率で当選し，2009年にも約6割の得票率で再選を果たした大統領である。彼が率いる民主主義者党の国会議席獲得率は2004年で10.2％，2009年で26.4％であり，同党だけでは国会支配力は弱かった。しかし，表6-1をみればわかるように，主要な政党と連立を組むことで，2004年で73.4％，2009年で75.6％の議会支配力を確保することに成功した。しかも，第1次ユドヨノ政権では37閣僚級ポストのうち16ポスト，第2次ユドヨノ政権では37閣僚ポストのうち21ポストを連立与党に配分することで政権の安定実現に努めた[2]。

　また，ユドヨノ政権の時代，イデオロギー対立など深刻な政治対立の契機もなくなった。インドネシアが独立して間もない1950年代の議会制民主主義の時代には，イスラーム系政党と共産党とのあいだでのイデオロギー的対立が激しく，政党政治は不安定をきわめた。それに対して，1998年以後の民主化時代は左翼政党の影響力はきわめて弱く，イスラーム系政党とナショナリズム政党が主流となった。ユドヨノ政権時代ともなると，イスラーム主義政党も含めて各政党が中道化し，連立与党内対立，与野党対立は利権がらみのものになった。フォーマルな政党政治に不満を抱く急進派イスラーム主義者たちへの軍・警察による取締まりが強化され，テロ行為も減った。その結果，SMRCによる世論調査結果を示した図6-1にあるように，第1次ユドヨノ政権は，治安，政治，法の支配で高い評価を受けた。

　ユドヨノは陸軍士官学校をトップで卒業した優等生であり，野戦タイプではなく参謀タイプである。それもあって，決断力がなく (tidak tegas)，政策決定に時間がかかるという批判が向けられてきた。しかし，第1次政権では評価すべき目立った政策も実施してきた。たとえば，2004年12月26日に起きたスマトラ島沖大地震・津波に際しては，パプアで通報を受けてすぐに最大の被災地アチェまで飛び，陣頭指揮にあたった。アチェで

表6-1 主要政党の得票率(A)と国会議席獲得率(B)

(単位:%)

	1999年 A	1999年 B	2004年 A	2004年 B	2009年 A	2009年 B
民主主義者党	-	-	7.5	10.2*	20.9	26.4*
ゴルカル党	22.4	26.0	21.6	23.1*	14.4	18.9*
闘争民主党	33.7	33.0	18.5	19.8	14.0	16.8
福祉正義党	1.4	1.5	7.3	8.2*	7.9	10.2*
国民信託党	7.1	7.4	6.4	9.6*	6.0	8.2*
開発統一党	10.7	12.6	8.1	10.6*	5.3	6.8*
民族覚醒党	12.6	11.1	10.6	9.4	4.9	5.0*
グリンドラ党	-	-	-	-	4.5	4.6
ハヌラ党	-	-	-	-	3.8	3.1
その他	12.1	8.4	20.0	9.1	18.3	0.0
合　計	100.0	100.0	100.0	100.0	100.0	100.0

(出所) 川村・東方 (2010, 19, 23)。
(注) *ユドヨノ政権期の与党。1期目はさらに2小政党 (月星党, 公正統一党) が連立に参加。

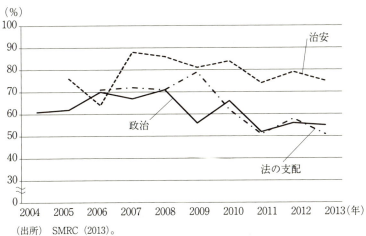

図6-1 ユドヨノ政権を通じて治安, 政治, 法の支配について「良い」および「普通」と答えた人の割合の変化

(出所) SMRC (2013)。

はインドネシアからの分離運動が根強く，それまでは外国人の訪問を厳しく制限していたが，津波による被害の甚大さから，国軍の反対を押し切って海外からの支援を全面的に受け入れる決断をした。しかも，この災害を好機ととらえ，スイスのNGOの支援を受けて，翌2005年にアチェの独立派と停戦合意にこぎつけることに成功し，約30年の対立を経て，独立派は独立運動をやめインドネシア単一共和国にとどまることに同意した。

また，2005年3月と10月には，世界的な石油価格の急騰を受けて，ユドヨノは長年の懸案であった燃料補助金の削減に踏み切った。1998年5月にスハルト長期政権が崩壊した一因は補助金削減決定に対する市民の不満の爆発であり，今回の決定に当たっても強い反対運動が社会でも国会でも起きたが，貧困層への現金給付策を実施するなどの不満解消策も同時に実施することで削減策を貫いた。

汚職問題にも新たな展開があった。スリ・ムルヤニ大蔵大臣のもとで，2006年に租税総局長，関税総局長に学者を起用して税務部門にはびこる汚職体質にメスが入った。さらに，スハルト時代から腐敗してきた司法機関では汚職問題に解決のめどが立たないということから，2002年に独立機関として発足したKPKが2004年から本格始動した。容疑者の盗聴，逮捕，さらには公訴権までもつ強力な同委員会は，高い独立性を誇り，逮捕の様子をメディアで流すなど，司法ポピュリスト的な戦略も用いながら，政府高官，政治家を逮捕していった。ユドヨノは基本的には同委員会の独立性を尊重した。2008年11月に，ユドヨノの親族アウリア・ポハンがKPKにより汚職容疑者となった時には，「権力は制限されねばならない。KPKはとてつもない権力をもっている。神にしか責任を負っていない。気をつけるべきだ」と述べ，KPKに不満を述べた[3]。しかし，ポハンに有罪判決が出るとそれを受け入れた。

また，法案作成にかかる時間は長いものの，図6-2をみればわかるように，第1次ユドヨノ政権時代には法律の国会通過数も増えていった（川村2010）。そして，経済成長も軌道に乗り，2006年には国際通貨基金（IMF）の債務を一括返済し，貧困層の割合も減った。つまり，制度的に権力の分散が顕著な政治体制下で，ユドヨノはKPKの独立性を尊重しつつ，国会

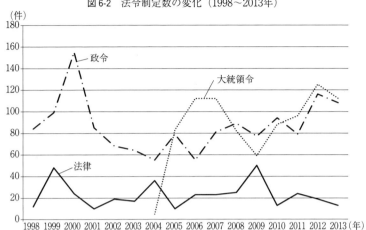

図6-2 法令制定数の変化（1998～2013年）

（出所）インドネシア国家官房ウェブサイト（http://www.setneg.go.id）より筆者作成。
（注）法律は自治体増設関連を除く。

運営を比較的うまく行うことで，第1期はそれなりの成果を収めることができていた。

　国会対策との関係で重要であったのは，国会第1党であり，スハルト体制時代の与党として国家運営に手慣れたゴルカル党との関係であった。まず，副大統領となったユスフ・カラがゴルカル党党首に就いた。同党幹部の実業家アブリザル・バクリを経済担当調整大臣（2004年10月～2005年12月），国民福祉担当調整大臣（2005年12月～2009年10月）として内閣に取り込んだ。カラやバクリがユドヨノの名代として積極的に会派を超えて国会議員にロビー活動を行い，第1次ユドヨノ政権期に国会が試みた6回の内閣への国政調査のうち3回を阻止することに成功し，残りの3回についてもうやむやのままに終わらせた（Purwanto 2012, 236-237）。こうした国会対策も第1次ユドヨノ政権の安定をもたらした。

　しかし，政権後半には汚職問題が政権を揺るがし始めた。KPKが政治家や閣僚に捜査の手を伸ばし，逮捕者も出始め，警察幹部の汚職にも手をつけ始めると，既得権益を脅かされた国会や警察によるKPKへの攻撃が

始まった。2009年4月には警察がKPK委員長を殺人容疑で逮捕し，同年10月，検察と警察がKPK幹部ふたりを収賄と恐喝の容疑者に仕立て上げた。KPK潰しに危機感を抱いた知識人たちからはふたりの釈放を求める声が強まり，フェイスブックなどでも釈放要求が高まった。ユドヨノは司法の独立性を主張して直接的な関与を避けた。そして，ふたりが逮捕された4日後，独立調査委員会を設けて，ふたりの逮捕の妥当性を判断させた。同委員会は，証拠不十分としてふたりの捜査中止を求めた（Haryadi 2009, 39-50）。KPK幹部のふたりは釈放され，KPK潰しの動きに歯止めがかかったものの，直接的な判断を避けたユドヨノは，改革推進を実現せず，既得権益層に迎合するリーダー，リスクを負いたがらない大統領とみられるようになった。

　政権末期ともなると，燃料補助金の削減決定も政権を一気に揺るがすようになった。総選挙を約1年後に控えた2008年5月，ユドヨノは補助金の再削減を決定する。世論の批判を恐れて自らが発表することを避けたものの，この決定により支持率が25％と一気に落ち込み，ライバルの元大統領メガワティの支持率に追い抜かれた。再選できない可能性を恐れたユドヨノは，2008年12月から2009年1月にかけて3回にわたって燃料値下げを自らの決定として発表した。加えて，およそ1900万人の貧困層向けに現金給付策を再び実施することで支持率を50.3％に回復させた（Mietzner 2009, 4）。2009年総選挙が始まると，ユドヨノ，民主主義者党は，貧困率の減少，IMFからの卒業など政権の成果を強調し，資金力にものをいわせた選挙戦を展開した。民主主義者党は第1党に上り詰め，ユドヨノは高い支持率で再選に成功した。しかし，第2次政権に入ると，第1次政権末期に目立ち始めた汚職問題が彼を悩ますことになり，政治も停滞感が目立つようになった。

第2節　第2次ユドヨノ政権——停滞の5年——

　再選したユドヨノは，2010年8月の独立記念日の国政演説において，インドネシアは改革第2の波に突入しており，さらなる変革をする必要性があると訴えた（Yudhoyono 2010）。2011年5月には，インドネシアを2025年には経済10大国入りさせることをめざした「インドネシア経済開発加速・拡大マスタープラン2011～2025年」（MP3EI）を発表した。全国の産地をリンクさせた6つの経済回廊を設け，2025年までに民間を中心とした4兆ドルの投資によって持続的な経済成長を実現しようという野心的なものである。

　こうした意気込みとは裏腹に，全体としてみれば，2期目のユドヨノは改革の波を深化させるより，不安定さの漂う政権の維持に多くの時間を割くことになってしまった。第1次政権と同様に国会の7割を超える与党連合を樹立し，閣僚の半数以上を政党出身者にして政権運営の安定をめざしたものの，連立与党からすれば，憲法で3選を禁止されているユドヨノを支え続ける動機づけはあまりなく，結束が弱まっていった。とりわけ，ゴルカル党などとの橋渡し役であったカラから官僚出身のブディオノに副大統領が代わったことで国会対策が困難となり，2009年からゴルカル党党首となったアブリザル・バクリが第2次政権では閣僚ポストに就かず，政権と距離をおいて次期大統領をめざし始めたことが波乱要因となった。実際，政策の遂行も停滞気味となり，先に示した図6-2をみればわかるように，第2次政権では法律作成数が伸び悩み，ますます国会の承認が不要な政令に頼る姿勢が目立ち始めた。

　そして，新国会が始まって早々に汚職問題が政権を揺るがし始めた。センチュリー銀行問題である。第1次政権時の2008年11月，インドネシア銀行（中央銀行）総裁であったブディオノや大蔵大臣であったスリ・ムルヤニの承認のもとで，経営破綻寸前のセンチュリー銀行という小規模銀行に対して6.7兆ルピアもの公的資金注入が行われていた[4]。2009年10月に開会した国会がその法外な資金注入を問題視し始めた。同年12月には

国会議員503人の署名により，センチュリー銀行問題を調査する特別委員会が発足した。翌年3月には，特別委員会の提案を受けた国会が，KPKなど司法機関に対してブディオノやスリ・ムルヤニの捜査を要求する決議を採択した。採択においては，ゴルカル党（国会第2党）や福祉正義党（同第4党）など連立与党の一部が，ブディオノ更迭により副大統領職を獲得するという政治目的もあって賛成に回り，与党連合がほころび始めた。

ゴルカル党党首バクリは，副大統領職をねらうだけでなく，この問題を通じてユドヨノに揺さぶりをかけ，バクリのビジネス・グループの脱税疑惑などを問題視するスリ・ムルヤニ大蔵大臣の追い落としを画策していた (Mietzner 2013, 156)。与党連合の破綻や，副大統領ブディオノへ捜査の手が及ぶことを恐れたユドヨノは，5月上旬，世界銀行からの要請を受けて，スリ・ムルヤニが同銀行専務理事に着任することを承諾して大蔵大臣ポストから外した。その夜には与党連合の幹部を集めて，連立与党合同事務局の発足を決めた。そして，バクリをトップに据えることで懐柔を図った。いわば，改革派のスリ・ムルヤニを切って，オリガーキー支配の象徴のひとりであるバクリに擦り寄ったのである。これによって，ユドヨノが連立与党の維持を何よりも最優先したことが明らかとなった。

こうした国会との緊張関係がもたらす政権運営の難しさは法律作成数に露骨に出た。2009年には52本（自治体新設法を除くと50本）の法律が国会の承認を経て制定されたのに対し，2010年にはわずかに13本だけになってしまった。2011年に入ると，ユドヨノ自ら率いる民主主義者党幹部の汚職事件が発覚して混迷の度を深めることになった。KPKは，南スマトラ州の競技選手宿泊施設建設，西ジャワ州のハンバラン・スポーツセンター建設に伴う贈収賄事件の捜査に乗り出すと，同党出身の青年・スポーツ担当国務大臣アンディ・マラランゲン，同党党首アナス・ウルバニングルム，財務部長ムハマド・ナザルディンらの関与が明るみに出て，一大政治スキャンダルに発展していった。KPKは6月にはナザルディンを容疑者とし，翌2012年12月にはアンディ・マラランゲンを容疑者，2013年2月にアナスを容疑者とした。自党幹部のみならず，ユドヨノの次男エディ・バスコロ・ユドヨノ（通称イバス）の関与も疑われたために，ユド

ヨノはこの贈収賄事件に翻弄されることになった。

　イスラーム的倫理と清廉さを売りにして党勢拡大に成功し，連立与党の一翼を担う福祉正義党にも汚職捜査の手が伸びた。2013年1月，輸入牛肉割当てをめぐる贈賄容疑でKPKは同党党首ルトゥフィ・ハサン・イシャアクを現行犯逮捕したのである（岡本2013）。民主主義者党の支持率は2009年4月の21％から2013年10月には8％，福祉正義党の支持率は同時期に8％から2％に落ち込んだ（SMRC 2014）。そして，ユドヨノ政権そのものの支持率もジリジリと下がっていった。法律作成数も2011年24本，2012年24本（自治体新設法を除くと19本），2013年24本（自治体新設法を除くと14本）と伸び悩んでおり，汚職事件による国会での紛糾が政権運営の大きな障害になってしまった。

第3節　停滞下での市民社会勢力の台頭

　第2次政権になるとユドヨノは連立与党の汚職問題に翻弄されてしまった感がある。しかし，幾つか画期的な動きもあった。それは，ユドヨノが望んだというより，制度的にも実体的にも権力の分散が顕著な政権であり，ユドヨノが世論の動向に敏感であったために，市民社会勢力がデモやロビー活動を通じて影響力を行使できる余地があったからである。先述したKPK幹部ふたりの勾留に際しては，フェイスブックやツイッターで釈放を求める声が高まり，ユドヨノや独立委員会もその声を無視できなかったことが釈放につながった面もある。また，国民皆保険をめざした「社会保障庁に関する2011年第24号法」が制定されるにあたっては，労働組合，社会団体，学生団体のデモや陳情が重要な役割をはたしていた（増原2014）。

　もうひとつ重要な法律は，2014年1月にユドヨノが署名して公布された村落に関する2014年第6号法（以下，村落法）である。村落については後述の地方行政に関する2004年第32号法で規定されていたものの，独立した法律が必要ということから，中央政府が草案を準備していた。一方，

市民社会のなかからも，村落自治を強化するような村落法の制定を求める声が上がり始めた。ジャワやバリの（元）村長，（元）村役人などが結成した社会組織，ヌサンタラ村落民連合（Parade Nusantara）は2006年頃から，第32号法の改正を求めるデモを始めていた。ジョグジャカルタ特別州のNGOで村落エンパワーメントに尽力してきた調査エンパワーメント研究所（IRE）も新村落法制定の必要性を訴えていた。第32号法で問題だったのは，同法以前に村落行政を規定していた1999年第22号法と比べても村落自治権が弱められてしまっていたことである。また，そもそも村落自治を強化するだけの予算措置がないことにも不満があった。

　2009年総選挙の時には，闘争民主党（PDIP）の国会議員候補ブディマン・スジャトミコが村落への補助金枠拡大を盛り込んだ村落法制定要求を支持して選挙戦を展開し，当選を果たす。2010年2月には，ヌサンタラ村落民連合の呼びかけで，4万人近い全国の村長が集まって国会で村落法制定を求めるデモを行った。それでも内閣も国会も反応は鈍かったことから，ブディマンらは全国の村落を訪れて村落法制定への支持を拡大していき，国会でデモを繰り広げた（Sudjatmiko 2014, 338-575）。こうした市民社会の長期にわたる訴えが2014年1月の村落法制定に結び付いた。同法により，国家予算の10%が村への補助金となり，1村当たり平均14億ルピアの予算が措置されることになった。

　ただし，IREなどのNGOには，村落法制定までに7年もの時間を要したことに反省の声も上がっており，より効率的かつ効果的に市民社会の要望を立法府と政府に反映させるための方法が模索された。そのひとつの現れが，2013年1月の政策調査ネットワーク（PRN）の誕生である。PRNは，アメリカ合衆国国際開発庁（USAID）の支援を受けて，戦略国際問題研究所（CSIS），インドネシア大学経済学部経済社会研究所（LPEM FEUI），IRE，パラマディナ公共政策研究所，女性問題研究所が発足させたNGOネットワークである。その目的は，データに基づく実証研究を行うNGOがネットワークをつくり，政策に影響を及ぼすことである。現在，PRNは，国会に所属する専門スタッフからなるインドネシア国会専門スタッフ組合（Asosiasi Tenaga Ahli Parlemen Indonesia）にアプローチして，法案作成段

階で政策インプットを行う考えである[5]。

　ユドヨノ政権は後半に入るほど，安定というより汚職問題などにより停滞が目立ってしまった。その一方で，NGOやその他の市民社会勢力がデモやソーシャル・メディアを通じて要望を発信し，ときにそれが国政に大きな影響力をもったのもユドヨノ時代であった。

第4節　地方政治の安定・停滞

　ユドヨノ政権時代，国政同様，地方でも政治が安定し始めた。1998年にスハルト体制が崩壊した頃，東ティモール，アチェ，パプア，リアウ，東カリマンタンなどの各州で分離運動が盛り上がり，2002年には東ティモールが実際に独立をはたした。その他の地方でも集権的な統治に対する不満が強まり，権威主義体制崩壊に伴う混乱で政治的不安定が広がっていた。ジャカルタやソロなどで反華人暴動，ポソやアンボンでは宗教紛争，中・西カリマンタンではエスニック紛争が起きた。また，社会不安の広がりから，宗教やエスニシティといった水平的社会的亀裂が政治化しやすくなった。1997年のアジア通貨危機に伴う経済情勢の悪化で貧困層が急増し，労働者たちは労組をつくってデモを繰り広げ，農民たちのなかには農地の不法占拠に乗り出すものが現れるなど，垂直的社会的亀裂も先鋭化した。

　民主化とともに始まった分権化はこうした地方レベルでの不安定と混乱の緩和をもたらした。民主化後の新しい地方行政，中央地方関係を規定するふたつの法律（地方行政に関する1999年第22号法，中央地方財政均衡に関する1999年第25号法）が策定され，2001年から施行された。この2法は，わずか半年余りの国会審議で制定されたスピード法で，しかも，第1級地方自治体である州（provinsi）と第2級地方自治体である県（kabupaten）・市（kota）のあいだのヒエラルキーをなくし，ビッグバン・アプローチと称されるほど一気に，おもに第2級地方自治体の県・市に人事・事務権限，財源を移譲した。自治体の新設も認め，分離運動の起きていたリアウやパ

プアでは中央政府が州を積極的に分割し，県・市の数を増やした。

　こうした結果，地方のリソースが増え，分離独立する意義が減少したうえ，自治体新設により分離運動のまとまりが弱まった。また，総じて，地方政治は中央への異議申立てではなく，地方エリートによる地方リソースの奪い合いとなった。仮に一地方自治体で不満があれば，その自治体から分離した新設自治体をつくればよくなった。エスニシティや宗教といった水平的社会的亀裂に沿った自治体分割が起き，また，地域間格差を解消するための自治体分割が起きた。アイデンティティや格差に基づく政治対立軸が減少することで，地方政治の安定が生まれた（岡本2015）。

　第1次ユドヨノ政権期の2005年，メガワティ政権末期に1999年第22号法に代わる地方行政法として国会を通過した2004年第32号法の本格的施行が始まった。その目玉は，地方議会が地方首長を選ぶ制度に代わって地方首長公選制が導入されたことである。公選制実施前には，地方エリート間の選挙戦が激化し，政治的混乱が各地で起きることが危惧されていた。しかし，予想以上に平穏無事に首長公選は行われた。内務省のデータによると，2009年までの486首長選で，暴動が起きて紛争解決に3カ月以上かかったケースは6件のみである[6]。あるいは，インドネシア科学院（LIPI）の報告書は，2005年から2008年までのおよそ500の首長選のうち物理的暴力が行使されたのは3％未満との調査結果をはじき出している（ICG 2010, 3）。

　そもそも選挙の暴力化があまり起きていないうえに，暴力化した事例でもその原因は純粋に地方エリート間の権力闘争，支持者間の対立であり，社会的亀裂に沿った大規模な動員をもたらさなかった。というのも，正副首長候補は，できるかぎり多くの有権者の支持を得ることをひとつの目的として，異なる社会集団を代表するペアからなることが多く，宗教やエスニシティといった自治体内の社会的亀裂が必ずしも争点化しなかったからである。しかも，各政党は首長選で勝利することを目的として，地方ごとに異なる政党と連立して正副首長候補を擁立した。中央政界では野党であることを強調している闘争民主党も，地方首長選では民主主義者党，ゴルカル党，福祉正義党など与党と連立を組んでおり，中央政界の対立は地方

政界の対立に直結しなかった。こうしたことが地方政治の安定につながった。

しかし，国政同様，政治的安定が政治の質的向上につながっているとは必ずしもいえない。地方首長が地方公務員人事を掌握したことで，専門性を度外視した人事が横行する自治体が現れ，また，採用・昇進にあたってはコネやカネが不可欠の場合もあった。あるいは，首長選で勝利した候補者をサポートした公務員が論功行賞の意味合いで昇進する事例も起きた。

短絡的に地方税・利用者負担金を課す条例・条例案をつくる自治体が増え，大蔵省は2008年までにそうした条例・条例案を1万2000以上も受理していた（岡本2012, 54）。また，分権化は環境破壊も引き起こした。県や市が100ヘクタール以下の小規模な伐採権を発行できるようになったことから森林伐採が加速した。自治体が炭鉱開発許可権を発行できるようになったことで炭鉱開発も一気に進んだ。2014年までに1万776の許可権が出され，県・市が出した8000の許可のうち，4807の許可に問題があった[7]。

汚職の地方への拡散が目立つようになった。2014年9月，内務省報道官は，内務省のデータに基づき，2005年から2014年8月までに汚職事件に関与したものは，正副首長331人，地方公務員1221人，地方議会議員3169人に達すると述べた[8]。

2014年7月時点で548の自治体があることからすれば，単純計算すれば約6割の自治体の正副首長のどちらかが汚職事件で逮捕されたか，容疑がかかっていることになる。石油資源，森林資源の豊富なリアウ州に至っては，分権化が始まってから3人続けて州知事が逮捕されている。地方への汚職の拡散について，内務省は，首長公選制が選挙コストを引き上げているために，当選した正副首長は資金回収する必要があるからだとした。

もうひとつ顕著になり始めたのが自治体の一族支配である。2013年10月，内務大臣は57の正副首長が地方の一族支配を行っていると述べた[9]。元首長の妻や子息が首長ポストを継いだり，州知事の子息が同州内の県知事や市長になったりするケースが目立ち始めている。その典型はバンテン州である。2011年には州知事の義理の母親，実妹，異母弟，異母妹が同

州内の正副県知事・市長ポストに着任しており，一大王国を築いていた（岡本 2012, 62）。

第5節　中央による地方統制強化

　内務省は，分権化のもたらしたさまざまな悪影響を放置していたわけではない。中央政府の統制，州による県・市の統制強化によって分権化の軌道修正を行ってきた。そもそも，1999年第22号法に代わる2004年第32号法では早くも中央政府，州，県・市の権限分有を決めた。そして，人事についても州の官房長官任命については内務大臣との協議を義務づけ，県・市の官房長官，局長，庁長官などの高官任命にあたっては州知事との協議を義務づけた。県知事・市長が人事権を独占している郡長などミドル・レベルの人事で問題が横行したことから，2011年に内務大臣は専門性を無視した不適切な人事を禁止する通達を出した。地方税・利用者負担金についての条例の増加については，2009年第28号法で課税・課金可能な対象を明記し，それに反した自治体には制裁を課すという規定を加えた。

　ユドヨノ政権末期の2014年9月末，こうした統制強化の最終段階として，政府は，州知事，県知事，市長選挙に関する法案，および2009年第32号法に代わる地方行政法案を国会に提出した。地方行政法案では，林業分野や炭鉱分野での県・市の権限はほぼなくなった。すべての分野について中央政府，州，県・市の権限分有の詳細を添付資料で明記して，中央政府の統制強化の意図を明確にした。さらに，首長の両親，義理の両親，叔父母，兄弟姉妹，義理の兄弟姉妹，子息は首長候補になることを禁止する規定を設けて一族支配を阻止しようとさえした[10]。

　最も重要な点は，首長公選の廃止，地方議会による首長選出制度の導入であった。有力な知識人たちは首長公選廃止に強く反対し，また，世論調査でも反対意見が圧倒的であった。国会でも当初は首長公選の廃止には反対の声が強く，法案を提出した内務省は首長公選廃止を断念しかけた。しかし，10月から野党となることが決まった政党が連合を組み，首長公選

廃止に乗り気になり始めた。そして、国会での投票においては、ユドヨノ率いる民主主義者党が投票前に退席し、野党連合が多数派となったため、首長公選廃止を含むふたつの法案が国会を通過した[11]。

内務省が首長公選廃止を主張した理由は、首長公選での選挙コストの高さが汚職の動機となっているというものであったのに対し、野党連合の動機はきわめて政治的であった。第4章でも指摘されているように、2014年総選挙結果に基づけば、野党連合は33州中31州の州議会で多数派である[12]。野党連合の思惑は、野党連合の推す候補を州知事にして州政を牛耳り、次の2019年選挙で勝利するというものであった。

一方、9月上旬時点で首長公選廃止に同調していた民主主義者党は、国会での投票日が近づくと、世論の動向を意識したユドヨノの要望により条件付きで首長公選支持に回った。しかし、奇妙なことに、同党は投票前に退席をしてしまったために、首長公選廃止を決めた法律が国会を通過したのである。予想外の結果に驚いたユドヨノは外遊先のアメリカ合衆国から、首長公選廃止は民意を反映しておらず、民主主義の後退であると批判するインタビューをユーチューブで流した。外遊帰国後の9月30日、ユドヨノは、国会を通過した2法（地方議会による首長選出を規定した2014年第22号法、地方行政を規定した2014年第23号法）に署名し、その2日後の10月2日にその第22号法、第23号法を改正した2015年第1号法律代行政令、第2号法律代行政令を施行した。第1号法律代行政令は、第22号法で規定した地方議会による首長選を否定して首長公選を維持することを定めており、第2号法律代行政令は、第23号法のなかでも地方議会による首長選にかかわる条項を破棄した。ユドヨノは中央政府による地方統制を強化することには同意しながら、地方首長公選を維持して世論の批判を何とか切り抜けて任期を終えようとしたのである[13]。

第6節　地方政治の改革の動き

　民主化・分権化が地方政治・行政の混乱を生み出す一方で，政治的自由度が増した地方では新しい動きも起きている。ひとつは，とりわけ首長公選により多様な社会的背景をもつ首長が現れ，これまでとはまったく異なる改革志向の首長が台頭してきたことである。その筆頭は，貧困家庭から実業家となり，ソロ市長，ジャカルタ首都特別州知事，そして大統領にまで上り詰めたジョコ・ウィドド（通称ジョコウィ）である（第3章および第4章を参照）。

　改革派と目される地方首長はほかにもみられる。東ブリトゥン県知事として健康保険制度を導入し，行政改革に取り組んだ華人初の首長バスキ・チャハヤ・プルナマ（通称アホック）は，バンカ・ブリトゥン群島州知事選，北スマトラ州知事選で敗北した後，ジョコウィと組んでジャカルタ州副知事に選ばれた。ジョコウィの大統領就任後は，ジャカルタ州知事となり，行政改革，インフラ整備などに取り組んでジャカルタ市民の高い評価を得ている。あるいは，スラバヤ市長を2期務める地方公務員出身のトリ・リスマハリニ（通称リスマ）は同市の緑化政策で人気を集めている。バンドン市長に2013年に着任した建築家のリドワン・カミルはソーシャル・メディアを使って頻繁に市民と対話を重ねつつ，創造性を重視したプログラムをつぎつぎと実施し始めている。「バンドン市の1週間の行事」というプログラムでは，月曜日は学生たちには市が用意した公共バスで通学を求め，水曜日はスンダ文化の衣装を着ることを求め，木曜日は英語を話す日にするなど，バンドン市民の意識改革を求めている。

　こうした首長の改革の動きと並んで重要なことは，地方での市民社会勢力の台頭である。警察や国会によるKPKへの攻勢への反発，首長公選廃止反対，国民皆保険制度支持，村落法制定支持などにみられるように，ソーシャル・メディアなどを中心として市民社会の声が国政に反映されていると先に指摘した。同様の動きは地方レベルでも起きている。とりわけ画期的なことは，地方での汚職事件にはたす市民社会勢力の役割である。

NGO 活動家や学生活動家が独自の情報源を使って首長などの汚職を暴き，反汚職デモをしたり，ソーシャル・メディアで報道したりするだけでなく，KPK にそうした汚職の捜査を求める動きは各地で起きている。汚職で批判される首長などからすれば，彼らの動きは許しがたい。それゆえ，彼らは，さまざまな脅迫や物理的暴力に晒されることになる。それでも汚職批判を続けることができるのは，首長のライバル政治家や実業家が陰に陽に支持しているだけでなく，首都ジャカルタで活動する反汚職運動と連携しているからである。なかでも，インドネシア汚職ウォッチ（ICW）は彼らにとって重要な連携先である。ICW などとの連携がなく，地方で反汚職活動を続けるだけでは，地元の政治経済エリートに容易に潰されてしまうが，KPK などとも緊密な連携をとっている ICW とのネットワークがあれば，汚職の嫌疑がかかる地方政治家や実業家も手を出しにくいのである。

　2013 年末から 2014 年初めにかけて，KPK はバンテン州と同州内の多くの県・市を牛耳って一大王国を築いていたラトゥ・アトゥット・ホシヤとその異母弟トゥバグス・ハエリ・ワルダナ（通称ワワン）を逮捕して世間を驚かせた。アトゥット一族は，中央政界とも強いパイプをもち，地方政界を支配していたことから，地元の多くの人びとは彼らが逮捕されるとは思っていなかった。しかし，地元の NGO 活動家や学生活動家のなかには ICW と連携しながらアトゥット一族の汚職を批判し続けていた者もいたのである。彼らが根気よく批判を続け，汚職の実態を白日のもとに晒す努力をしてきたからこそ，KPK もアトゥット一族支配に切り込むことができた。そして，アトゥットとワワンの逮捕により，バンテン社会において一族支配への批判が公然と行われるような状況が生まれ，新たなバンテン社会をつくろうという社会変容の動きも始まった。

　ICW は，地方に支部をもつわけではなく，全国の汚職に目を配るだけの人材がいるわけではない。アチェ州，北スマトラ州，リアウ州，西ジャワ州ガルット県，中ジャワ州ブリタル県など各地に合計 48 のローカル・パートナーをもっており，彼らと連携して反汚職運動の地方での拡大をめざしている[14]。

　ICW のローカル・パートナーのなかでも，東ジャワ州マラン市にある

マラン汚職ウォッチ（MCW）は息の長い活動を続けている。MCWは，スハルト体制崩壊前から討論グループをつくっていた学生活動家たちがICWの誕生に刺激を受けて2000年に結成したNGOである。イデオロギー的には，当初のマルクス主義的階級論から徐々にグラムシ的立場に移行していき，また，反汚職デモを繰り広げた発足時のスタンスから，汚職をなくすための住民意識の改革に乗り出して，20ほどの住民グループを組織化している。また，ICWなどからの外部資金に頼るのみならず，出版活動からの利益も活動資金にし始めるなど，自立的かつ長期的な反汚職活動へと広がりをみせている。

　MCW活動家になるには，半年間の仮採用期間を経る必要がある。そのあいだにMCWの活動に真摯に取り組んだものが採用され，政党活動は認められない。発足当初から活動を支えてきたルトゥフィー・クルニアワンは，市長候補などにも挙げられながら政治活動はせず，市民社会の強化に専念している[15]。今では，MCWはICWにとって地方でのモデルケースとなっている。

　もうひとつ興味深いのは，急進派イスラーム主義者たちも反汚職運動に関心を寄せ始めたことである。バンドンにあるNGO，司法マフィア撲滅運動は，毎週，役所や地方検察庁前で西ジャワ州や同州内の県・市の汚職捜査を求めるデモを繰り広げている。そのトップはキリスト教徒のバタック人でありながら，ジャカルタに本部のあるNGOの45年闘士・反汚職部隊（LAKI P.45）のメンバーともなっている。この反汚職部隊はイスラーム急進派の組織であるイスラーム防衛戦線（FPI）の指導者らが関与して発足した組織である[16]。イスラーム的倫理からしても反汚職は重要であり，この部隊は支持を拡大し，支部の全国展開をし始めている。

　たとえば，この部隊は，インドネシアで最も豊かな自治体クタイ・カルタヌガラ県の県知事と合意書を結んだ。その合意内容は，同部隊のメンバーが社会の末端にある隣組レベルまで汚職のチェックをするというものである[17]。FPIといえばイスラーム的倫理を御旗に掲げ，売春宿やディスコなど反モラル的な場所を襲撃するなど，暴力の行使もためらわない組織という印象が強かったが，反汚職をテーマとすることで，活動の場の拡

大に努めている。実態としてどこまでこの部隊が清廉なのかは不明であるが，ICW とはまったく異なる形でのイスラームからの市民社会運動であることには間違いない。

第 7 節　ユドヨノからジョコウィへ

　国政をみても，地方政治をみても，ユドヨノ政権の 10 年間というのは，よくいえば安定の 10 年間であり，後半に着目すれば停滞の 10 年間であった。権力の多元化が制度化され，拒否権ポイントが多いことからすれば，そもそも思い切った改革をすることは難しいため，政治的停滞が起きやすい。しかし，有権者は，そうした制度的側面よりも，ユドヨノの弱いリーダーシップと現状維持的な政権運営に停滞の原因を求めた。だからこそ，第 3 期目のないユドヨノに代わる次期大統領を選ぶ 2014 年選挙では，ユドヨノとはまったく異なるタイプのふたりの候補者，プラボウォ・スビアントとジョコウィが選挙戦を戦うことになった。陸軍エリートとしての経験とそこからくる強いリーダー像を打ち出したプラボウォにせよ，庶民派として有権者との直接的コミュニケーションを重視し，また，自治体首長としての実績を武器とするジョコウィにせよ，ユドヨノに欠けているものを積極的にアピールすることで選挙戦を戦った。

　僅差とはいえジョコウィが大統領選で勝利したことは何を意味するのであろうか。仮にプラボウォが勝っていれば，強いリーダーシップのもとで汚職撲滅やエリート支配の打破を理由として，制度的権力分散状況を変更し，集権的な政治体制樹立をめざし，首長公選も廃止しようとしたであろう。有権者も強いリーダーシップを期待して，制度的多元性を否定することに同意したかもしれない。

　一方，ジョコウィは低所得者層の社会的出自の実業家であり，民主化・分権化がなければ大統領候補になることもなかった人物である。大統領選では，闘争民主党，ナスデム党，民族覚醒党（PKB）などの政党からの支持に加え，スランクなど有名アーティストや芸術家，政治に関心のなかっ

た一般市民らがボランティアとなって選挙キャンペーンを支えた（第4章参照）。既存のエリートに不満を抱いていたボランティアは，首長時代の業績，庶民派としての近づきやすさ，有権者との高いコミュニケーション能力，ヘビメタ好きといった，これまでの政治家とはちがうジョコウィの魅力に共鳴した者たちである。彼らからすれば，既存の政治家たちは汚職した，信頼できない連中である。こうした市民社会勢力の支持を受けて大統領に選ばれたジョコウィとしては，この勢力から支持され続けることが不可欠である。そのためには，市民社会からの要望を積極的に取り入れるだけでなく，制度的権力分散の仕組みを維持し，KPKなどの独立機関の行動範囲を広げる努力をすることが必要である。それは必然的に，ユドヨノ時代と同様に，あるいは，それ以上に権力闘争が顕在化し，可視化し続けることを意味し，結果として，リーダーシップなき大統領との刻印を押されてしまう可能性が高いということになる。

おわりに ──多難なジョコウィ政権──

　ジョコウィ政権は，制度的権力分散の仕組みを維持したまま，うまく政権運営をして，彼の望んだ政策を実現することができるであろうか。率直にいって厳しいといわざるを得ない。ユドヨノとちがい，ジョコウィは国政の経験がない。国政の素人だからこそ支持を得て大統領になることができたとはいえ，手練手管に長けた国会議員と渡り合うことは簡単ではないし，彼をサポートするインナーサークルがどこまで機能して，国会運営を含めて国家をマネージできるのかは未知数である。政権発足から3カ月ほどで，KPKが国家警察長官候補に汚職の嫌疑をかけたことで，それに猛反発した警察がKPK委員長ほか幹部を根拠薄弱な容疑で逮捕する事態が起きている。国会にはKPKの捜査の「行き過ぎ」に反発する声が前からあり，KPKの独立性は失われる可能性も出てきている。市民社会からはKPKを救済しようという動きが起きており，ジョコウィの動向が注目されている。

ジョコウィ政権が汚職撲滅を重視し，行政改革を推進する姿勢を保ち続けるかぎり，こうした対立は今後も起き続ける。そうしたときに重要なことは，地方も巻き込んだ形で，ICWやMCWなどのような組織が長期的な視野に立って民主主義の質を高める努力をし続けることである。政権運営に当たりジョコウィは，国会や他の国家機関とさまざまな妥協をすることは確実であるにせよ，こうした市民社会の長期的な努力を支持し続けるであろう。それは長期的な民主主義の定着にとって決定的に重要である。

〔注〕
(1) オリガーキー論の代表的な作品は，Robison and Hadiz (2004)，Winters (2011) である。ほかにも，スハルト体制期との政治アクターの連続性を強調するものとして，D・スレイターのふたつの論文（Slater 2004; 2006）も挙げることができる。民主化のもつこうしたパラドックスについては，たとえば，本名（2013）を挙げることができる。
(2) 残りのポストは専門家，官僚，軍人などにあてがわれた。"Komposisi Kabinet dari Era Soeharto Sampai Jokowi"［スハルト時代からジョコウィまでの内閣の構成］, Tempo.co (http://www.tempo.co), 16 September 2014.
(3) "Ramai-ramai Menggempur Komisi Antikorupsi"［反汚職委員会への攻撃激化］, Tempo, 6 July 2009.
(4) 第1次ユドヨノ政権末期の2009年7月から国会はこの公的資金注入を問題視し始めていたが，第2期に入り問題追求が本格化し始めた。
(5) PRN（2014），およびアブドゥル・ロザキ（IRE副所長）とのインタビュー，2014年10月27日，ジョグジャカルタ市。
(6) ジョヘルマンシャ・ジョハン（内務省地方自治総局長）とのインタビュー，2013年1月10日，東京。
(7) "Kepala Daerah Tak Boleh Keluarkan Izin Tambang"［地方首長は鉱業許可を出してはならない］, Tribun News (http://www.tribunnews.com), 17 October 2014.
(8) "Penyalahgunaan Kewenangan Pejabat"［役人の権限乱用］, SUARAMERDEKA.com (http://berita.suaramerdeka.com/), 28 May 2015.
(9) "Mendagri: 57 Kepala daerah melakukan politik dinasti"［内相：57地方首長が王朝政治を行っている］, Merdeka (http://www.merdeka.com), 18 October 2014.
(10) 2015年7月，親族に首長選出馬を認めない規定は憲法違反であるとの判決を憲法裁判所は下したので，中央政府の強引な一族支配阻止の試みは失敗に終わっている。
(11) "Dua Kaki Skenario Mercy"［民主主義者党のふたつのシナリオ］, Tempo, 5 October 2014.

⑿ "UU Pilkada Sah, Koalisi Prabowo Borong 31 Gubernur"［地方首長選挙法が可決，プラボウォ連合が31州知事を押さえる］，Tempo.co（http://www.tempo.co），8 September 2014.
⒀ 法律代行政令は，制定後に国会の承認を得て法律となる。第1号法律代行政令にせよ，第2号にせよ，ユドヨノが署名したのは任期終了直前であり，国会で審議に付されるのは次期政権に入ってからのこととなった。それゆえ，仮に次期国会がふたつの法律代行政令を承認しなかったとしても，ユドヨノへのマイナスイメージとはならない。
⒁ アブドゥラー・ダフラン（ICW政治汚職部門コーディネーター）とのインタビュー，2014年10月29日，ジャカルタ。
⒂ Wicaksono, Prayogo and Rahmadhani（2014），およびルトゥフィー・クルニアワン（MCW執行部）とのインタビュー，2014年10月20日，マラン市。
⒃ トルキンス・パルラウンガン（司法マフィア撲滅運動トップ）とのインタビュー，2014年9月4日，バンドン市。
⒄ LAKI P. 45（2014），およびアルディアンシャ・ハンバリ（LAKI P.45組織部門長）とのインタビュー，2014年9月8日，ジャカルタ。

〔参考文献〕

<日本語文献>
本名純　2013.『民主化のパラドックス――インドネシアにみるアジア政治の深層――』岩波書店.
川村晃一　2010.「インドネシアの大統領制――合議・全員一致原則と連立政権による制約――」粕谷祐子編『アジアにおける大統領の比較政治学――憲法構造と政党政治からのアプローチ――』ミネルヴァ書房　135-175.
川村晃一・東方孝之　2010.「国会議員選挙――民主主義者党の勝利と業績投票の出現――」本名純・川村晃一編『2009年インドネシアの選挙――ユドヨノ再選の背景と第2期政権の展望』アジア経済研究所　13-38.
増原綾子　2014.「変わるインドネシアの社会保障制度」末廣昭編『東アジアの雇用・生活保障と新たな社会リスクへの対応』東京大学社会科学研究所　167-194.
岡本正明　2012.「逆コースを歩むインドネシアの地方自治――中央政府による『ガバメント』強化への試み――」船津鶴代・永井史男編『変わりゆく東南アジアの地方自治』アジア経済研究所　27-66.
―――　2013.「インドネシアにおけるイスラーム主義政党の脱モラル化」小杉泰編『環インド洋地域における宗教復興・テクノロジー・生命倫理』京都大学大学院アジア・アフリカ地域研究研究科附属イスラーム地域研究センター・同附属現代インド研究センター　75-86.
―――　2015.『暴力と適応の政治学――インドネシア民主化と地方政治の安定』京都大学学術出版会.

＜外国語文献＞
Ford, Michele and Thomas B. Pepinsky, eds. 2014. *Beyond Oligarchy: Wealth, Power and Contemporary Indonesian Politics.* Ithaca: Cornell University Press.
Haryadi, Rohmat. 2009. *Chandra-Bibit: Membongkar Perseteruan KPK, Polri dan Kejaksaan.* ［チャンドラービビット：汚職撲滅委員会，警察，検察のあいだの対立を暴く］Jakarta: Hikmah.
ICG (International Crisis Group). 2010. *Indonesia: Preventing Violence in Local Elections.* Asia Report No. 197, Jakarta and Brussels: ICG.
LAKI P. 45. 2014. *Kesepakatan Bersama dengan Mengucapkan Syukur Kehadiran Swt. Bupati Kabupaten Kutai Kartanegara dan Laskar Anti Korupsi Pejuan 45.* ［神のご加護のもとでのクタイ・カルタヌガラ県知事と45年闘士反汚職部隊との合意書］Jakarta: LAKI P. 45.
Mietzner, Marcus. 2009. *Indonesia's 2009 Elections: Populism, Dynasties and the Consolidation of Party System.* Sydney: Lowy Institute for International Policy.
────── 2013. *Money, Power, and Ideology: Political Parties in Post-Authoritarian Indonesia.* Singapore: NUS Press.
PRN (Policy Research Network). 2014. *PRN Newsletter No. 2,* Jakarta: Sekretariat PRN.
Purwanto, Wawan H. 2012. *Turmoil of the Juristical Politics in Indonesia: Uncovering the Cases of Antasari Azhar, Bank Century, Susno Duadji and Gayus Tambuna.* Jakarta: CMB Press.
Robison, Richard and Vedi R. Hadiz. 2004. *Reorganizing Power in Indonesia: The Politics of Oligarchy in an Age of Markets.* London and New York: RoutledgeCurzon.
Slater, Dan. 2004. "Indonesia's Accountability Trap: Party Cartels and Presidential Power after Democratic Transition." *Indonesia* (78) October: 61-92.
────── 2006. "The Ironies of Instability in Indonesia." *Social Analysis* 50 (1) Spring: 208-213.
SMRC (Saiful Mujani Research and Consulting). 2013. Tumbulnya Kaum Demokrat Kritis: Refleksi Publik 15 Tahun Demokrasi Indonesia. ［批判的な民主主義勢力の台頭：インドネシア民主化15年目の世論の意見］(updated 19-27 Desember 2013).
────── 2014. Efek Kampanye Terbuka dan Calon Presiden pada Peta Kekuatan Partai Politik Menjelang Pemilu 2014: Temuan Survei Nasional 26-29 Maret 2014. ［野外選挙キャンペーンと大統領候補が2014年選挙における政党勢力図に及ぼす影響：2014年3月26日〜29日の全国世論調査結果］.
Sudjatmiko, Budiman. 2014. *Anak-Anak Revolusi: Buku2.* ［革命の子どもたち：第2巻］Jakarta: Gramedia.
Wicaksono, Pandu, Yogi Fachri Prayogo and Hesti Rahmadhani, eds. 2014. *Ilusi Demokrasi Lokal: Refleksi Gerakan Antikorupsi Organisasi Masyarakat Sipil.* ［地方での民主主義の幻想：市民社会組織反汚職運動の回想］Malang: Intrans

Publishing.
Winters, Jeffrey. 2011. *Oligarchy*. Cambridge: Cambridge University Press.
Yudhoyono, Susilo Bambang. 2010. *Pidato Kenegaraan Presiden Republik Indonesia dalam Rangka HUT Ke-65 Proklamasi Kemerdekaan Republik Indonesia di Depan Sidang Bersama Dewan Perwakilan Rakyat Republick Indonesia dan Dewan Perwakilan Daerah Republik Indonesia.* ［インドネシア共和国国会および地方代表議会でのインドネシア共和国第65回独立記念日におけるインドネシア共和国大統領国政演説］.

第7章

ユドヨノ政権期経済の評価
―― 所得と雇用,格差の分析 ――

東方 孝之

はじめに

　本章では,高い経済成長と失業率の低下が観察されたスシロ・バンバン・ユドヨノ政権期10年の経済について,その背景を探りつつ概観する。分析にあたっては,1990年代後半以降の歴代政権との比較を通じて,同政権の特徴をあぶりだすことにする。また,直感的に把握できるよう,基本的には図表を用いながら分析を試みたい。

　本論に入る前に,2009年10月,第2次ユドヨノ政権が発足した当初を振り返るところから話をはじめたい。当時のインドネシアは,2008年の世界的金融危機にもかかわらず底堅い経済成長を維持しており,発足直後の同政権に世界の注目が大きく集まり始めていた時期であった。たとえば,第2次政権発足直前の2009年9月には,イギリスの *The Economist* 誌がインドネシア特集を組み,その潜在的な成長可能性を指摘している。その特集内では,人口構成や都市化,それまでの緊縮財政策の成果,そしてユドヨノ大統領再選による改革の可能性や,法制度上の欠陥にもかかわらず政治的に安定している点がその根拠として挙げられていた[1]。このように世界の注目が集まりつつあった2010年2月,ユドヨノ大統領は「2010

表7-1　国家中期開発計画と現実値（2010～2014年）

		2010年	2011年	2012年	2013年	2014年
経済成長率（％）	目標値	5.5～5.6	6.0～6.3	6.4～6.9	6.7～7.4	7.0～7.7
	現実値	6.2	6.5	6.3	5.7	5.1
1人当たり所得	目標値	2,555	2,883	3,170	3,445	3,811
（米ドル）	現実値	2,977	3,525	3,751	3,670	3,531
完全失業率（％）	目標値	7.6	7.3～7.4	6.7～7.0	6.0～6.6	5.0～6.0
	現実値	7.1	7.5	6.1	6.2	5.9
貧困人口比率（％）	目標値	12.0～13.5	11.5～12.5	10.5～11.5	9.5～10.5	8.0～10.0
	現実値	13.3	12.5	12.0	11.4	11.3

（出所）　国家中期開発計画（大統領令2010年第5号）の第1冊表3、ならびに中央統計庁（BPS）のウェブサイト資料（http://www.bps.go.id/）、および2015年2月5日付報告書（Berita Resmi Statistik No.12/02/Th.XVIII）を基に筆者作成。
（注）　経済成長率は2000年価格表示。完全失業率は8月時点、貧困人口比率は3月時点の推計値。

～2014年国家中期開発計画」（大統領令2010年第5号）を発表した[2]。同計画内では多岐にわたってさまざまな数値目標が掲げられているが、そのなかからマクロ経済に関する主要な目標値のみを拾い、現実値と比較できるようにまとめたのが表7-1である。表からは、経済成長については、2012年以降になると当初の計画を達成することはできなかったこと、そして、いささか野心的な7％成長の達成も幻に終わったことがわかるが、米ドル建てでみた1人当たり所得（名目国内総生産：名目GDP）は2013年までつねに目標値を上回っていたことが確認できる。ここから第2次ユドヨノ政権期経済の好調ぶりがうかがえるが、この表で最も興味深いのは完全失業率の水準の変化である。失業率は、しばしば景気の実態をより反映しているとみなされる指標であるが、ほぼ当初の計画どおり順調に失業率が低下していたことがわかる。後述するように、アブドゥルラフマン・ワヒド政権およびメガワティ・スカルノプトゥリ政権期（1999～2004年）に失業率は上昇を続け、第1次ユドヨノ政権発足後の2005年11月には11％を超えていた。それが、その後は2013年までほぼ一貫して低下し続けた[3]。

　一般にインドネシアでは失業率の改善には6％成長が必要不可欠である

といわれるが[4]，ユドヨノ政権期には経済成長率は必ずしもつねに6％を超えていたわけではない。それではなぜユドヨノ政権期に失業率の一貫した低下が観察されたのだろうか。また，米ドル建てでは1人当たり名目GDPは目標値を上回るペースで増えていたが，購買力で測った実質所得でみても同様に人びとの厚生水準の増加を確認できるだろうか。

　本章の目的はユドヨノ政権10年の経済について定量的評価を試みることにあるが，10年間にわたって観察されたさまざまな経済変数の変化や，そのあいだに実施された政策を各分野について逐次まとめるのは，紙幅の関係上難しく，また，冗長ともなろう[5]。そこで本章では，第2次ユドヨノ政権発足時の中期開発計画の現実値との比較から浮かび上がったように，雇用と所得に焦点を絞ってユドヨノ政権期経済を分析する。

　本章の構成は次のとおりである。第1節では，ユドヨノ政権期の経済成長率を需要項目別に寄与度分解し，とくにワヒド，メガワティ政権期との比較を通じて，特徴を明らかにする。さらに，実質国内総生産だけではなく，実質国内総所得の変化に注目して分析する。しばしば内需主導の経済成長と評されてきたユドヨノ政権期経済であるが，それを可能としたであろう実質的な所得増が確認できるかどうか，検討する。第2節では，失業率の変化について，労働生産性と実質賃金の比率や，最低賃金水準の変化との関係に注目して分析する。第3節では，消費水準でみた不平等度の一因として，教育水準に基づいた相対的な賃金の差（賃金プレミアム）に焦点を当てて分析する。そして第4節では，ユドヨノ政権期経済の分析から浮かび上がった課題に対して，ジョコ・ウィドド（通称ジョコウィ）政権がどのように取り組んでいるのかを確認する。

第1節　外需により達成された6％成長

1．経済成長率への寄与度の比較

　まず，過去四半世紀の経済成長率の推移をみてみよう。図7-1は1990

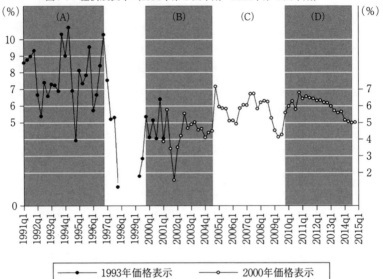

図7-1 経済成長率（1991年第1四半期〜2014年第4四半期）

● 1993年価格表示　　○ 2000年価格表示

（出所）インドネシア銀行（中央銀行）のウェブサイト資料（Statistik Ekonomi dan Keuangan Indonesia（SEKI），http://www.bi.go.id/），ならびに中央統計庁（BPS）のウェブサイト資料（http://www.bps.go.id/）を基に筆者作成。

（注）（A）はスハルト政権末期にあたる1991年から1996年までを示す。（B）はワヒド＝メガワティ政権期，（C）は第1次ユドヨノ政権期，（D）は第2次ユドヨノ政権期に該当する。なお，図をみやすくするために，マイナス成長を記録した1998年第1四半期から1999年第1四半期までは図から削除している（1998年第4四半期にはマイナス18.3％を記録している）。

年からの四半期データを用いた前年同期比の経済成長率である。なお，本章では1990年から1996年までを（A）スハルト政権末期，1997年と1998年のアジア通貨危機による混乱期を経て，1999年第4四半期から2004年第3四半期までを（B）ワヒド＝メガワティ政権期，そして（C）第1次ユドヨノ政権期（2004年第4四半期〜2009年第3四半期），（D）第2次ユドヨノ政権期（2009年第4四半期〜2014年第3四半期）と表現している。
さて，スハルト政権末期には経済成長率は平均7.8％と高い経済成長率を記録したが，図からわかるように経済成長率にはばらつきが目立つ。ワヒド＝メガワティ政権期の成長率は平均4.2％と，6％に達したのも1回し

表7-2 経済成長率の寄与度

	スハルト政権末期	ワヒド＝メガワティ政権期	ユドヨノ政権期
GDP	7.83	4.16	5.85
民間消費	5.91	2.43	2.71
政府支出	0.33	0.62	0.45
総固定資本形成	2.66	1.52	1.76
純輸出	-1.05	0.15	0.85
輸出	2.52	2.38	3.32
輸入	-3.57	-2.23	-2.47

（出所）2009年まではインドネシア銀行ウェブサイトの公開資料，2010年以降は中央統計庁（BPS）ウェブサイトの公開資料（2015年4月20日アクセス時点）を基に筆者作成。
（注）数値は各対象期間の年率でみた単純平均値。対象としている期間は以下のとおり。スハルト政権末期は1990年から1996年の6年間，ワヒド＝メガワティ政権期は1999年第4四半期から2004年第3四半期の5年間，ユドヨノ政権期は2004年第4四半期から2014年第3四半期の10年間（2013年および2014年の値は暫定値）。

かなく，低い水準にとどまっていたことが見て取れよう。そして，ユドヨノ政権期に入ると，経済成長率は6％前後を安定的に推移していたことが確認できる。2008年の世界的金融危機時には4％台に落ち込んだが，相対的には高い経済成長を維持し，世界の注目を集めるきっかけとなったのはすでにふれたとおりである。

つぎに，需要項目別にどの項目がユドヨノ政権期の経済を牽引したかをみてみよう（表7-2）。スハルト政権末期をみると，民間消費成長率が牽引しており，その傾向はその後の政権にも引き継がれている。しかし，ここで注目したいのは水準ではなく，変化である。ワヒド＝メガワティ政権期と比較した場合に，ユドヨノ政権期における6％近くの成長が何によってもたらされたのか，という点に関して，寄与度の差に注目してみてみると，純輸出が0.7％ポイントと最大になっている（輸出のみでは0.94％ポイント）。民間消費は水準ではつねに最大であるが，寄与度の差でみると0.28％ポイントにとどまっている。ここから，しばしば内需主導だと表現されることの多いインドネシア経済であるが，ユドヨノ政権期の相対的に

高い経済成長率は外需によって可能になったといえよう。では，何がこの輸出増を牽引したのだろうか。つぎに，通関ベース統計を用いて輸出財の特徴を確認したい。

2．輸出──天然資源への依存──

本項では統計品目番号（Harmonized System Code──以下，HSコード）による分類に従い，中央統計庁（BPS）がウェブサイト上で公開している通関ベースの輸出統計を利用して，1999年以降の輸出財の特徴を確認する。

最初に，HS類コード（上2桁）で2013年の輸出財の上位5品目をみてみると，鉱物性燃料（HS27）が3割を占めて最大であり，つづいて動植物性油脂（HS15）が10.5％，電気機器（HS85）が5.7％，ゴム・同製品（HS40）が5.1％，鉱石類（鉱石，灰，スラグ：HS26）が3.6％となっている。そしてこれら上位5品目で総額に占めるシェアは5割を超えている。

2013年時の上位5品目の推移を1999年にまでさかのぼって確認したのが図7-2である。図からわかるのは，1999年時には4割に満たなかった上記5品目のシェアが5割を超え，2011年には一時的に6割を超えるまでに増加するのにともない，輸出総額も増加していること，そして2012年から輸出総額は減少しているが，その際には同5品目のシェアも減少していることである。つまり，上位5品目のシェアの変化と輸出総額の推移とが相関していたことになる。さらに項目別にみると，鉱物性燃料と動植物性油脂のシェアの拡大が目立つのに対して，電気機器はシェアが減少している。ここからは1999年以降，少しずつ天然資源輸出に依存する傾向が強まっていく輸出構造がみえてくる。

つぎに，図中においてシェアの拡大が目立っていた鉱物性燃料と動植物性油脂についてもう少し詳細にみておきたい。図7-3は鉱物性燃料の内訳をみたものである（HS号コード，上6桁での分類）。鉱物性燃料の輸出総額は1999年に112億ドルだったのがメガワティ政権末期の2004年には186億ドルに，そしてユドヨノ政権末期の2013年には574億ドルにまで増加している（2011年は689億ドル）。その内訳をみると，原油や液化天然ガス

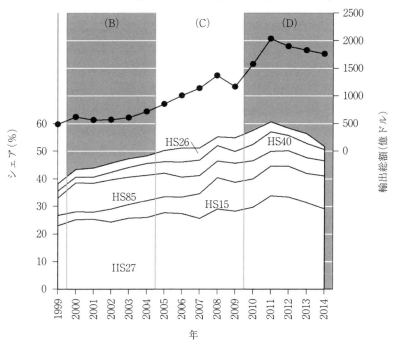

図7-2 財輸出の項目別シェアと総額の推移（1999〜2014年）

(出所) インドネシア銀行ウェブサイトの資料を基に筆者作成。
(注) 図7-1を参照。HS27は鉱物性燃料，HS15は動植物性油脂，HS85は電気機器，HS40はゴム・同製品，HS26は鉱石類（鉱石，灰，スラグ）を指す。

（LNG）といったかつての主力輸出財はシェアを減らし，石炭の割合が著しく増加している。実質輸出への影響を探るべく，重量ベースでも推移をみると，原油・液化天然ガスは減少傾向にある一方で，石炭（瀝青炭）は1999年から2004年にかけては年率12.2％増，ユドヨノ政権期（2004〜2013年）には同7.4％増であった。また，石炭（その他）は1999年から2004年にかけては同21.4％増，2004年から2013年にかけては同28.8％増を記録している。

　輸出先をみると，中国・インドといった新興国の占める割合が大きい（BPS various years）。石炭の中国への輸出は2002年には253万トン（シェア3.5％，以下同），第1次ユドヨノ政権期（2004〜2009年）には147万ト

図7-3 鉱物性燃料（HS27）の項目別シェアと総額の推移（1991〜2014年）

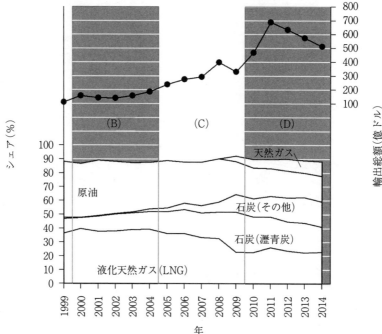

（出所）中央統計庁（BPS）ウェブサイトの資料を基に筆者作成。
（注）図7-1を参照。

ン（1.4％）から3933万トン（16.8％），第2次ユドヨノ政権末期の2013年には1億3039万トン（30.7％）と，とくにユドヨノ政権期に著しく増加している。インドへの輸出も，2002年の506万トン（6.9％），2004年の1067万トン（10.1％）から，2009年には3911万トン（16.7％），そして2013年には1億1829万トン（27.9％）とやはりユドヨノ政権期に大幅に増えている。参考までに同時期の日本への輸出をみると，2002年には1671万トン（22.8％），2004年には2261万トン（21.4％），2009年には3222万トン（13.7％），2013年には3771万トン（8.9％）とユドヨノ政権期に増加してはいるものの，その増え方は中国やインドとは比較にならな

い（シェアでみると減少傾向にあった）。

　動植物性油脂の輸出額ならびにその内訳（HS号コード）の推移もみておこう。輸出額は1999年に18億ドルであったが，ユドヨノ政権期には2004年の44億ドルから192億ドル（2013年）にまで増加している（2011年は217億ドル）。内訳をみると，パーム油関連の輸出財でほぼ8割が占められている。重量ベースでは，パーム油（精製油など）はワヒド＝メガワティ政権期（1999～2004年）には年率29.7％増，ユドヨノ政権期（2004～2013年）には同6.1％増であった。一方，その他パーム原油はワヒド＝メガワティ政権期には年率13.8％増だったのが，ユドヨノ政権期には同11.8％増と2桁成長を維持している。輸出先をみると，ここでもインド・中国のシェアが大きい。インドが2002年には177万トン（27.9％），2004年から2009年にかけては276万トン（31.9％）から550万トン（32.7％）に，そして2013年にも563万トン（27.4％）と最大の輸出先となっている。中国は2002年には48万トン（7.6％），2004年から2009年には108万トン（12.5％）から265万トン（15.7％）へと増加し，2013年には234万トン（11.4％）と2番目に大きい輸出先となっている。

　最後に，経済政策との関連で興味深いのは，鉱石類（HS26）の推移であろう。重量ベースでみると，ニッケル鉱は年率13.3％増（1999～2004年）だったのが，ユドヨノ政権期には同33.2％増に，アルミニウム鉱は同5.9％増だったのが，同43.7％増となっている。これらは2014年からの未加工鉱石輸出の原則禁止を定めた2009年鉱物・石炭鉱業法（新鉱業法）の影響であろう。ニッケル鉱の輸出先（重量ベース）をみると，中国への輸出が，新鉱業法成立直前の2008年には659万トン（シェア62％，以下同）であったが，2013年には5860万トン（90％）と10倍近くに膨れ上がっている。同時期の日本への輸出は183万トン（17.3％）から198万トン（3％）への変化だったことから，その大きさがうかがえよう。

　以上から，まず，ドル建てでみた輸出額は，天然資源を中心にユドヨノ政権期に増加していたことを確認した。重量ベースでみた場合でも，ユドヨノ政権期の石炭の輸出急増や，パーム油，天然ゴムの持続的な輸出増があった。さらに，2009年新鉱業法成立直後からは，ニッケル鉱やアルミ

ニウム鉱の輸出が大きく伸びている。そして，こうした主要輸出財の輸出先をみると，インド・中国といった新興国の台頭が目立つ。総輸出額に占める中国のシェアは第2次ユドヨノ政権発足直前の2008年の8.5％（116億ドル）から2013年の12.4％（226億ドル）に増加しており，2013年時点の輸出額で比較して，中国は日本（14.8％，271億ドル）に次いで2番目に大きい輸出先となっている[6]。総輸出量に占めるシェアをみると，2008年の16.7％（5947万トン）から2013年には40.7％（2億8460万トン）にまで増加しているように，中国の存在感の大きさはより顕著となる。同期間の日本への輸出量が占めるシェアは18.8％（6666万トン）から8.3％（5789万トン）と減少していたことと比較しても，ユドヨノ政権期において輸出相手国として中国の存在感が急速に大きくなっていたことが，ここからもうかがえよう。

3．実質国内総所得の伸び悩み

ここまで，ユドヨノ政権期の経済成長には新興国による天然資源への需要増，すなわち外需の果たした役割が大きかったことを確認した。しかしその一方で，同政権期インドネシアの経済成長はしばしば内需主導だと表現されてきた。これは，先にみたように，水準では民間消費は通貨危機後もつねに最大の寄与度を示していたためであろう。ただし，ワヒド＝メガワティ政権期と比較して，ユドヨノ政権期の民間消費の寄与度は0.28％ポイント高くなっているにとどまり，また，寄与率では46％とメガワティ政権期の58％から減少している。

内需主導の経済成長とは，家計の恒常所得の増大を通じた消費の増加による経済成長と考えられる（齊藤2013）。つまり，ユドヨノ政権期の経済成長が内需主導型であったかどうかについては，民間消費をみるだけでなく，恒常所得の変化を基に再検討する必要があるだろう。そこでこの項では，恒常所得を反映している変数として実質国内総所得，言い換えるならば購買力でみた実質所得をとりあげ，その成長を確認しておきたい。

国内総所得（GDI）は名目でみた場合には国内総生産（GDP）に一致す

第7章　ユドヨノ政権期経済の評価

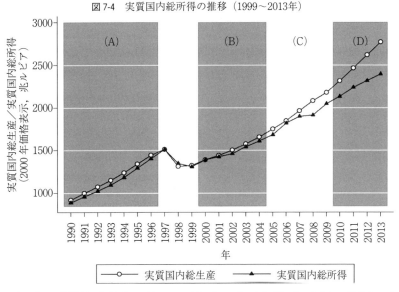

図7-4　実質国内総所得の推移（1999～2013年）

（出所）世界銀行の資料（http://data.worldbank.org/），ならびにインドネシア銀行ウェブサイトの資料を基に筆者作成。
（注）図7-1を参照。

るが，実質でみた場合には交易条件（輸出入価格差）の変化が反映され，両者は乖離することになる。この乖離は交易利得（損失）を指している。図7-4は1990年以降について実質GDIと実質GDPの推移をみたものである。2000年価格表示であるため，2000年に両者は一致している。興味深いことに，1990年から2007年までは実質GDPと実質GDIはほぼ同じ動きをみせていたのに対して，2008年以降は実質GDIが実質GDPから乖離し，その差が広がっている。このことは，2008年以降には，購買力でみた場合には所得が海外へ流出していたことを示しており，経済成長率ほどには実質でみた国内の所得は増えていなかったことを示す。実質GDIの成長率を計算すると，2007年から2013年にかけての成長率（指数平均）は年率4.48％となるが，これは2000年から2007年にかけての成長率（4.47％）とほぼ同じ値である。なお，1990年から通貨危機直前の

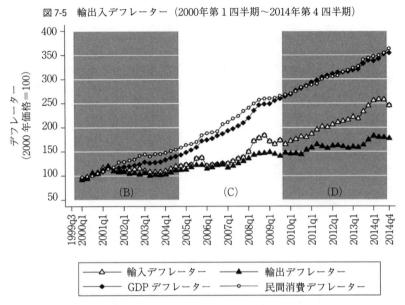

図 7-5　輸出入デフレーター（2000年第1四半期〜2014年第4四半期）

(出所)　インドネシア銀行ウェブサイトの資料から筆者作成。
(注)　図 7-1 を参照。

1996年にかけての実質 GDI の成長率は，年率 7.5％ と実質 GDP 成長率とほぼ同じ値であった。

　実質 GDI の実質 GDP からの乖離，すなわち交易損失が拡大している背景には，交易条件（輸出入価格差）の悪化がある。図 7-5 は輸出入価格の推移を示したものである。比較のため，国内物価水準をみる際にしばしば利用される GDP デフレーターや民間消費支出デフレーターの推移――すなわち GDP や民間消費支出の価格が基準年と比較してどれだけ変化したか――も加えている。図からは，2008年以降，輸出価格（輸出デフレーター）の上昇以上に輸入価格（輸入デフレーター）が上昇していること，そしてその乖離が 2014 年に至るまで拡大していること，の 2 点を確認できる。これは，同じ 1 単位の財の輸入のために，より多くの輸出が必要となっていること（交易条件の悪化）を示しており，これが実質 GDP と比較した場合の実質 GDI の低い成長率をもたらしている。

図7-6 財輸入の項目別シェアと総額の推移（1999〜2014年）

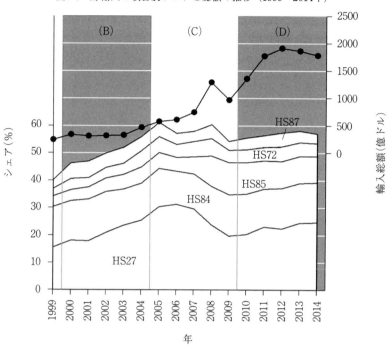

（出所）インドネシア銀行ウェブサイトの資料を基に筆者作成。
（注）図7-1を参照。HS27は鉱物性燃料，HS84は機械類・同部分品，HS85は電気機器，HS72は鉄鋼，HS87は鉄道用以外の車両・同部分品を指す。

ここで交易損失の拡大の背景を探るべく，インドネシアの輸入の特徴をみておこう。輸出財同様，1999年以降の輸入財について，2013年時の上位5品目のシェアならびに輸入総額の推移をみたものが図7-6である。図からは，輸入においても鉱物性燃料のシェアが最も高く，2009年から2013年にかけて総輸入額が1.9倍に増加するなかで，そのシェアが高まっていたことがわかる。鉱物性燃料の内訳をみると，おもに原油，石油・瀝青油から構成されていること，また，実質GDPと実質GDIの乖離がみられる直前（2007年）の220億ドルから2013年の455億ドルへとその輸入額は倍増していることを確認できる。鉱物性燃料の2007年以降の輸入額

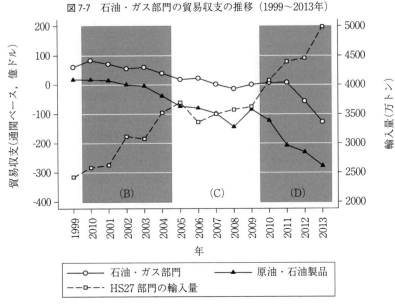

図7-7 石油・ガス部門の貿易収支の推移（1999～2013年）

（出所）中央統計庁（BPS）ウェブサイトの資料を基に筆者作成。
（注）図7-1を参照。HS27部門の輸入量は単純集計値。

の成長率を価格と重量の変化に分けてみると，6年間の平均成長率12.1%のうち，価格の上昇分が6.2%，そして輸入量の増加分は5.9%を占めていた。このように，原油や石油の輸入額が占めるシェアがもともと高かった（2000年に総額に占める割合は18.1%）ところに，価格・量ともに大きく上昇した結果，石油・ガス部門の貿易収支は2008年，2012年，2013年と赤字になった（図7-7）。なお，原油・石油製品でみれば，貿易収支（通関ベース）は2003年以降すでに赤字となっており，2013年には原油部門だけでみても貿易収支は赤字を記録するに至っている。

　輸入財の内訳からは，インドネシアにおいても国際的な原油価格の高騰が交易条件に大きな影響を与えたことが予想される。それを実際に確認したものが図7-8である。図からは，2007年までは原油価格が高騰（左軸は下に行くほど価格が上昇したことを示していることに注意）すると，交易条件

図7-8 原油価格と交易条件（2000年第1四半期〜2014年第4四半期）

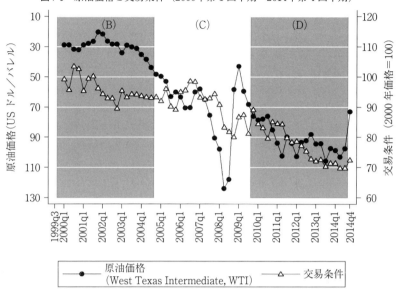

（出所）国際決済銀行（BIS）ウェブサイトの資料（http://www.bis.org/），ならびにインドネシア銀行ウェブサイトの資料から筆者作成。
（注）図7-1を参照。原油価格は月次データを基に各四半期の平均値を計算。交易条件は輸出デフレーターを輸入デフレーターで割ったもの。

が改善するという負の関係が見て取れる。たとえば2006年から2007年にかけての原油価格の高騰（1バレル60ドルから70ドルへ上昇）が交易条件の改善を伴っている。しかし，その後は2008年から2012年にかけて原油価格の高騰と交易条件の悪化が同時に進行していたことがわかる。2008年ならびに2012年以降には石油・ガス部門の貿易収支は赤字となっていたが，これが原油価格の高騰期と重なること，そして交易損失の拡大した時期と重なることから，原油・石油製品の輸入増が図7-5でみた輸入価格の上昇をもたらしたものと考えられよう。一方で，輸出財は1次産品が主要品目となっていたため，輸出価格は引き上げにくい構造であったことが指摘できる。これらにより，インドネシアでは交易条件が悪化するとともに交易損失が拡大し，実質GDIが伸び悩んだものと推察される[7]。

この項での分析結果をまとめると，実質 GDI は実質 GDP ほどには増えておらず，成長率でみるならばワヒド＝メガワティ政権期からほとんど変わっていなかった。これがユドヨノ政権期において民間消費の寄与度が大きく上昇しなかった一因であると思われる。また，実質 GDI の実質 GDP からの乖離は交易条件の悪化による交易損失の拡大を意味していたが，この背景には，原油・石油製品の純輸入国化へと構造変化が進むなかで，国際的な原油価格高騰を受けて輸入価格の上昇がみられたこと，また，その一方で，輸出財は1次産品が主要品目となっていたため，その価格は引き上げられにくい（輸出価格に輸入価格の上昇分を転嫁しにくい）構造となっていたことを指摘できる。

第2節　雇用

1．ユドヨノ政権期の失業率の低下

　ユドヨノ政権の経済面における大きな成果としては，失業率の大幅な低下が挙げられるであろう。インドネシアでは経済成長率が6％を超えると失業率が低下する，とみなされているのは先述したとおりであるが，本節では失業率と経済成長率との関係をみるところからはじめよう。図7-9によれば，ワヒド＝メガワティ政権期から第1次ユドヨノ政権の初期にかけて失業率が上昇し，2005年11月には11.2％にまで到達した。しかし，その後は一時的に上昇が観察されたものの，2013年2月までほぼ一貫して減少し，2014年2月には5.7％とスハルト退陣直後の水準（5.5％）にまで近づいている。その後，8月には再び上昇して5.94％を記録しているが，前年同月比でみるならば失業率は下がっている（前年同月比で推移をみているのは，失業率の変化には季節的要因があるためである）。

　図からは，経済成長率が高いほど失業率が下がる傾向はあるものの，必ずしも6％に達しなくとも失業率は低下していることがわかる。そこで本節では，高い経済成長による労働需要の増加だけではなく，雇用する側

図7-9 経済成長率と失業率の推移（1999年第3四半期～2014年第3四半期）

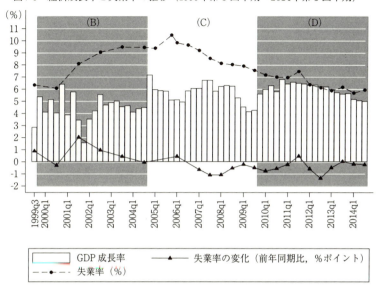

（出所）インドネシア銀行および中央統計庁（BPS）ウェブサイトの資料，ならびに中央統計庁（BPS），*Keadaan Angkatan Kerja* 各年版を基に筆者作成。
（注）図7-1を参照。

（企業）にとってのコストのひとつ，すなわち賃金水準にも注目して分析する。より具体的には，実質賃金と労働生産性の比率の変化に注目する。標準的な経済理論に沿って考えるならば，賃金水準は労働生産性によって決定されることになる。そのため，労働生産性が成長する以上に賃金が増加した場合には，企業にとっては収入以上に費用が増えることを意味する。つまり，実質賃金・労働生産性比率が上昇した時期には失業率が増えていたことが予想される（ただし，他の条件は一定といういささか強い仮定をおいている）[8]。

2．名目賃金，実質賃金と最低賃金の推移

実質賃金と労働生産性の関係についてみる前に，名目賃金，実質賃金な

図7-10 名目賃金，実質賃金ならびに最低賃金の推移（1997～2014年）

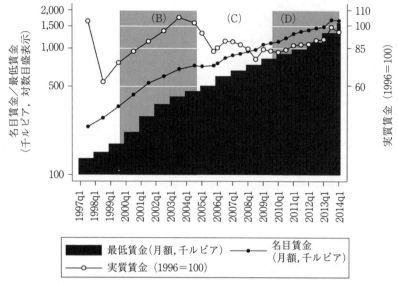

（出所）最低賃金の値は中央統計庁（BPS），*Statistik Indonesia* 各年版。賃金については中央統計庁（BPS），*Keadaan Pekerja/Buruh/Karyawan di Indonesia* 各年版を基に筆者作成。
（注）図7-1を参照。賃金の実質化にはGDPデフレーターを用いている。なお，2013年以降のGDPデフレーターは暫定値。

らびに最低賃金の推移を確認しておきたい。図7-10は賃金水準ならびに最低賃金の推移をみたものである。最低賃金は対数値表示であるため，傾きは伸び率を表している。すると，ワヒド＝メガワティ政権期には最低賃金がユドヨノ政権期よりも高い伸び率を示していたことがわかる。この最低賃金の変化と並行する形で，名目賃金もワヒド＝メガワティ政権期には高い伸び率を記録していた。実質賃金でみても，両政権期のあいだでの伸び率のちがいは明確である。

図7-11は全被雇用者の平均実質賃金と失業率の変化を比較したものである。図からは，スハルト政権末期に実質賃金の増加につれて失業率も増加していたこと，通貨危機後も実質賃金の上昇につれて失業率が悪化していたことを確認できる。その後，メガワティ政権末期から実質賃金は減少

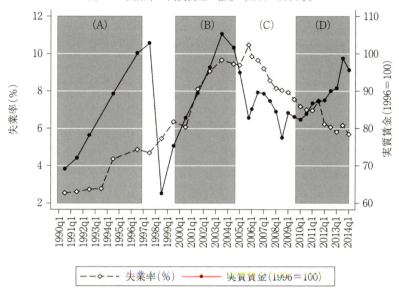

図7-11 失業率と実質賃金の推移（1997〜2014年）

（出所）中央統計庁（BPS）ウェブサイトの資料，ならびに中央統計庁（BPS），*Keadaan Pekerja/Karyawan di Indonesia* 各年版を基に筆者作成。
（注）図7-10を参照。

しはじめるが，これにともない，第1次ユドヨノ政権期にはほぼ一貫して失業率も減少している。そして興味深いことに，第2次ユドヨノ政権になると実質賃金は上昇傾向に転じているが，それにもかかわらず失業率は減少している。

3．実質賃金・労働生産性比率と失業率

つぎに，実質賃金と労働生産性の比率をみることにしよう。注目したいのはその水準ではなく，比率の変化である[9]。（他の条件が一定だとすると）実質賃金が労働生産性以上に上昇した場合には，人件費の負担が増すことにより，企業は解雇ないしは雇用を差し控えるといった行動をとり，結果として失業率が上昇すると予想される[10]。

図7-12 失業率と実質賃金・労働生産性比率の推移（1990～2013年）

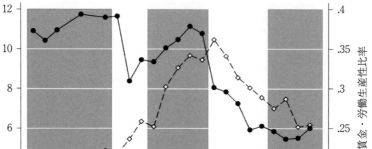

（出所）中央統計庁（BPS）の資料を基に筆者作成。
（注）図7-1を参照。

　図7-12が実際に失業率と実質賃金・労働生産性比率の推移をみたものである。とくに1998年以降の動きに注目すると，実質賃金・労働生産性比率の上昇にともない失業率が増加している。これは労働生産性が上昇する以上に実質賃金が伸びた結果，経営者側が雇用を維持できず，失業率が増加したと解釈できる。一方，2003年をピークに，2004年から同比率は2008年まで下がり続けており，また，2008年以降はこの比率はほぼ横ばいとなっている。失業率をみると，2006年から2012年にかけて減少し，その後は下げ止まりがみられる。以上からは，ユドヨノ政権期には，トレンドとしては実質賃金・労働生産性比率の低下が観察された。そして，標準的な経済理論から予想されるように，実質賃金の増加以上に労働生産性が増加していたその期間に，失業率が減少したことを確認できた。

第3節　所得分配

　インドネシアでは，失業は都市において顕著に観察される現象である。労働力調査をみると，農村部では就労時間は短いながらも仕事をしている人がいるため，現在インドネシア政府が用いている定義のもとでは，失業は農村部では発生しにくいことになる[11]。2014年2月の中央統計庁による労働力調査結果（BPS 2014）によれば，全体の失業率は5.7％であるが，農村部は4.5％と都市部（7.0％）を下回っている。しかし，これが週35時間未満の労働に従事している求職者（不完全就業者）をみると，都市部の5.7％に対して農村部ではその割合は11.1％と逆転する。不完全就業者の給与は当然ながらフルタイムの就業者よりも少なくなるため，農村部に住んでいる人たちの厚生水準を分析するためには，失業率よりはむしろ貧困者比率に注目する必要があるだろう。

　前節において，ユドヨノ政権期に失業率は大きく下がったことを確認したが，この節では，ユドヨノ政権期の相対的に高い経済成長が貧しい人たちの割合を減らしたかどうかを確認したい。1999年以降の貧困者比率をみると，2006年に貧困者比率は一度上昇したものの，その後は2013年まで減少し続けている[12]。ただし，その減少ペースは6％成長が続いた時期においても鈍くなっており，最終的に第2次ユドヨノ政権は「10％以下の貧困者比率」という目標を達成することができなかった。De Silva and Sumarto (2014) は，経済成長率の貧困削減弾力性（経済成長率の1％の上昇に伴う貧困者比率の減少割合）が低下した理由として，所得分布が不平等になった点を指摘している。図7-13は1995年から2013年にかけての不平等度（ジニ係数）と経済成長率の推移をみたものである。インドネシアでは所得情報が不十分にしか収集できないため，一般的には支出データを用いてジニ係数を計測している[13]。このジニ係数で計測した不平等度をみると，通貨危機後に一度大きく低下し，世界的金融危機の発生した2008年にも一度低下しているが，長期的には2013年にかけて上昇傾向にあることがわかる。

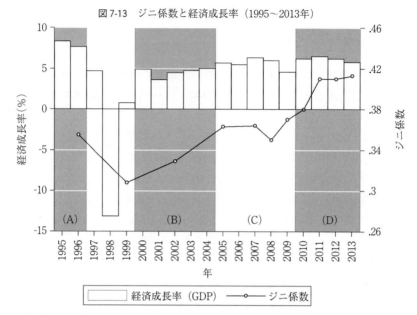

図7-13 ジニ係数と経済成長率（1995～2013年）

（出所）中央統計庁（BPS）ウェブサイトの資料（http://www.bps.go.id/），ならびに世界銀行の資料（http://data.worldbank.org/）を基に筆者作成。
（注）図7-1を参照。

　では，この所得格差の拡大傾向は何によってもたらされたのだろうか。1993年から2013年にかけての不平等度の変化を分析したYusuf, Sumner and Rum（2014）は，先行研究を引用しながら，天然資源輸出ブームや製造業部門の成長が停滞していること，そして燃料補助金という逆進的な（富裕層への）所得移転策がとられていることが格差拡大の要因である可能性を指摘している。しかし，ここではインドネシアの文脈からの説明ではなく，よりマクロ経済学的な視点から説明を試みたい。Acemoglu（2002）によると，技能偏向的（skill-biased）技術進歩は高技能労働者への需要を増やすため，高技能労働者の賃金水準がそうでない労働者よりも上昇することになる。この割増分は賃金プレミアムと呼ばれるが，本節ではこの賃金プレミアムがインドネシアにおいても所得格差の拡大要因のひとつである可能性を確認したい。

第7章 ユドヨノ政権期経済の評価

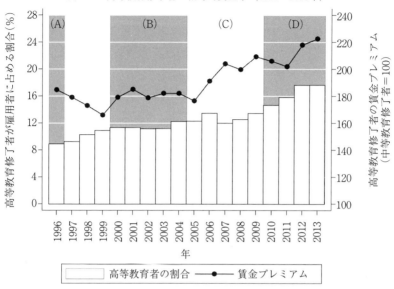

図7-14 高等教育修了者の相対的賃金率（2004～2013年）

（出所）中央統計庁（BPS），*Keadaan Pekerja/Buruh/Karyawan di Indonesia* 各年版を基に筆者作成。
（注）図7-1を参照。相対的賃金率は，中等教育（中学・高校）修了者の平均賃金（月額）を100とした場合の高等教育修了者の賃金。1996年から2006年までは8月調査時点の値（ただし2005年は除く），2007年から2013年にかけては2月時点の値。2005年は8月に調査が実施されていないため，11月時点の調査結果を用いている。2007年以降については，断食月の影響が2003年にかけて8月に強くみられるようになることから，2月時点の調査結果を用いている。

　先行研究にならって，高等教育を修了した労働者を高技能労働者とみなし，中等教育修了者（中学校・高校卒業程度）の賃金に対してどの程度高い賃金を得ていたか，という視点から賃金プレミアムを確認したものが図7-14である。図では被雇用者に高等教育修了者の占める割合もプロットしているが，高等教育修了者の割合が1996年からほぼ倍増する一方で，賃金プレミアム（中等教育修了者の賃金を100とおいている）も1996年の184.7から通貨危機直後の166をはさんで，222.7へと上昇する傾向が確認できる。通貨危機直後には高等教育修了者の賃金水準は中等教育修了者

の1.6倍だったのが，2013年には2.2倍に達していたことになるが，ここからは，高等教育修了者の被雇用者に占めるシェアが増えているにもかかわらず，労働市場ではまだ高等教育修了者が不足していること，そして，高等教育修了者と中等教育修了者（ならびに中等教育未満の労働者）とのあいだで所得格差が拡大し続けていたことがわかる。

　ここで再び経済成長率の寄与度分解に戻り，ワヒド＝メガワティ政権期とユドヨノ政権期との経済成長率の差が，どの生産部門によってもたらされていたのかを計算してみると，寄与度の差は運輸・通信業で0.48％ポイントと最大となっており，卸売・小売業が0.41％ポイントと続いている。そして運輸・通信業のなかでも，通信業の寄与，成長率が著しく，通信業の寄与度の差は0.54％ポイントとなっている[14]。つまり，ユドヨノ政権期には通信業の成長率への寄与度が高かったのであるが，この通信業のような高い技能を必要とする産業の急成長によって，高技能労働者（高等教育修了者）への需要が増大し，その結果，賃金プレミアムが上昇したであろうことが示唆される。そしてこれが一因となって，長期的にみた所得格差の拡大が続いていると解釈することができよう。

　では，このようにいわば経済成長にともない発生した所得格差を縮小するためにはどうすればよいだろうか。本節ではきわめてオーソドックスながら，所得再分配政策の拡充が重要であることを指摘しておきたい。税制・社会保障政策を充実させることが重要であることはユドヨノ政権も認識しており，納税者番号制度の普及や，国民皆保険制度の導入などが実施されてきた。ただし，所得再分配のためにその原資として税収を短期的に大幅に引き上げることはきわめて困難である。そこで，まずは歳出を絞り込むことが必要不可欠となるが，そのためには財政を圧迫してきた燃料補助金予算の削減が避けられない。

　図7-15はGDP比でみた燃料補助金の推移を，同じくGDP比でみた経常収支や財政収支と比較したものである。ワヒド＝メガワティ政権期以降，GDP比でみた経常収支の低下傾向が確認できるが，それ以上に興味深いのは，2003年以降では，経常収支が落ち込んだ際には燃料補助金が上昇し，逆に経常収支が上昇した際には燃料補助金が下落する，というサイクルが

図7-15 経常収支，財政収支と燃料補助金の推移（1999〜2013年）

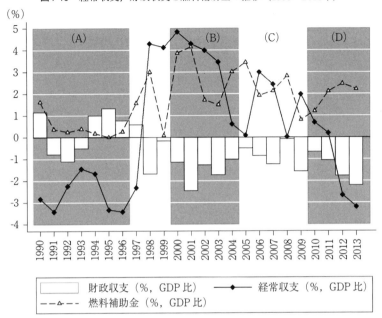

（出所）財政データ（決算値）はインドネシア中央銀行のウェブサイト資料（*Statistik Ekonomidan Keuangan Indonesia*, http://www.bi.go.id/），為替レート（期間平均値）は国際通貨基金（IMF）の International Financial Statistics（IFS），名目国内総生産のデータは世界銀行の資料（http://data.worldbank.org/）を基に筆者作成。
（注）図7-1を参照。

発生している点である[15]。GDP比でみた燃料補助金が減少した2006年，2009年は燃料補助金が削減され，補助金付燃料価格が引き上げられた年であった。つまり，国内燃料価格が国際市場価格に近づいた時には経常収支黒字の拡大があったことになる。また，第2次ユドヨノ政権期には，燃料補助金の増大にともない財政収支の赤字拡大が進んでいたことも確認できる。以上から，燃料補助金の削減がさまざまな指標を改善するうえできわめて有効な政策であったことがわかる。燃料補助金の削減により，財政赤字を縮小することができ，また，経常収支赤字も改善できる。原油・石油製品の輸入の増大が交易条件の悪化を招いたことを先にみたが，補助金

がカットされて国際市場価格に国内販売価格が近づけば，歪められた価格のもとで過大に消費されていた燃料への需要は引き下げられ，輸入減を通じて交易条件の改善も期待できよう。何よりも燃料補助金策を通じた富裕層への所得移転が抑えられ，その削減分を貧困層の厚生水準を高めるような政策（条件付き現金給付策など）や，インフラ整備といった経済成長促進策にあてることも可能となる。

第4節　ジョコウィ政権の取り組み

　ジョコウィ大統領は，大統領選挙戦開始時に政権公約のなかで燃料補助金の削減を主張していた。この燃料補助金の削減という国民に不人気な政策を新政権は本当に実施することができるのだろうか，と疑う声も当初は聞かれたが，就任式から1カ月もしない11月17日，大統領自身が翌18日の日付変更時から補助金を削減すると発表した。そして，燃料補助金付ガソリン（プレミアム）は1リットル6500ルピア（60円程度）から8500ルピア（80円程度）へと引き上げられた。さらに，2015年1月1日，燃料補助金については基本的に市場価格に沿って決定するとの政策が打ち出された。これにより，ガソリンについては補助金を廃止し，軽油や灯油については補助金額を固定したうえで，国際市場価格の変動にあわせて国内でも燃料価格が一定の幅をもって変更できるようになった。この燃料補助金の大幅カットにより，その財源をインフラ整備などにまわすことができるようになる。

　また，この政策発表時には，健康保険カード（Kartu Indonesia Sehat: KIS）などの低所得層への配布といった社会保障策の導入も同時に提案された。ジョコウィ政権は，大統領選挙公約でも言及していたこうした政策を通じて，燃料補助金カットに伴う物価上昇が低所得層の購買力を低下させないよう努力する，としている。2015年2月に成立した2015年度補正予算をみると，燃料補助金が276兆ルピア（歳出総額の約15％）から64.7兆ルピアに引き下げられ，インフラ整備には100兆ルピア増の290.3兆ル

ピアがあてられることになった。経済成長率5.7%, インフレ率5%といった想定のもとで財政赤字はGDP比マイナス2.21%からマイナス1.9%に下がることになる（Republic Indonesia 2015）。

このように, 国内においては燃料補助金削減に踏み切ることができたうえに, インドネシアを取り巻く環境をみても, 国際的に原油価格が下がっているため, ジョコウィ政権は実質国内総所得を改善する機会に恵まれているといえよう。この恒常所得の上昇により, 民間消費のより高い成長が実現されれば, 現政権が2019年までの目標とする7%成長も現実味を帯びてくる。

しかし, 足元の経済状況をみると, 2015年第1四半期・第2四半期の経済成長率（速報値）は4.72%, 4.67%と, 世界的金融危機の影響を受けた2009年以来の低い成長率にまで落ち込んでいる。この背景には外需の縮小がある。2011年にピークを迎えた後, ユドヨノ政権末期から財輸出額は減少し続けており（図7-2）, 実質輸出成長率（2010年価格表示）は, 新政権発足後の2014年第4四半期から2期連続でマイナスを記録している[16]。第1節ではユドヨノ政権期が外需の拡大によって相対的に高い6%成長を達成していたことを確認したが, そのおもな牽引役であった中国の経済成長率の鈍化が輸出の減少さらには経済成長率の低下をもたらしている。

この外需の弱さに加えて, 経済成長率低下の要因のひとつとして指摘されているのが, 予算執行の大幅な遅れである。現政権のもとでは2015年上半期のインフラ整備予算の執行率はわずか11%にとどまっているとされ[17], 燃料補助金カットにより積み増しされたインフラ整備予算が活用されないままになっている。この予算執行の遅れは, ユドヨノ政権下でもしばしば指摘されてきた課題であった。その理由としては公務員の能力不足などが挙げられているが, 加えて, 現政権発足直後の省庁再編, なかでも公共事業省が公共事業・国民住宅省に編成されたことによる混乱がよりいっそうの遅延を招いているとされる。

以上のように, ジョコウィ政権は公約どおりに燃料補助金を削減することには成功をおさめたものの, それに伴う物価上昇と政権交代後の混乱と

いう短期的な負のショック，およびユドヨノ政権末期からの継続的な外需の縮小によって，スタートからつまずいた形となっている。経済成長率の回復のために，今後どのように効果的な対策をとるのか。ジョコウィ大統領の手腕が試されている。

おわりに

　本章ではユドヨノ政権期10年の経済について，その高い経済成長率と低い失業率に注目して概観した。ユドヨノ政権，とくにその第2次政権期経済は，中国やインドといった新興国への輸出増によって6％台の経済成長を達成したこと，一方で，実質国内総所得，すなわち，購買力で測った実質所得は経済成長率ほどには成長していなかったことを確認した。他方で，ユドヨノ政権期の成果として高く評価できるのは失業率の低下であったが，その失業率低下は，労働生産性が上昇したとともに実質賃金がその上昇以下の伸び率に抑えられた時期とほぼ一致していたことを示した。ただし，貧困者比率については，政府目標は達成されなかった。貧困削減が進まなかった理由のひとつに，先行研究は近年の不平等度の上昇を挙げているが，その背景には，産業の高度化に伴う高技能労働者（高等教育修了者）に対する賃金プレミアムの上昇があったことを本章では指摘した。先行研究をふまえるならば，中長期的には高等教育への進学機会を広げることにより，高等教育修了者の数が増えるにつれてその労働者の賃金プレミアムは下げ止まり，ないしは低下していく可能性はあるものの，短期的に不平等度を改善するためには，再分配政策が不可欠であろう。そのためには，次期政権にとって燃料補助金の削減が必要不可欠であることをユドヨノ政権期経済の経験から指摘した。

　ジョコウィ政権は発足早々に公約どおり燃料補助金削減を断行した。この補助金削減により，再分配政策やインフラ整備などに予算をまわす余裕が生じていることに加えて，国際的な原油価格の低下は，原油・石油製品の純輸入国となったインドネシアにとって交易条件の改善を通じて追い風

となり得るだろう。ジョコウィ政権はこのチャンスを十分に生かすことができるだろうか。

　最後に，本章では直感的にユドヨノ期の経済状況を理解できるよう図を多用して分析を試みたが，他の条件をコントロールできないなど，図解だけでは分析に限界があるため，本章で紹介した分析結果についてはより厳密な手法や新たなデータを用いて検討する必要があるだろう。この点については，ジョコウィ政権期経済の分析とあわせて，今後の課題としたい。

〔注〕
⑴　"A Golden Chance" *The Economist*, 10 September 2009. なお，ゴールドマン・サックス社は，それよりも早く2007年の報告書において，ドル建てでみたインドネシアの国内総生産（GDP）は2050年には日本を抜いて世界第7位になるとの予想結果を発表していた（Goldman Sachs 2007）。
⑵　2009年の政権発足時の経済政策の策定過程については佐藤（2010）を参照のこと。
⑶　貧困者比率は2012年以降，中期開発計画の目標に届いていないが，2013年6月，国連食糧農業機関（FAO）はミレニアム開発目標（MDGs）の第1目標（極度の貧困と飢餓の撲滅）に高い成果を挙げたとしてインドネシアを表彰している。
⑷　最近では，たとえば国家開発企画庁（Bappenas）長官は2011年から2012年の雇用弾力性は40万から45万人程度であったと述べている（"*Bappenas: Penyerapan tenaga kerja turun di 2013.*"［国家開発企画庁：雇用吸収率が2013年に低下］, *Antaranews*, 2 December 2013）。2013年には270万人が新たに労働者として市場に参入すると見込まれていたため，この雇用弾力性のもとでは6％成長でちょうど新規参入者分を吸収できたことになる。ただし，同記事は「2013年の成長の雇用弾力性は35万人に落ち込んだ」との長官の発表を報道したものであった。
⑸　この期間に実施された経済政策やマクロ経済動向の詳細については，*Bulletin of Indonesian Economic Studies*誌が毎号巻頭に掲載している論文（"Survey of Recent Development"）や，アジア経済研究所（各年版）を参照のこと。
⑹　輸入額も加えた貿易相手国としては，中国が2013年に日本を抜いて第1位になっている。
⑺　これは日本や韓国といった資源輸入国（かつ，輸出価格に価格転嫁が困難な国）と似た傾向といえよう。詳細は内閣府（2011，第1章）や齊藤（2014，第10講）を参照。なお，鉱物性燃料以外で，輸入総額に占める割合の推移をみていて興味深いのは電気機器（HS85）である。2000年には輸入総額の4.0％だったが，2007年には6.2％，2013年には9.7％へとその占める割合が増加している。これは輸出に占める電気機器のシェアが減少したのとは対照的である。2007年以降，その輸入額は年率22.6％増を記録しており，電気機器の輸入増もまた，交易条件の悪化ならびに交易損失の拡大に影響を与えたと推察される。

(8) この分野の先行研究としては，州別国内総生産の増加および実質賃金の低下と雇用増とのあいだに統計的に有意な相関関係があることを示した Tadjoeddin and Chowdhury (2012) や，2006 年から 2010 年にかけて製造業部門における労働生産性の増加と雇用の減少の相関関係を指摘した Manning and Purnagunawan (2012) などがある。後者は賃金水準などを考慮に入れていないため，その相関関係については慎重に扱うべきであろう。一方で，最低賃金水準の変化と雇用については，1996 年から 2004 年にかけてのデータを用いて，フォーマル・セクターの雇用減をインフォーマル・セクターの雇用増が上回ることにより，全体的には雇用が増加した，との分析結果を示した Comola and De Mello (2011) や，それとは反対に，1990 年代から 2000 年にかけてのデータを利用した推計の結果，最低賃金の引き上げがフォーマル・セクターの雇用増とインフォーマル・セクターの雇用減をもたらしたとする Magruder (2013) などがある。

(9) 生産手段が労働と資本というふたつの要素しかない場合を考える。生産量を Y，価格を p とすると，利潤 pY は労働と資本に，次のように分配される（賃金率 w と労働者数 L，そして資本レンタル率 r と資本量 K）。

$$p \cdot Y = w \cdot L + r \cdot K \Leftrightarrow wL/pY = (w/p)/(Y/L)$$

よって，実質賃金と労働生産性の比率は労働分配率に等しくなる。しかし，本節で用いている賃金データは被雇用者のものであるため，これを全就業者の平均賃金とみなした場合には，過小評価された値となっている可能性が高い。

(10) メガワティ政権下で導入された 2003 年労働法のもとでは正規雇用労働者の解雇が困難になっており，それが企業の新規雇用を躊躇させていたとされる（Manning and Roesad 2006）。

(11) 15 歳以上かつ，調査時点で過去 1 週間に 1 時間でも働いたことのある人は就業者とみなされる。

(12) 貧困者比率は貧困線（中央統計庁によって推計された必要最低限の支出水準）を下回る人口の割合。2013 年 9 月時点では都市部で 1 人当たり月 30.9 万ルピア（2900 円程度），農村部で同 27.6 万ルピア（2600 円程度）。本節で分析対象としている 1999 年以降では，とくに 2007 年前後で手法にちがいがあることに注意する必要がある。詳細は Priebe (2014) を参照。

(13) ジニ係数は 0 から 1 の値をとり，1 に近いほど不平等度が高いことを示す。インドネシアの不平等度は支出データを用いて推計されていることや，元のデータが富裕層や極貧層をカバーできていないという問題がしばしば指摘されている。たとえば Yusuf, Sumner and Rum (2014) を参照。ただし，恒常所得により支出水準が決定されているとみなすならば，支出で計測したジニ係数にも所得格差の情報が反映されていることになる。

(14) 通信業は 1991 年以降，通貨危機直後の 1998 年，1999 年を除いて 2 桁成長を続けている。

(15) "Unpriming the Pump" *The Economist*, 22 June 2013.

(16) 統計庁は 2000 年価格表示での 2015 年の国内総生産の情報を発表していないため，ここでは 2010 年価格表示での実質値を基に計算した結果を用いた。2000 年価格表

示でみた場合には，2014年の1年間（四半期ベース，暫定値）を通じて輸出の成長率はつねにマイナスとなっている。なお，ジョコウィ政権下では為替レートがアジア通貨危機以来となる1万3000ルピア／ドルを突破するなど，対ドルでルピア安が進行していることも大きく問題点としてとりあげられることが多いが，実質実効為替レートで確認するとルピアの価値は名目値ほど下落していない点に注意を払う必要がある（世界的金融危機後の水準をまだ十分に上回っており，トレンドでみるならば2014年以降むしろルピア高が進んでいる）。

(17) 財務省のウェブサイト（http://www.djpbn.kemenkeu.go.id/portal/images/file_artikel/i_account/i_account_apbn_p_semester_i.pdf）参照。

〔参考文献〕

<日本語文献>
アジア経済研究所　各年版．『アジア動向年報』アジア経済研究所．
齊藤誠　2013．「国民経済計算の一つの味わい方」（http://www.econ.hit-u.ac.jp/~makoto/essays/SNA_2013_1.pdf）．
─── 2014．『父が息子に語るマクロ経済学』勁草書房．
佐藤百合　2010．「第2期ユドヨノ政権の経済政策と課題」本名純・川村晃一編『2009年インドネシアの選挙──ユドヨノ再選の背景と第2政権の展望──』アジア経済研究所　149-171．
内閣府　2011．「世界経済の潮流（2011年I）歴史的転換期にある世界経済：『全球一体化』と新興国のプレゼンス拡大」．（http://www5.cao.go.jp/j-j/sekai_chouryuu/sh11-01/index-pdf.html）．

<外国語文献>
Acemoglu, Daron. 2002. "Directed Technical Change." *The Review of Economic Studies* 69 (4) October: 781-809.
BPS (Badan Pusat Statistik). various years. *Statistik Indonesia*. [Statistical Yearbook of Indonesia]. Jakarta: Badan Pusat Statistik.
─── 2014. *Keadaan Angkatan Kerja di Indonesia, Februari 2014*. [Labor Force Situation in Indonesia, February 2014]. Jakarta: Badan Pusat Statistik.
Comola, Margherita and Luiz De Mello. 2011. "How Does Decentralized Minimum Wage Setting Affect Employment and Informality? The Case of Indonesia." *Review of Income and Wealth* 57 (s1) May: 79-99.
De Silva, Indunil and Sudarno Sumarto. 2014. "Does Economic Growth Really Benefit the Poor? Income Distribution Dynamics and Pro-poor Growth in Indonesia." *Bulletin of Indonesian Economic Studies* 50 (2) July: 227-242.
Goldman Sachs. 2007. "The N-11: More Than an Acronym." *Global Economics Paper* (153).
Magruder, Jeremy R. 2013. "Can Minimum Wages Cause a Big Push? Evidence from

Indonesia." *Journal of Development Economics* 100 (1) January: 48-62.

Manning, Chris and Raden M. Purnagunawan. 2012. "Labor Productivity Policy Brief: Labor Productivity and Employment in Indonesia in the 2000s with Special Reference to Manufacturing." SEADI-USAID.

Manning, Chris and Kurnya Roesad. 2006. "Survey of Recent Developments." *Bulletin of Indonesian Economic Studies* 42 (2) August: 143-170.

Priebe, Jan. 2014. "Official Poverty Measurement in Indonesia since 1984: A Methodological Review." *Bulletin of Indonesian Economic Studies* 50 (2) July: 185-205.

Republic Indonesia. 2015. *Buku II: Nota Keuangan Beserta Rancangan Anggaran Pendapatan dan Belanja Negara-Perubahan, Tahun Anggaran 2016*. [2016 年国家予算案財政教書] Republic Indonesia.

Tadjoeddin, Mohammad Zulfan and Anis Chowdhury. 2012. "Employment Function for Indonesia: An Econometric Analysis at the Sectoral Level." *The Journal of Developing Areas* 46 (1) Spring: 265-285.

Yusuf, Arief Anshory, Andy Sumner and Irlan Adiyatma Rum. 2014. "Twenty Years of Expenditure Inequality in Indonesia, 1993-2013." *Bulletin of Indonesian Economic Studies* 50 (2) July: 243-254.

第**8**章

ユドヨノ政権 10 年の外交
―― 国際社会における名声とその限界 ――

相 沢 伸 広

はじめに

　インドネシアの外交は，スシロ・バンバン・ユドヨノ政権下で黄金期を迎えた。この時代，世界の経済成長のセンターと呼ばれたアジアにおいて，北東アジアでは北朝鮮の核開発や日中間の摩擦による政治的緊張が高まる一方，東南アジアでは，地域全体の安定した経済発展，中国の台頭，およびアメリカ合衆国（以下，米国）の「アジア回帰」戦略が加わり，国際社会におけるその戦略的価値は急速に高まりをみせた。東南アジアにおいて，人口・経済規模の双方において最大の国であるインドネシアは，地域の事実上のリーダーとして，国際社会にその存在感を示した。
　インドネシアの国際社会での地位向上は単純にその規模に起因するわけではない。「外交は国内政治に始まる」（Diplomacy begins at Home）と呼ばれる外交政策の黄金律のとおり，インドネシア自身がこの時期，安定したマクロ経済の成長と民主化の伸展という政治経済両面における「二重の成果」を手にしたことが，インドネシアの国際社会における重要なプレーヤーとしての地位確立に大きく寄与していた。
　ユドヨノ政権の直前 5 年間のアブドゥルラフマン・ワヒド政権およびメ

ガワティ・スカルノプトゥリ政権期は対照的に危機の時代であった。両政権とも，1998年経済危機後の経済回復への道筋をつけること，および，1999年の東ティモール独立に端を発して各地で発生した独立運動による国家分裂の危機を回避することに，その外交努力の大部分を費やした。こうした前任のワヒド，メガワティ両政権が1999～2004年の危機の時代を乗り越えたことが，ユドヨノ政権時代の政治的安定および経済成長につながっていた。

では，安定の時代のインドネシアを託されたユドヨノ政権は，こうした経済成長と民主化というふたつの国内政治の果実を，外交政策においてどのように活用したのであろうか。本章ではこのような関心に基づき，ユドヨノ政権の外交政策を概観したい。

インドネシアの外交政策にはよく知られた基本原則がある。インドネシア語で"Bebas dan Aktif"つまり，「自主と積極関与」である。これはインドネシア共和国初代副大統領のモハマッド・ハッタが1948年9月にインドネシアのとるべき外交原則について述べて以来，歴代政権が踏襲してきたインドネシア外交の基本原則である[1]。そのおおよその意味は，大国からの干渉を防ぎ主権国としての独立性を保つとともに，積極的に国際社会においてリーダーシップを発揮するというものである。時代ごとにインドネシアにとっての脅威も，国際社会に対して発揮し得る力の性質も絶えず変化するため，個別の政策にはちがいが生まれることはある。ただ，「自主と積極関与」はインドネシアの外交政策の拠って立つ基本原理としてすべての大統領が変わらず言及してきた。インドネシア外交はこの「自主と積極関与」原則を縦糸とし，時代ごとの変化を緯糸として連綿と紡がれてきたのである。

ユドヨノ政権の外交政策の特徴を見定めるうえでは，したがって，民主主義の定着と経済成長というふたつの国内の成果を基礎として，いかにして外交の基本原則である「自主」を維持し，どのような「積極関与」を展開したのかについての分析が肝要となる。そこで，本章ではまずユドヨノ政権がとった「自主」のための外交戦略，つぎに国際的地位を上げようと展開した「積極関与」政策について論じる。その両者を論じるうえでは，

こうした基本原理が試される東南アジア諸国連合（ASEAN）外交をおもにとりあげる。

第1節　「自主」を求めて

1．国際社会における自画像の模索——民主主義とイスラームの標榜——

大統領就任から約半年後の2005年5月20日，ユドヨノ大統領はジャカルタにおいてインドネシア外交の基本戦略を発表し，国際社会におけるインドネシアの自画像を，次のように語った

> われわれは世界第4位の人口大国である。われわれは，世界最大のムスリムを抱える国である。われわれは人口規模にして世界第3位の民主主義国である。われわれは民主主義，イスラーム，そして近代性が互いに手を取り合って共存する国である。[2]

ユドヨノ大統領はこのスピーチで民主主義とイスラームと近代性こそが，国際社会における現代のインドネシアのアイデンティティであると明示し，そのアイデンティティと共和国建設以来の歴史に根ざした「自主と積極関与」に基づいて対外戦略を遂行すると宣言した。

対外的にインドネシアのアイデンティティとして「イスラーム」をそのひとつに位置づけたのは，意外にもこの時が初めてであった。インドネシアはイスラーム国家ではないが，世界最大規模のムスリム人口を有し，これまでイスラーム宗教指導者が大統領や副大統領，そして外務大臣といった外交政策にかかわる要職を任じてきた経緯がある。イスラーム法学者として名高いモハマッド・ハッタ初代副大統領，国内最大のイスラーム組織ナフダトゥル・ウラマー（NU）議長であるワヒド第4代大統領，そして民族覚醒党（PKB）党首のアルウィ・シハブ外相らがそれぞれの立場に

あった時ですら，インドネシア外交の基本原理にイスラームが位置づけられることはなかった（Anwar 2010; Sukma 2003）[3]。では，なぜユドヨノ大統領がこのような戦略を選択したのだろうか。この疑問に答えるには，ユドヨノ政権が始まった当時の国際環境を概観する必要がある。

　2001年に米国を襲った同時多発テロ事件以降，米国のジョージ・W・ブッシュ政権はアル・カーイダへの「報復」として，またグローバルな対テロ戦争の一環として，イラク，アフガニスタンへの攻撃を重ねた。その後，2002年10月12日，2005年10月1日とバリ島で爆弾テロ事件が発生して，インドネシアにおいても多くの犠牲者が出た。これらのテロ事件の背後にあるジュマー・イスラミヤ（JI）などのイスラーム過激派の活動は，インドネシアのみならず，国際社会にとっても安全保障上の大きな脅威であった。加えて，アチェ，パプア等における国内の独立闘争も継続しており，インドネシアは国軍の掃討作戦による数えきれない人権問題も抱えていた。対テロ戦争における米国の積極的な軍事介入が世界各地で繰り返されていた時代にあって，インドネシアの状況は米国の介入を懸念する十分な理由がそろっていた。

　したがって，ムスリムが国民の大多数を占めるインドネシアとしては，米国などがインドネシアをイラクやアフガニスタンと同列の「テロ支援国家」や統治能力が欠如した「破綻国家」のように位置づけ，種々の介入が国際的に正当化されるような状況に陥らないよう，細心の注意を払う必要があった[4]。ムスリム社会にとっては厳しい国際環境のなかで誕生したユドヨノ政権としては，まさに「自主」という戦略的立場を守るために，インドネシアはイラクやアフガニスタンとは異なり，基本的には欧米諸国と同じ価値観を共有する民主主義国であり，統治能力を十分に備えた近代的なムスリムの国であることを繰り返し訴える必要があった。ユドヨノ政権発足時の国際状況において，インドネシアの政治的安定と経済成長の両方を可能にするには，まずイスラームと民主主義，イスラームと近代化はきわめて親和的な関係にあることを，自らを事例として国際社会に証明しなければならなかった。とりわけ先進民主主義国に対して，インドネシアが価値観を共有する信頼に足る国であるとアピールすることで，独立国家

としての立場を堅持し，つぎにその国際的な信頼を礎にして経済成長の鍵となる新規の海外投資を呼び込むことが必要であった。その時，ユドヨノ大統領が描いた近代的イスラーム民主主義という自画像は，ユドヨノ政権が国内の改革の成果を生かしつつ，不安定な国際社会において生き残るための最も重要な外交戦略上の判断であった。

2．安全保障体制の再編——米国との関係再構築——

　対テロ戦争が国際社会の関心事項となっている時代に，インドネシアの「自主」を守るためにユドヨノ政権が打った一手目は，上述したように民主主義を謳う価値外交を通じて外交上の防波堤を築くことであった。そのうえでユドヨノ政権が打った二手目は，確たる安全保障体制の構築，とりわけ米国との関係の再編であった。

　ユドヨノ政権が誕生した2004年，インドネシアと米国の防衛協力関係は，東ティモールの独立プロセスをめぐる立場の不一致により，事実上停止されていた。1999年の東ティモール独立住民投票後の内戦状態におけるインドネシア側の戦闘関与疑惑を基に，米国はインドネシアに対して武器禁輸措置をとった[5]。それまで主要な軍備を米国に依存してきたインドネシア国軍としては，新規の装備調達はおろか，既存の装備品維持のためのスペア部品供給も絶たれたことで深刻なダメージを受け，インドネシアの防衛装備の近代化は大きく後れをとることになった。この経験は，インドネシアが外交の基本原理である「自主」を堅持するうえで，防衛装備を他の一国に依存してはならないという重要な教訓となった。今後，他国の制裁によって防衛力が左右されることなど決しておきないように，防衛装備調達相手として短期的には米国との関係を再構築するものの，中期的には協力関係を多角化し，そして長期的には自国の防衛開発能力をレベルアップすることで，安全保障上のインドネシアの「自主」の立場を確立する必要があった。

　米国との関係好転のきっかけは，2004年のスマトラ島沖大地震・津波後のアチェにおける災害復興であった。就任直後に空前の規模の災害に見

舞われたユドヨノ政権は，独立派との戦闘が続いていたために外国人の立ち入りを厳しく制限していたアチェに，米軍を人道支援のために受け入れると決断した。アチェでの津波復興支援事業の後，米国政府はアチェとニアスの津波被災地での人道支援を行うために，非致死性の武器や軍用車両の一部の輸出禁止措置を解除した。災害援助活動でインドネシア，米国の国軍同士が互いの信頼を得ると，その後インドネシア空軍はC-130輸送機の購入契約を締結するなど，インドネシアと米国の信頼回復は急速に進んだ。2005年11月18日に，ユドヨノ大統領とブッシュ大統領は，韓国釜山で開催されたアジア太平洋経済協力（APEC）首脳会議の合間に軍事協力関係の正常化について討議し，2005年11月22日に，米国はインドネシアに対する防衛協力を再開すると公表した。この決定により，米国のインドネシアに対する6年間にわたる武器禁輸措置に終止符が打たれることとなった[6]。

　その後，2006年6月には，長年輸出差し止め状態になっていた戦闘機F-5がインドネシアに移送され，2006年7月には国軍将官レベルでの交流が再開された。2006年8月にはインドネシア空軍と米国空軍の合同演習がインドネシアで行われ，2007年以降はバンドンにおいて，陸軍を中心とする共同軍事演習「ガルーダ・シールド」（Garuda Shield）が毎年行われるようになるなど，順調に関係が進展した。これはメガワティ政権期にはなかった，ユドヨノ政権期の非常に重要な変化であった。2009年1月にブッシュ政権を引き継いだバラク・オバマ政権との関係も同様であり，2010年6月にはユドヨノ，オバマ両大統領の首脳会談時に，軍事協力を含む包括的パートナーシップが締結され，この合意に基づいて，2010年7月には最後の懸案となっていたインドネシア陸軍特殊部隊（Kopassus）の米国での軍事トレーニングが再開された[7]。スハルト政権下において数々の人権抑圧にかかわってきたとされる陸軍特殊部隊と，インドネシア国軍による人権抑圧を問題視してきた米国との関係再構築は，実に1992年以来の出来事であり，二国間関係，とりわけ安全保障分野における関係修復の象徴的な到達点でもあった。その後も，2011年には中古のF-16C/D戦闘機24機（7.5億ドル相当のアップグレード付き）の提供が約束されるなど，

ユドヨノ政権下では米国との関係が大きく好転した。

3．全方位外交という生存戦略——多角化と国内防衛産業振興——

「自主」の堅持を戦略的に進めるユドヨノ大統領は，第2期目の就任演説スピーチにおいて，インドネシアがめざすべき外交上の到達点として「百万の友有り，敵は無し」("Million Friends Zero Enemy")を求めると語った[8]。この言葉そのものがひとり歩きし，ともすると外交戦略の有無に疑念の目を向けられることも多かったが，ポイントは基本政策があくまでも全方位外交であるということを再確認することにあった。

じつは，上記のユドヨノ大統領の言葉も，インドネシアの外交史に位置づけるならば，とりたてて奇をてらった言葉ではない。これまで，スハルト大統領はたびたび外交政策の目標として「すべての国と友たらん」("Making friends with all nations") という言葉を用いていた。ワヒド大統領もまた，インドネシアを「すべての国と友となる国」("A country that can be a friend of all nations") にすることが目標であると述べ，ワヒド政権のアルウィ・シハブ外相は「一の敵すら過剰であり，千の友すら不足である」("One enemy is too many, thousand friends are too few") とスピーチで繰り返し述べた[9]。求める友の数が千（seribu）と百万（sejuta）と異なるがゆえに，ユドヨノが用いたスローガンには目新しさがあったものの，この言葉に象徴されるユドヨノ政権の全方位外交の展開は，インドネシアの伝統にかなったものであった。問題は，全方位外交の具体的な内容である。以下ではその特徴が最もよく現れた安全保障政策について述べていきたい。

インドネシアはこれまで，特定の国と同盟関係を結ぶことで防衛体制を構築してきた国ではない。米国とも中国とも，蜜月時代も敵対する時代もあり，その関係は時代に応じて紆余曲折を経てきた。米国と同盟関係にあった日本，韓国，フィリピン，タイ，シンガポールや，ソビエト連邦と同盟関係にあったベトナム，ラオスのように，同盟関係に基づいた国防戦

略を構築する国とは一線を画していた。

　安全保障政策においては，米国による武器禁輸措置の教訓を生かすためにも，インドネシアは自国の防衛能力を強化するため，「最低必要装備」（MEF）戦略をとった。2004年に方針検討を始め，次第に国防予算を拡大させ[10]，最終的には大統領令2008年第7号として戦略が結実した。MEFは，「緊急戦略防衛事態に必要な軍事レベルを保つために，防衛装備の新規調達は装備レベルが最低状態にある部門，また，すでに，装備品が時代遅れとなっている部門に優先的に配分される」戦略と定義づけられ，自国の防衛産業の振興とそのための多角的な対外協力関係の構築に本腰が入れられるようになった[11]。この提案には広く支持が集まり，2010年に政府が，2014年までに114億ドルの武器調達をするべく予算を国会に提案したところ，なんと国会の側から追加提示を受けた。結局，162億ドルの予算で中長期的にインドネシアの「自主」を保障する防衛体制を構築することとなった。

　前例のない規模で進められたユドヨノ政権の防衛体制の整備において，米国以外の国との協力関係構築，まさに百万の友（Million Friends）を求める方針は明確であった。ユドヨノ政権のこの方針を最初にとらえたのは中国であった。2005年のバンドン会議50周年の時にジャカルタを訪れた胡錦濤国家主席とのあいだで戦略的パートナーシップ協定とミサイル開発協力の覚書（MOU）が締結され，インドネシアとしては中国との防衛交流を拡大深化させることで，米国への依存体制から脱し，バランスをとることが図られた。

　最も，ここからがインドネシアの全方位外交の面目躍如である。まず，空軍装備の拡充のため新規空挺団の整備が図られることになったが，戦闘機はロシアから購入することに決定した。2007年にはスホーイ社のSu-30MK2およびSu-27SKM戦闘機をそれぞれ3機，計6機を発注する契約（約3億ドル相当）が締結された。さらに2012年9月には，Su-30MK2を6機（約4.7億ドル相当）発注する契約が結ばれた。米国の武器禁輸措置が空軍装備の機能不全に陥った教訓から，空軍パイロットの訓練プログラムとメンテナンスについては，ロシアではなく，運用実績で長年高い評

価を受けているインドと契約を交わす念の入れようであった。これによって，万が一ロシアが何らかの制裁を行ったとしても運用への影響を最小限に抑えられるよう準備したのだった[12]。海軍について，政府は，目玉となった潜水艦の購入については2011年12月に韓国のDaewoo社と3隻建造の契約（約10億ドル相当）を交わした。MEFでは海空軍の軍備強化が強調されていたが，陸軍についても2012年12月にドイツとのあいだで103台のLeopard 2A4型戦車など主力戦車（MBTs）の購入契約を締結した。

　以上は，MEFに基づいた「ショッピングリスト」のほんの一部である。ここでの要点は，ユドヨノ政権が悲願の軍備近代化を進めるうえで，プロセスのパートナーを意図的に多角化させ，特定の国に依存しないよう注意していたことにある。軍備調達先を多角化させるということは，装備間の相互運用性を低下させる可能性が必然的に高まる。そうした技術的なリスクを犯してでも主要装備の調達先を多角化させたことは，ユドヨノ政権が政治的なリスクをより重くみていることの証左であった。このことは，効率的にアジアにおける安全保障上の力を維持しようと模索する米国や，急速に軍事力を増強させる中国の存在など，アジアの安全保障上のパワー分布が変化しつつあるなかで，インドネシアの「自主」を確保するには「百万の友」路線，具体的には防衛装備調達先の多角化をとることが肝要であるという戦略的意思の表れでもあった。

第2節　国際社会の地位向上をめざして
――価値と規範の積極外交――

1．民主主義外交――ASEAN憲章の制定をめぐって――

　第1節冒頭で紹介したように，インドネシアが民主主義とイスラームとしてのアイデンティティを拠りどころに外交政策を組み立てた理由は，ひとつには，対テロ戦争の時代における生存戦略であったが，同時にそれは

1998年の経済危機以来，傷ついたインドネシアの国際社会における地位と威信を回復させるための積極外交の幕開けでもあった。ただ，建国以来，スカルノ期，スハルト期と権威主義政権が長く続いたインドネシアにおいて，民主主義をインドネシアの積極外交の基本理念とするには，多くの困難と困惑があった。第1に，近隣国との関係である。東南アジアには君主制，軍政，一党独裁体制，民主主義体制と，多様な政治体制が並存し，内政不干渉原則のもと，互いの統治原理，規範のちがいを問題視せず，共存するという合意があった。1990年代末まで，権威主義体制の範となっていたインドネシアが，この5年で民主化したからといって，即座に隣国に民主主義の価値を説いたところで説得力はなく，隣国の困惑を招くこと必至であった。したがって，よほどの梃子入れをしないかぎり，民主主義外交は画餅に帰す可能性が高かった。第2に，国内において外交政策を決定するアクターが増えたことで合意形成の難易度が上がった。国内の政治過程が民主化したことにより，外交政策もまた，国会および国民への説明責任を強く問われることになった。外交上の戦略も，国民および国民を代表する議員の承認なしには遂行に困難が伴う。民主主義外交を提唱する以上，こうした新たなアクターを無視することは許されず，これまで外交政策を専権的に扱っていた大統領府，国家官房，外務省にとって，民主主義外交は自らの政策選択のフリーハンドを縛るものでもあった。

　以上のふたつの困難を乗り越えてでも，民主主義外交にこだわり，東南アジアの近隣外交にも適用しようと考えたのは，国益上，インドネシアの国際社会における戦略的重要性を高めるには，単独行動によるパワーゲームで勝負するよりも，開かれた規範と価値を共有するASEANを梃子とし，そのリーダーとして振る舞うことが国益上最も有利であると考えたからにほかならない。ここでは，どのように民主主義外交の重要性がインドネシアでとらえられ，それを実現するためにどのように困難を乗り越えながら，どのようにしてインドネシアが民主主義外交を進めていったのか，ASEAN外交を例にみていきたい。

　民主主義外交はまず，ASEAN憲章の制定プロセスにおいて試されることとなった。2007年11月20日のASEAN外相会議で採択・署名され，

2008年12月15日の首脳会談でASEAN憲章は発効した。ASEAN憲章制定の目的は，ASEANを国家間の協定から，国際機構へと格上げすることで，共通の価値，政策目標を明文化しメンバー国間で共有するとともに，その価値，政策目標を国際社会に働きかけようとするものであった[13]。それまでのASEANには相互内政不干渉と，全会一致の原則という伝統が存在した。ASEAN憲章をつくり，憲章における規定に対して各国に憲章規定の遵守という責任を科すということは，僅かながらも主権譲渡につながる可能性もあったため，草案づくりは慎重を要する作業であった[14]。

ASEAN憲章のなかでも合意が難しい条項は，人権機構の設立についてであった。憲章内容について首脳会談や賢人会議で繰り返し確認されたのは，やはり内政不干渉の原則であったが，インドネシアのハッサン・ウィラユダ外相は，加盟国の人権状況を審査する組織の設立にこだわった。彼は，この人権に関する規定がなければ，国際社会においてASEANが敬意をもって認められる意味のある組織にならない，すなわちインドネシアが盟主になっても仕方がない組織になると考えていた[15]。

東南アジアの状況にかんがみれば，人権状況の悪化を理由にASEANの介入を許す規定に居心地を悪くする国の方が多い。内政不干渉の原則のもとに，隣国の政治規範には立ち入らないというASEAN加盟国間の暗黙の了解に反するハッサン外相の交渉戦略に対し，ハッサン外相の元上司でもあり，賢人会議のメンバーである元インドネシア外相のアリ・アラタスも，「自分のやっていることがわかっているのか」と，注意を与えていた。しかし，ハッサン外相は，米国など外部の国に人権を理由にASEANを非難する機会を与えないためにも，ASEAN自身が人権問題に対処するメカニズムをもっていることを示すことが戦略的に必要であると考えていた[16]。ASEAN人権委員会には，加盟国の人権状況について調査する権限が付与されている。政治体制のヴァリエーションが多様なASEANにおいて，こうした組織の設立に合意したこと，そのなかで，インドネシアが人権機構の設立にリーダーシップをとったというのは，決して小さくない歴史的な偉業であった。こうした外交が上手くいった背景を理解するためには，外相個人のイニシアティヴに加え，インドネシア国会の役割を指

摘しておかなければならない。

　民主化後のインドネシアにおいて，外交条約は，大統領の署名の前にかならず国会の承認を得る必要がある。したがって，ハッサン外相は2007年11月20日に採択されたASEAN憲章に対する国会の批准を得るため，国会の外交安全保障委員会（第1委員会）で説明を求められた。

　ASEAN憲章に対する国会の反応は，第1に人権組織の規定を強く要求するものであった。その理由としてしばしば挙げられるのが，インドネシアがASEANの盟主として，主導的な立場からミャンマーの人権抑圧状況に変化をもたらさなければならない，という論理であった。

　ASEAN人権委員会委員長でもあるゴルカル党のマルズキ・ダルスマン国会第1委員会委員は，「われわれはASEANに人権委員会ができたのを心から喜びたい。われわれはこのためにがんばってきたのであり，大きな突破口を開いた。11月にシンガポールでの調印式が滞りなく進められることを願う」と述べ，当時最大与党であったゴルカル党として，この条約を承認する用意があると述べた[17]。国会第1委員会のジョコ・スシロ（国民信託党）もまた，「この新しい人権組織がミャンマーの民主化への道を，とりわけ政治犯の釈放を求めるものとなることを願う。いまはもう，ミャンマーが国際社会の人権基準に沿う必要がある」と述べ，ミャンマーを念頭に外相をサポートする考えを明らかにしていた。そしてASEANの人権憲章については，国会第1委員会の評価として，「フィリピンと並んで，最も民主化したインドネシア」がイニシアティヴをとるべきだと求めた[18]。

　2007年9月20日には，国会第1委員会委員長のセオ・サンブアンガ（ゴルカル党）がミャンマーの国内情勢に対して懸念を表明し，日用品の高騰で反対運動を行った僧侶に対する抑圧的な治安手法などにふれて，ミャンマー軍政に対してこうした抑圧的な行為をやめるよう圧力をかけるべきだと，ハッサン外相に求めた。セオ委員長は続けて，「ミャンマー人は民主化に向けたロードマップを遵守するよう，真剣に考え直すべきである…（中略）…緊急に求めるべきは政治犯の釈放であり，民主化闘争家のアウンサンスーチー氏の軟禁解除である」と述べ，「ASEANの枠組みにおいて（できる圧力というのは），ミャンマーがその抑圧的な支配行為を改めな

いかぎり，ASEANの会議に招待しないということもあり得る」と，外相よりはるかに強い口調で要求を述べた[19]。

　人権委員会の設置については国会のサポートがあったものの，思わぬ落とし穴があった。憲章の批准にあたって，国会第1委員会のアンドレアス・パレイラ委員（闘争民主党）は，「われわれがASEAN憲章を批准する前に，政府は国民に対して，このASEAN憲章が一体どのようなものなのか，周知しなければならない」と述べ，「国民が憲章を支持していることが明白にならないかぎり，われわれは批准しない」と主張した[20]。ジョコ・スシロ委員も，国民への周知，議論への参加が批准の大前提だというポイントに同調し，政府は国会が自動的に批准するだろうとは思わないほうがいいと，念をおした。さらに，「この憲章がインドネシアの国益にとって，どのような利益があるのか，なにもみえない。もしも，インドネシアの国益にならないのであれば，批准する必要などあるだろうか」と疑問を投げかけた。委員会メンバーの批判は止まらず，目玉となる人権機構についてもいつまでに設置するのか明記されていない以上，なにも実現するとは思えず，人権について強調している割には，移民保護についての規定もなく，相変わらずコンセンサスベースの実効力の薄い内容となっているという批判が委員会で繰りかえされた[21]。

　インドネシア国会での議論が紛糾したために，ASEAN憲章の批准には時間がかかった。そもそもASEAN憲章を強引に主導したのはインドネシアであり，なかでも各国の反対や賢人会の忠告をふりきって，ASEAN人権機構をつくるという文言を強引に入れたのはインドネシアであった。人権や民主主義の文言を入れることにこだわったインドネシアが，結果的に最も遅れて批准することになり，ほかのASEAN各国の不興を大いに買った。あらゆる手段を使って，批准を遅らせるだろうと思われていたミャンマーが，対照的にはるかに早く批准をすすませたのは，皮肉な結果であった[22]。

　インドネシア国会での審議が大幅に遅れた理由のひとつは，シンガポールのリー・シェンロン首相の発言にあった。2008年7月，リー首相は，シンガポールで開かれたASEAN閣僚会議で，「憲章の批准はなるべく早

いタイミングで行うのがよい。国内手続きの事情がちがうのは知っているが，ASEAN 統合が，その手続きが最も遅いメンバーのせいで，とどめおかれてはいけない。さもなければ，われわれは一部の問題によって皆が遅れをとることになる」と述べた[23]。このリー首相の発言は，インドネシア国会で大反発を惹起することになった。

　ジョコ・スシロ委員は，「もしもこのまま批准してしまったら，まるで，シンガポール首相の圧力で批准したようにみえかねない」と述べ，アブディラ・トハ委員（国民信託党）も（まだ批准していない）タイやフィリピン，インドネシアは「本物」の議会があるわけで，時間がかかるのは当然であり，議会が政府の言いなりであるシンガポールやミャンマーとはちがうとリー首相に反論した[24]。当時，国会第２党であった闘争民主党は，インドネシアの国益にかなわないとして，憲章批准に反対の意向を示していた[25]。こうして政府は，ASEAN 憲章批准のために第１委員会の 49 人のメンバーのうち 25 人の賛成票を得るため，政党間の駆け引きに忙殺されることになった。

　インドネシアの国内政治に ASEAN 憲章の行方が左右される状況に，各国代表の不満は募り，ハッサン外相は国会と各国代表と双方の不満，批判に板挟みになりながらも，ゴルカル党の協力を得て政党間工作を行い，批准を成功させた。この一連のプロセスは，スハルト期のそれとは大きく異なる，民主化期のインドネシアにおける外交政策の象徴的なプロセスであった。外交政策を進めるうえで，たとえこれまで以上に国内の合意形成に大きな時間と労力を割く必要が生じたとしても，政府として ASEAN 憲章を核とした民主主義外交をインドネシア外交の看板にすえて実行したのは，ユドヨノ政権の並々ならぬこだわりの賜物でもあったといえる。

2．ASEAN の危機を支えるリーダーとして——サイクロン・ナルギス支援をめぐる三択——

　インドネシアが ASEAN を外交上のパワーベースとして利用するには，ASEAN が実態としてまとまりをもつ必要があり，ASEAN がまとまりを

もつためには一定の価値規範の合意が必要である。しかもその規範はASEANの外とも共有され得る，開かれた規範である必要がある。そう考えて，インドネシアはASEAN憲章の制定と，憲章に民主主義・人権条項を入れることにこだわった。しかし，ASEAN憲章を制定すればそうした戦略的な目的達成が約束されるものではない。規範の共有は，合意形成メカニズムを下支えするものとして機能しなければ効果はなく，とりわけ困難な課題に対する合意形成ができなければ，一体性のあるASEANというのは机上の空論に終わってしまう。したがって，困難な課題を前にしたASEANの合意形成能力の有無は，インドネシア外交の戦略的成否を左右し，またASEANの国際社会における価値を決定づけるものでもあった。

ユドヨノ政権時代に，ASEANの存在価値は幾度となく挑戦を受けたが，最大の試練は，2008年サイクロン・ナルギス（Nargis）による被害を受けたミャンマーにASEANがどのように対応するかというものであった。

2008年5月2日，サイクロン・ナルギスはミャンマーに上陸し，大雨や洪水，強風，そして高潮を引き起こし，イラワディー河デルタの住民に甚大な被害をもたらした。ミャンマー政府の最終発表によれば，死者の数は13万8000人以上に上るとされた。空前の被害にもかかわらず，ミャンマー政府は国際援助の受入れについて，きわめて慎重であった。5月5日，国連本部ミャンマー代表部は二国間の救援物資援助については歓迎するものの，外国人の救援要員が入国することにとりわけ消極的な姿勢を示し，5月9日には，外国の救援チームやジャーナリストの入国要請を「受け入れる準備ができていない」として拒否したため，支援活動の展開を準備し，待機していた各国支援関係者のあいだでフラストレーションが高まっていた。

5月19日，このような状況を受けてシンガポールで緊急ASEAN外相会議が開催された。議長国シンガポールの外相ジョージ・ヨウを中心に，ミャンマー外相ニャン・ウィンとともに，ナルギスの災害復興緊急支援策について話し合った。この会議で強いイニシアティヴをとったのがインドネシア外相のハッサンであった。この会議でハッサン外相は，ASEAN各

国が主張する援助要員の受入れを渋るニャン・ウィン外相を前にして，善後策を3つの案から選択するよう迫った。それは，第1には国連主導で世界各国の支援活動組織および米国を含めた軍の支援部隊も受け入れる案。第2にASEANを窓口として世界各国が救援活動や復興活動を行い，その調整にASEANが力を尽くす案。そして第3にミャンマーが単独で対応し，ミャンマー国民の人命救護，また各国支援部隊がミャンマー政府の許可なく入国した際の混乱の双方に対して，ASEANとしては関知しない案であった。第3案には，この案を選択すれば，ASEANという組織がもはや，今回のようにASEAN内でおきた深刻かつ緊急の問題に対して何の役にも立たない組織であることを国際的に広く知らしめ，ASEANの命運はここで絶たれることになる，とも付言された。ハッサン外相のねらいは最初から第2の案をのんでもらうことであり，そのためにも，きわめて強い言い方でニャン・ウィン外相に決定を迫った。この選択が提示された後に席を外したニャン・ウィン外相は，しばらくして会議に戻った後（おそらくはタン・シュエ議長の了承を電話でとりつけたうえで），第2の選択肢を受け入れることを発表した[26]。

　そもそもなぜASEANが緊急に会議を開いたのかというと，ハッサン外相がひとつめの選択肢で掲げたように，サイクロン・ナルギスの被害にASEANがどのように応答するのかという点が，ASEANという組織の意義，ASEANというまとまりの有用性，有効性が試されていると，各国の代表が感じたことにあった。国連，米国，中国，日本，そしてインドも有効な援助のチャネルを開けないなかで，米国の経済制裁下にあるミャンマーがフル資格で参加しているASEANが，国際社会になりかわってこの困難を乗り越えさせられるかが，試されていた[27]。ここで救わなければいけないのは，一義的にはミャンマー国民であったが，インドネシア外交の文脈でとらえれば，それはASEANそのものの存在価値を救うための外交交渉でもあった。したがって，ナルギス支援の一連の外交交渉の成功は，国際社会における他のプレーヤーがなし得なかったことをASEANが可能にした大きな実績であり，ASEANというまとまりのもつ有効性，必要性に対する国際的なコンセンサスの形成につながったのであった。

第 8 章　ユドヨノ政権 10 年の外交

　当時の ASEAN 事務局長スリン・ピッツワンは，ASEAN を通じて進められたミャンマーの災害緊急支援，復興支援を評して，「われわれはあらゆる困難にもかかわらず，世界をヤンゴンにつれてくることに成功した」と述べた（ASEAN Secretariat 2010a）。その後，2011 年の 11 月 17 日から 19 日にインドネシアのバリで開かれた ASEAN 首脳会議において，議長国インドネシアの強い支援のもとに，ミャンマーが 2014 年の議長国に就任する旨が決定された。ミャンマーはもともと 2006 年に就任予定であったが，欧米諸国からの強い反対などもあったため，この時は ASEAN 各国もミャンマーに議長国就任の辞退を求めた。米国の経済制裁をはじめとして，ミャンマーに対する国際的な信頼がきわめて低かったタン・シュエ議長時代に，インドネシアの強いイニシアティヴもあって ASEAN は頼れる地域機構として存在感を発揮し，それを主導したインドネシアは，外交的な信用を獲得していった。その意味で，ハッサン外相が勝負をかけてニャン・ウィン外相に 3 択を迫った瞬間は，ASEAN とインドネシアが国際社会において外交的に価値を高め，今日の国際関係のなかで両者ともに重要なアクターであるという地位を確立した決定的な瞬間だったといえるであろう。

3．途上国・新興国代表として

　インドネシアはこうして ASEAN の盟主としての地位を固めることに腐心しつつも，さらには ASEAN を超えた存在として，とりわけ，新興国代表として先進国と協力してグローバルイシューに取り組む存在であるという地位の確立を模索していた。世界の経済力の分布が変わるなかで，2009 年から経済問題について討議する世界で最も重要な会議として，主要 20 カ国・地域（G20）はその役割を主要 8 カ国（G8）から譲り受けていた。インドネシアはその G20 のメンバーとして，とりわけ東南アジア唯一のメンバーとして，東南アジアを，さらには新興国を代表する役割を任じようと意欲をみせた。その第 1 の現れが，G20 財務相会議前の ASEAN 金融担当者ミーティングの実施であった。先進国主導で決まるさ

233

まざまなグローバル経済のルールのなかに、どれだけ途上国の国益にあわせたルールを入れこむことができるのか、また途上国の問題を共通の課題としてアジェンダセッティングできるのかがインドネシアに求められた外交的役割であった[28]。G20におけるユドヨノ政権の外交のハイライトは、2012年にメキシコで開催されたG20ロスカボス首脳会議において、新興国のインフラ開発のための新たなグローバルファイナンシングスキーム構築に強い指導力を発揮したことにあった。インドネシアは、当時世界が米国の「財政の崖」や欧州の金融危機に注目するなか、民間の余剰資金をいかに将来の成長のためのインフラ投資に振り向けることができるか、その制度構築こそがわれわれの問題、G20で取り組むべきアジェンダあると、会議を導いた。インドネシア政府は、2008年の経済危機を乗り切った数少ない新興国として勝ち得た政治的資源をグローバルな会議において活用することに注力したのであった。

　ユドヨノ政権のこうしたグローバルイシューへの取り組みのなかでもうひとつの成果として挙げられるのは、地球温暖化に伴う海面上昇問題に関する国際会議における外交である。北スラウェシ州マナドで開催された世界海洋会議（World Ocean Conference）において、インドネシアが、海面上昇に伴って被害を受けた新興国に対して補償を行うスキームを提案し、2009年12月にコペンハーゲンで開催される国連気候変動枠組条約第15回締約国会議（COP15）において、海面上昇等の海洋沿岸地域の問題が組み込まれるようイニシアティヴをとった[29]。これらは、インドネシアがASEANの盟主として、築き上げた国際的な信用を基に、国際的なルールづくりに積極関与していった事例である。国際的なルールを自国の成長や自国の安定に資するように働きかけるという戦略は、まさに安定期の外交を任されたユドヨノ政権だからこそ可能であった。しかし、インドネシアの政治的安定と経済成長は続いたものの、上記の外交アプローチにも次第にその限界が顕在化してきた。その点を時節でみていきたい。

第3節　インドネシア外交の限界
——南シナ海問題と 2014 タイ・クーデタ——

　ユドヨノ政権下のインドネシアは，ASEAN が寄せ集めではなく，政治的に意味のある地域共同体として国際社会において機能し，なにより冷戦期のように大国間対立の代理戦争の場とならないよう外交努力を重ねてきた。ASEAN 域内の問題は ASEAN が解決するという意思と能力を積み重ね，2011 年のバリで開催された ASEAN 首脳会議において，ミャンマーが 2014 年の議長国となることを国際社会に発表したのは，まさに ASEAN が世界にその存在感をみせた大きな瞬間でもあった。

　しかしその翌年以降，インドネシアが注力した ASEAN 外交の限界がふたつの大きな出来事を契機に露見していった。ひとつめは，2012 年プノンペンで開催された ASEAN 外相会議の南シナ海における中国と ASEAN の係争国とのあいだの紛争調停であり，ふたつめは，2014 年タイのクーデタである。以下，それぞれについてみていきたい。

　プノンペンの外相会議で最大の問題となったのは，南シナ海における中国とフィリピン，中国とベトナムのあいだの係争を ASEAN 全体の問題であると認め，ASEAN が一体となって中国との交渉を行えるか否かという点にあった。2012 年，議長国であるカンボジアは南シナ海について共同声明に盛り込むことに反対し，盛り込むことを主張するフィリピンやベトナムとの議論は平行線をたどった。最終的に加盟国間のコンセンサスをつくることに失敗し，ASEAN 創設以来，初めて外相共同声明が発表できないという失態につながった。この事態に危機感を抱いたインドネシアは，外相会議後，マルティ・ナタレガワ外相のシャトル外交を通じて，ASEAN 加盟国の関係を維持しようと奔走した。ここで明らかとなった限界とは，ASEAN はタイとカンボジアの紛争時のように，域内国同士の紛争については積極的にかかわり，重要な役割を果たし得るものの，中国のような域外の国と加盟国のあいだの紛争についてはほぼ無力であるという点であった。

もうひとつ，ASEAN 外交の限界を露見させたのは，2014 年のタイ・クーデタであった。2014 年 5 月 22 日に発生したタイのクーデタは，タイにとってのみならず，インドネシアにとっても大きな外交上の痛手であった。ユドヨノ政権の民主主義外交のひとつの目的は，東南アジア全体において民主主義の規範を共有することにあった。具体的には，ASEAN 憲章のなかに記されたように，ASEAN 加盟国が民主化を志向し，人権状況の改善にコミットすることであった。それは，政治体制が混在している ASEAN 内において，内政不干渉を盾にして国内の超法規的権力奪取や人権侵害に目をつむる時代は終わったことを，国際社会に共同で誓いをたてることであった。
　インドネシアからみれば，ASEAN 憲章時に最後まで上記の点に同意しなかった ASEAN 後発国（カンボジア，ラオス，ミャンマー，ベトナムのいわゆる CLMV 諸国）や，マレーシアやシンガポールといった制限された民主主義国とは異なり，タイとフィリピンはインドネシアが域内において民主主義外交を進めるうえできわめて重要な仲間であった。
　ところが，そのタイでクーデタが実行され，ASEAN 憲章という共同の誓いに謳った超法規的権力奪取の禁止条項に真っ向から違反した。苦労して全会一致で制定された ASEAN 憲章をこのように簡単に骨抜きにするタイの行為は，インドネシアとしては許されるものではなかった。インドネシアは即座に，ASEAN としてタイのクーデタに抗議の声を挙げるべきだと，議長国であるミャンマーそして ASEAN のほかのメンバーに呼びかけた[30]。しかし，この働きかけは失敗に終わった。ミャンマーはいち早く，「時には軍が出て行かないといけないことを理解する」といって承認し，カンボジアも「国王に承認された政権であれば反対する理由はない」といって口をつぐんだ[31]。タイ・クーデタに対して ASEAN として非難声明を発することができなかったのは，インドネシア外交の明らかな敗北であり，同時に，ASEAN 内の政治的価値共有に疑問符をつける形となった。政治的単位としての ASEAN の弱さがここで露呈した。その結果，インドネシアの外交戦略は，ASEAN 各国の政治体制の多様性に基づいた内政不干渉の原則に風穴を空けることはできず，その限界を露見させたの

であった。

第4節　ジョコウィ政権とインドネシア外交の変化の始まり——「海洋国家」戦略の可能性と限界——

　2014年の大統領選挙を前に開催された正副大統領候補による第3回討論会のテーマは外交であった。プラボウォ・スビアント＝ハッタ・ラジャサ，そしてジョコ・ウィドド（通称ジョコウィ）＝ユスフ・カラの両候補に投げかけられた最初の質問は，「あなたが大統領になったとき，外交政策において最も優先順位の高い課題はなにか」というものであった。この質問に対し，両候補はともに「海外インドネシア人の安全を守ること」と答えた。選挙前であるがゆえに，選挙権をもつインドネシア国民にアピールしなければいけない場であるという文脈を差し引いたとしても，両候補ともに同じ国内向けの政策を外交政策の最優先事項として考えていたということは，国際社会におけるインドネシアの自画像の変化を示した象徴的なことであった。

　さて，それはどのような変化であろうか。ユドヨノ政権が民主主義や人権，穏健イスラーム，グローバルイシューへの協同など，価値の共有を通じて自国の戦略的地位を高め，国際社会における指導力の向上を外交政策の目標に掲げて，価値においてインドネシアの国益を測ったのとは異なり，ジョコウィ政権からは，より数値化，計量化しやすい，経済的利益やインドネシア人の身体生命の安全といった形で国益を定義する姿がみえてきている。ユドヨノ政権時代に培った国際社会におけるインドネシア外交の名声に支えられた外交戦略もその限界がみえはじめ，新たな国益の定義のなかではこうした名声の価値も大きく低下することになった。

　ジョコウィ政権の外交政策の基本原理は，ミャンマーのネーピードーで開催されたASEAN首脳会議の場で発表された。この場でジョコウィ大統領は，インドネシアのアイデンティティは「海洋国家」であると国際社会に向けて発信した。ネーピードーで発表した海洋国家ドクトリン5原則

のうち，第4原則では「海洋外交」という言葉を用いてインドネシア外交の最重要課題として海上紛争の対話による解決を求めることを規定した。第5原則の「海洋防衛力」については，インドネシアの防衛力増強は，海洋上の主権と権益を守るための防衛力向上のみならず，航行の安全を守るためのものでもあると述べた[32]。

　ここで海洋国家を掲げることの外交上の意義はふたつあるだろう。第1に，ここでユドヨノ政権下においてこだわり続けてきた「民主主義」という看板を下ろした，ということである。ユドヨノ政権末期にさまざまな限界をみせた民主主義外交に見切りをつけ，引導を渡したという点は大きな決断であった。ユドヨノ政権のように，ASEAN共通の問題やグローバルイシューへの取り組みなど，価値の共有を通じて外交を有利に進めるのではなく，あくまでも地政学的戦略に基づいた外交を展開する方がインドネシアの国益にとっては有利であるという新政権の政治判断であった。

　第2に，ジョコウィ大統領のスピーチは，インドネシアの外交政策の基本方針が多国間主義ではなく一国主義へと政策原理の振り子が揺れ戻ったことを示している。繰り返しになるが，ジョコウィ政権にとっての国益の定義は，民主主義，穏健イスラーム社会のような規範的価値によってではなく，（経済的）利益や（領土・領海）主権などの言葉で説明されるようになった。ASEANの経済統合まであと1年となったいま，こうしたインドネシアの一国主義への回帰は，東南アジア地域における国家間関係の力学を大きく変える可能性をもつ。ジョコウィ政権にとってASEANの一体性は，インドネシアのパワーを発揮するための梃子となり得るのではなく，タイのクーデタやカンボジア外相会談の時のように，かえって足かせとなってしまうという厳しい評価であった。とりわけ重要なのは，2015年末のASEAN経済共同体の発足を見据えたとき，新しいASEANを新たな協力関係ではなく，新たな競争関係の文脈で警戒する見方である。この見方は，ネーピードーで開催されたASEANサミットにおいてASEAN経済共同体についてジョコウィ大統領が発言した際に，「インドネシアはビジネスに開かれている。しかし，インドネシアは他の主権国と同様の考えであるが，国益を損なうことは決してないと約束する必要がある」と述

べ，他国との関係を測る基準としての損得勘定を重視する視点を明らかにした点に象徴的に現れている[33]。ジョコウィ大統領の外交顧問を務めるリザル・スクマ戦略国際問題研究所（CSIS）所長の次の発言は，新政権にとってのASEANの位置づけをより正確に語っている。「われわれはかつてASEANこそが外交の基礎（the cornerstone）であるといっていた。今，それをわれわれは外交の基礎のひとつ（a cornerstone）であると変更したのだ」[34]。ASEANをインドネシア外交の成功と不可分な関係にあると考える，ユドヨノ政権1期目のハッサン外相のような認識はジョコウィ政権にはもうない。ASEANは使えるときは使う，使えないときは使わないという，あくまでもさまざまな枠組みのなかのひとつとして位置づけられるものとなった。

おわりに ——国際社会におけるインドネシア自画像のゆれとASEAN外交——

　ユドヨノ政権期の外交を概観することで，インドネシア外交の構造的特徴が明らかになった。それは，大国間関係についてはコンセンサスがある一方で，隣国関係とりわけASEAN政策についてはインドネシアのポリシーサークルのあいだで大きな意見の相違があるということである。そして，そのASEAN政策の相違は，時の政権担当者，外交政策担当者のもつインドネシア自身の自画像の相違に直結するという点である。

　日本からインドネシア外交をみると，親日なのか，親米なのか，親中なのかに関心がどうしても集まる。しかしながら，ユドヨノ政権を概観してわかることは，日米中といったインドネシアにとっての主要大国に対する外交は，多角化，バランシングの原理を適用するということで政策当局者たちが一致しているということである。ユドヨノ政権のスピーチライターとして活躍した元大統領府報道官ディノ・パティ・ジャラルが語るとおり，インドネシアの大国との関係は，「自主かつ積極的関与」であり，今後もどこかの国と同盟関係を締結し，他国の軍を常駐させるようなことはない

だろう (Djalal 2008)。したがって，中国のパワーが過度に大きいときには，必然的に日本や米国との関係を改善しようと考え，また，米国のパワーが過度に強く行使されるときは，中国，日本に秋波を送ることになるだろう。さらにいえば，北東アジアの関係がこじれれば，中東や南アジアに関係を求めるといったように，大国間のバランシングと全方位外交をとることで，インドネシアの「自主」を堅持するという外交政策の基本原理において，おそらく大きなちがいは出てこない。

　ところが，問題になるのは近隣外交，とりわけ ASEAN 外交である。たとえば，ユドヨノ政権の第 1 期目の外相であったハッサンは ASEAN を礎にして東南アジアの盟主としての自画像を求めて外交戦略をたてた。第 2 期目の外相だったマルティは，インド洋・太平洋という言葉を好んで用い，ASEAN およびアジア太平洋という枠を超え，インド洋を射程に入れた地域のなかでのリーダーシップを発揮する指導者像を求め，より広い活躍の場を定義づけようとした。ジョコウィ政権の外交顧問のリザルは，海洋国家という形で，もはや地域的な縛りのないグローバルな自画像を描いている。インドネシアの自画像がどのように描かれるかによって，ASEAN のもつ重要度は大きく変わるのである。

　この自画像の変遷は，冒頭の話に戻るが，民主主義の定着と経済成長というふたつの成功によるところが大きい。民主主義の定着と経済成長，とりわけ 2008 年のリーマン・ショックを乗り越えて堅調な成長を続けるインドネシアの経済があるからこそ，外交政策に投影する自画像もまたより大きくなる。大国としての自画像が描ければ，ユドヨノ政権当初の外交政策のような，価値共有に基づくルールづくりではなく，より戦略的，地政学的なパワーを基本原理とする政策を選択することも理屈にかなう。今後，ジョコウィ政権が志向するパワーで規定する外交政策は，ASEAN の盟主としてのインドネシアではなく，より高みをめざした単独行動主義の外交を進めることになる可能性をもつ。また，民主化したインドネシアにおいては，外交政策による成果について，短期的に絶えず国民が説明を求めるため，きわめて内向きの単独行動主義へと収斂していく可能性もまた秘めることになるであろう。

〔注〕
(1) 1948年9月2日,中央インドネシア国民委員会 (Komite Nasional Indonesia Pusat: KNIP) における演説。演説ではインドネシアが米ソの2大国間の力学の犠牲にならないよう,国内政治に対する決定,またそのような決定を可能にする国際社会の地位をもつ主体的な存在であることを外交の要諦とするよう論じた (Widjaja and Swasno 2002, 191)。
(2) 2005年5月20日, Indonesian Council on World Affairs (ICWA) でのユドヨノ大統領基調講演より。
(3) ワヒド大統領と同政権下でのアルウィ・シハブ外相時代には,中東への関心を高めたという特徴はみられる。ただ,そこでの関心はあくまで国際通貨基金 (IMF) 卒業を睨んだ海外からの投資誘致という理由づけの方が大きい。国交のないイスラエルとの通商関係の再構築等の成果が盛んに喧伝されたが,それは主として経済的な利益を求めたものであり,宗教的な政策は後景に退いていた。
(4) 米国のインドネシアへの介入は,1958年に地方反乱を起こしたインドネシア共和国革命政府 (PRRI) に対する支援などの歴史があり,その歴史的教訓は現在でも続いている。
(5) 1991年に東ティモールでおきたディリ事件を契機に1992年から一度協力関係は停止し,1995年には一部再開されたものの,1999年改めて停止された。
(6) 第1に,ユドヨノ大統領が公正な選挙を通じて選ばれた大統領であり,第2に米国の対テロ戦争においてインドネシアが重要な戦略的パートナーとなったというふたつの要因もまた,米国の方針転換の理由であった。加えて,米国はここでインドネシアに対して,対イラン制裁に同調するよう求めている。
(7) 2010年7月22日,ロバート・ゲーツ米国国防長官記者会見。そもそも米国の軍事協力停止は陸軍特殊部隊の東ティモールにおける虐殺行為が契機であった。訓練再開に先立ち,当時の虐殺にかかわった兵士全員が陸軍特殊部隊から所属を外れることが合意の条件だったことをゲーツ国防長官は明かしている。
(8) 2009年10月20日,大統領所信表明演説より。
(9) この言い回しはアリー・イブン・アビ・タリブ (イスラーム教の第4代カリフ) の言葉,「千人の友がいても,不要な友などひとりもいないが,ひとりの敵がいれば至るところで不要な友と出会うだろう」に通じる言葉を用いている。
(10) ユドヨノ政権期の国防予算の伸びをみてみると,2004年に2.39億ドルだった予算が,2005年2.47億ドル,2006年2.59億ドル,2007年3.57億ドル,2008年3.40億ドル,2009年3.25億ドル,2010年4.70億ドル,2011年5.82億ドル,2012年7.74億ドル,2013年8.43億ドル,2014年7.91億ドルと,約3倍の水準に達した。
(11) MEF戦略の詳細については,2008年インドネシア防衛白書 (Departemen Pertahanan Republik Indonesia 2008) 参照。
(12) この判断は,かつて戦闘機・空挺団の整備が米国の武器禁輸制裁措置により最もダメージを受けた経験から得た教訓に基づくものである。インドネシア空軍の主力

部隊であった 12 機の F-16A/Bs および 16 機の F-5E/F 戦闘機が，かつて部品供給を受けられず実質的に機能しなかった苦い経験がある。
⑬　この結果，各国は ASEAN 担当大使をおき，国際会議にも ASEAN 代表として出席するポストが生まれ，国際的な認知度は一気に上昇した。
⑭　ASEAN 内政不干渉の原則についての変化をめぐる政治過程については，鈴木（2014）を参照。
⑮　ハッサン・ウィラユダ元外相へのインタビュー，2012 年 11 月 28 日，ジャカルタ。
⑯　同上。
⑰　"Experts, MPs welcome right body in proposed charter." *The Jakarta Post*, 1 August 2007.
⑱　同上。
⑲　"MP Urges RI Govt to Apply Pressure on Myanmarese Regime." *ANTARA*, 21 September 2007.
⑳　"House tells govt, explain the ASEAN charter to the public." *The Jakarta Post*, 18 January 2008.
㉑　同上。
㉒　批准した順番に国名を列挙するとシンガポール（2007 年 12 月 18 日），ブルネイ（2008 年 1 月 31 日），マレーシア（2008 年 2 月 14 日），ラオス（2008 年 2 月 14 日），カンボジア（2008 年 2 月 25 日），ベトナム（2008 年 3 月 6 日），ミャンマー（2008 年 7 月 21 日），タイ（2008 年 9 月 16 日），フィリピン（2008 年 10 月 7 日），インドネシア（2008 年 10 月 21 日）であった。
㉓　2008 年 7 月 21 日，第 41 回 ASEAN 閣僚会議オープニングスピーチ（http://www.mfa.gov.sg）。
㉔　"Opposition to ASEAN Charter grows following Lee's remarks." *The Jakarta Post*, 25 July 2008.
㉕　同上。
㉖　ハッサン・ウィラユダ元外相へのインタビュー，2013 年 8 月 30 日，ジャカルタ。
㉗　ASEAN のミャンマーのサイクロン被害支援プロセスについては，ASEAN Secretariat（2010a; 2010b）を参照。
㉘　2009 年 10 月，タイ，フアヒンにて開催された第 15 回 ASEAN 首脳会議にて ASEAN-G20 コンタクトグループの形成が合意され，議長国代表，ASEAN 事務局長，インドネシア代表がとりまとめとなり，各国の財務大臣が G20 会議開催前に集まることとなった。
㉙　2009 年 5 月 11 日から 15 日にかけて北スラウェシ州マナドにて開催し，マナド海洋宣言を採択。併せてインドネシア，マレーシア，フィリピン，ティモール・レステ，パプアニューギニア，ソロモン諸島の 6 カ国からなる「サンゴ礁三角地帯イニシアティヴ」（Coral Triangle Initiative）の首脳会議を開催。両会議の提言をまとめて COP 15 に提出した。
㉚　"Kemelut Politik Thailand, SBY: Kudeta Militer Bukan Cara Demokratis."［タイ政治の危機的状況，ユドヨノ：軍事クーデタは民主的手段ではない］, *Beritasatu. com*, 24 May 2014.（http://www.beritasatu.com/dunia/186028-kemelut-politik-

thailand-sby-kudeta-militer-bukan-cara-demokratis.html).
(31) 2006年のタイ・クーデタ時点ではまだASEAN憲章は発効しておらず，憲法規定外の権力奪取を禁じるASEANの約束が「試された」わけではなかった。しかし，2014年のタイ・クーデタ時は2008年にASEAN憲章が発効した後のことである。したがって，タイはASEAN憲章に明確に反したので，ここでほかのASEAN各国が憲章遵守をタイに求めるかどうか，試されたのである。結果として，マルティ外相，ユドヨノ大統領の呼びかけもむなしく，ミャンマー，カンボジアがクーデタ政権を早々に承認することになり，その結果ASEANを主たる対象にしてきたインドネシアの民主主義外交の有効性の限界を露呈させることとなった。
(32) 2014年11月13日，ミャンマー・ネーピードーにおける東アジアサミットでのジョコウィ大統領講演より。海洋国家ドクトリンについては，第5章も参照。
(33) 2014年11月，ASEAN首脳会議でのジョコウィ大統領の発言より。
(34) USINDO Conference "The Jokowi Administration: Prospects for Indonesia's Economic Development, Democratic Governance, and International Engagement." Washington, D.C.: 11 December 2014（Parameswaran 2014）．

〔参考文献〕

＜日本語文献＞
鈴木早苗 2014.『合意形成モデルとしてのASEAN: 国際政治における議長国制度』東京大学出版会．

＜外国語文献＞
Anwar, D. F. 2010. "Foreign Policy, Islam and Democracy in Indonesia." *Journal of Indonesian Social Sciences and Humanities* 3 : 37-54.
ASEAN Secretariat. 2010a. *Compassion in Action: The Story of the ASEAN-Led Coordination in Myanmar.* Jakarta: ASEAN Secretariat.
―― 2010b. *A Humanitarian Call: The ASEAN Response to Cyclone Nargis.* Jakarta: ASEAN Secretariat.
Departemen Pertahanan Republik Indonesia. 2008. *Buku Putih Pertahanan Indonesia 2008.*［2008年インドネシア国防白書］Jakarta: Department Pertahanan Republik Indonesia.
Djalal, Dino Patti. 2008. *Harus Bisa! Seni Memimpin ala SBY: Catatan Harian Dr. Dino Patti Djalal.*［できなければならない！ユドヨノ的指導様式：ディノ・パッティ・ジャラルの日々のメモ］Jakarta: Red and White Publishing.
Parameswaran, P. 2014. "Is Indonesia Turning Away From ASEAN Under Jokowi?" *The Diplomat*, 18 December.
Sukma, Rizal. 2003. *Islam in Indonesian Foreign Policy.* New York: RoutledgeCurzon.
Widjaja, I. Wangsa and Meutia F. Swasono. 2002. *Kumpulan Pidato/Mohammad Hatta.*［モハマッド・ハッタ演説集］Jakarta: Toko Buku Gunung Agung.

第9章

イスラームと政治
――ユドヨノ期の「保守化」とジョコウィ政権の課題――

見市　建

はじめに

　「ユドヨノの10年」におけるイスラームと政治の関係は，その立場によってふたつの相反するイメージが強調されてきた。第1に「穏健なイスラーム」のイメージであり，政治的イスラームの後退である。スシロ・バンバン・ユドヨノ大統領自身が穏健なイスラームを内外にアピールしてきた（第7章参照）。議会においてはイスラーム系政党が後退し，ナショナリスト政党がつねに上位を占めた。ユドヨノの民主主義者党は，2009年選挙では「宗教的ナショナリスト」を掲げ，イスラーム系政党の分裂もあって，「イスラーム票」も取り込んだ。2014年総選挙では，民族覚醒党（PKB）の分裂が解消したことなどにより，イスラーム系政党は若干盛り返したが，議席を獲得した10政党のうち上位4政党はナショナリスト政党であった（第2章参照）。ユドヨノ政権はまたテロ事件をおおむね押さえ込むことにも成功した。2005年にバリ島，2009年にジャカルタにおいて爆弾テロ事件が起こったが，2000年以降それまで毎年同様の事件が起こっていたことを考えると低度に抑えたといえるだろう。政権末期のいわゆる「イスラーム国」（IS）をめぐる動きを含め，武装闘争派の活動への取締ま

りが先行した（見市 2014）。

　第2のイメージは「保守化」である。ここでいう保守化とは，イスラームの道徳観を強調してそれに逸脱する行為や事柄への取締まりを政府などに求め，他宗教への不寛容な態度が強まることを示す。このうち，ときに暴力の使用を伴う強硬な態度をとる勢力を急進派と呼ぶ。ユドヨノ政権前半期の最も象徴的な出来事は，2008年に成立した反ポルノ法である。同法をめぐっては，民主化後の道徳の荒廃を憂う推進派と，表現の自由やインドネシアの「タリバン化」を危惧する反対派双方が世論を喚起した。また異端的とされるアフマディヤ（第2節参照）をはじめとして，一部のキリスト教徒やシーア派など宗教的少数派に対する襲撃事件が散発した。ユドヨノ政権はこうした事件に有効な解決策を講じることはなく，攻撃された宗教的少数派はしばしば難民化した。2008年にはアフマディヤの活動を制限する政府決定が出された。2011年にはアフマディヤのメンバー3人が殺害される事件が起きるなど，排斥運動は継続している。また，2012年にはアメリカ合衆国（以下，米国）の人気歌手レディー・ガガのコンサートが抗議によって中止になるなど，宗教的な保守派や急進派の圧力が強まっているとの印象を強める事件がしばしば起こった。世俗的なイメージが強いジョコ・ウィドド（通称ジョコウィ）新大統領に対しては，2012年のジャカルタ首都特別州知事選，2014年の大統領選でいずれも執拗な宗教的ネガティブ・キャンペーンが行われた。このキャンペーンは少なからぬ効果を発揮し，対立候補の支持を高めた。また武装闘争派が起こすテロ事件も小規模化したものの件数が増えたのも事実で，「イスラーム国」への戦闘員派遣を危惧する声も小さくないことも指摘しておくべきだろう。

　では，はたして「ユドヨノの10年」のあいだ，インドネシアのイスラームは「穏健化」したのだろうか，あるいは「保守化」ないし「急進化」したのだろうか。ふたつの相反するイメージをどのように解釈すればいいのだろうか。ブライネッセンは保守化の原因として以下の3つを挙げている。第1に民主化によって，それまで知的な議論に参加していた組織のメンバーが政治活動に転じ，リベラルで進歩的なイスラームの社会的な基盤が弱まったこと。第2に中東，とくにアラビア半島からの資金による

保守的な書籍の翻訳，教育機関や運動への援助。第3に新興のトランスナショナルな運動（解放党やムスリム同胞団を模倣した福祉正義党［PKS］など）が既存の組織の存在感を低下させたことである。ただ，インドネシア最大のイスラーム組織ナフダトゥル・ウラマー（NU）では近年保守化傾向が反転し，むしろ穏健さを強調する動きもみられる（van Bruinessen 2013）。第2の点に関連して，インドネシアのイスラームにはスンナ派の正統的な教義に忠実であろうとする「標準化」の傾向があるが，同時にナショナリズムの高まりによるトランスナショナルな運動への反発が起こっていると，ブライネッセンは議論をしている（見市 2014）。

　本章では「保守化」を示す現象について，その過程を検討し，それぞれの中身と個別の論理を明らかにする。具体的には，国会における反ポルノ法の制定過程，アフマディヤへの攻撃と同組織の活動制限令の決定に至る政治過程，そして 2012 年のジャカルタ州知事選における宗教キャンペーンの内容とその影響および背景を検証する。敬虔なイメージを強調し，急進派の要求に対しては受け身にまわったユドヨノに対して，世俗的なイメージが強く，大半のイスラーム系政党や急進派を敵に回したジョコウィでは，政教関係にも少なからぬ差異が生まれてくるだろう。本章では，3つの事例検討を通じて，「ユドヨノの 10 年」におけるイスラームと政治の関係およびジョコウィ政権における課題を明らかにしたい。

第1節　反ポルノ法の成立過程

1．問題の背景

　「反ポルノグラフィ・ポルノ行為法案」（以下，反ポルノ法案）はメガワティ・スカルノプトゥリ政権末期の 2003 年 8 月に国会に提出された。同法はその内容から，民主化後最も大きな反響を呼んだ法律だといえるだろう。もっとも，法案の中身について注目が集まり，本格的な検討が行われたのは 2006 年になってからであり，「ユドヨノの 10 年」を象徴する出来

事のひとつになった。法案段階では，とりわけ造語である「ポルノ行為」（pornoaksi）が何を含むのかが大きな問題となり，賛成派と反対派がそれぞれメディアや路上で意思を表明し，あるいはロビー活動を行った。結局，「ポルノ行為」に関する規定が大幅に削除されたうえ，反ポルノ法は2008年10月に成立した。反ポルノ法の成立以降，危惧された表現の自由の制限や，「ポルノ行為」の取締まりが強まった形跡はない。現代インドネシアの宗教と社会，政治を理解するために注目すべきなのは，同法の中身とその制定による影響よりも，法律の制定過程において明らかになった，イスラームと政治や政党の関係，国会と政府および外部勢力との関係であろう。

　反ポルノ法には，民主化後に各地の地方自治体で相次いで制定された「イスラーム条例」との共通の背景を指摘することができる。イスラーム条例は，公務員の服装や酒類販売，ギャンブル，売春の禁止，コーランの読誦や喜捨（ザカート）の推奨，公共の場所における女性の行動指針などを定め，そのピークは反ポルノ法が国会に提出された2003年であった（Salim 2007; Bush 2008）。その社会的背景は，一方でイスラーム化の進展によって世俗主義が後退したこと，他方で民主化前後から急速に進んだメディアの多様化（テレビの多チャンネル化，ビデオCDやDVDなどのソフトの多様化，インターネットの浸透）や消費主義の浸透による道徳の荒廃への危機感であろう。イスラーム条例のような保守的な宗教的道徳観のアピールが，政治家の安易な人気取りとしてしばしば有効な手段となったのである。

　実際に，反ポルノ法案が国会に提出された2003年には大衆音楽ダンドゥットの歌手イヌル・ダラティスタの「ドリル型腰振り」ダンスが話題をさらった。ダンドゥットに宗教的歌詞を折り込み，その地位を高めようとしてきた国民的歌手ロマ・イラマによるイヌル批判がとりわけ注目を集め，議論の的となった。ロマ・イラマはのちにジョコウィの対立候補の雄弁な応援者として，2012年のジャカルタ州知事選，2014年の大統領選に際して再びスポットライトを浴びることになる。また同法への注目が高まり始めていた2006年1月に米国の大衆誌『プレイボーイ』インドネシア

版が発売されたことは,「欧米文化による道徳の荒廃」の象徴的な出来事となった。保守的なイスラーム勢力のみならず,当時の副大統領ユスフ・カラも同誌の発売に反対し,ユドヨノ大統領も「外国文化への盲従」を諫めた。『プレイボーイ』インドネシア版にはヌード写真は掲載されなかったが,編集長は訴追され,2009年に最高裁で有罪判決を受けた。前後して2005年9月にデンマークの新聞に掲載された預言者ムハンマドの風刺画をめぐる世界的な抗議活動もインドネシアに波及した。

　ただ,前述のように地方におけるイスラーム条例の制定は2003年がピークであり,「イスラームの保守化」が民主化後の十数年のあいだつねに進展してきたかというと,事はそれほど単純ではない。また本章の冒頭にも述べたように,イスラーム系政党は停滞し,宗教を理由にした凄惨な地域紛争や大規模なテロ事件はおおむね沈静化している。これまでのところ,いわゆる「イスラーム国」樹立の影響もきわめて限定的である。ジョコウィ大統領をはじめとする,2005年に導入された地方首長の直接選挙によって台頭した政治家の人気のきっかけとなっている政策は,行政改革,貧困層への医療・教育の無料化,緑化運動,公園の整備,住民が参加する新規イベントの開催と観光誘致,屋台の移転,売春宿の閉鎖といったものである。このうち,とくに汚職の追放を主眼とした行政改革や売春宿の閉鎖は,反ポルノ法,地方のイスラーム条例やアフマディヤ規制条例にも通じる社会の道徳的な要請を背景としているといえよう（見市 2014）。後述するように,とりわけ選挙におけるイスラーム的イメージはきわめて重要であるが,宗教的道徳観はより広い文脈でとらえる必要があり,またインドネシア国内の地域差を考慮する必要がある。

2．反ポルノ法成立の政治過程

　反ポルノ法の起源は明確ではないが,民主化後たびたびポルノグラフィの規制の必要性が訴えられ,民主化直後のハビビ政権期にはすでに法制化が検討されていた。1998年にインドネシア・ウラマー評議会（MUI）が組織したインドネシア・イスラーム共同体会議（KUII）および2000年の

MUI 全国大会では，取り組むべき社会問題として逸脱的信仰，汚職，麻薬，賭博，環境破壊などとともに，ポルノグラフィと「ポルノ行為」が挙げられている (Ichwan 2013)。2001 年には MUI がポルノグラフィとポルノ行為を禁止するファトワ（法的見解）を出している。なお 1975 年に設立された MUI は，スハルト体制期には政府の見解を宗教的に裏づける「御用学者」の機関であったが，正統な教義の護持と異端的なセクトの監視の役割も果たしてきた。民主化後に独自性を強め，より保守的なファトワを発表するようになった。KUII はイスラーム勢力を結集する目的で 1938 年と 1945 年に開かれた会議であったが，1998 年の民主化に際して「復活」し，以降はほぼ 5 年に一度開催されるようになった。MUI の地方支部や主要団体の指導者，学者，政治家などが参加，正副大統領が開会ないし閉会宣言を行い，インドネシアにおけるイスラーム共同体の「サミット」を謳っているが，参加者はそれぞれの組織を代表しているわけではない。

　さて，2003 年 8 月に国会第 7 委員会に諸派から提出された反ポルノ法案は，規制が十分ではないとの MUI などによるロビー活動によって，ポルノ行為に関する条項が追加され，2004 年 2 月に国会に上程された。しかしながら，同法案はさしたる注目を集めることなく，2004 年 4 月の総選挙が近づき，たなざらしとなった。ユドヨノ政権成立後の 2005 年 9 月になって国会第 8 委員会（委員会の編成が変更された）から提出された草案が，全会派の支持を受けて，反ポルノ法案を審議するための特別委員会（民主主義者党のバルカン・カパレ委員長）の設置が決められ，翌 10 月に公聴会が始まった。このことによって，法案の内容が初めて公にされ，急速に社会の注目を集めるようになった。2006 年半ばには，賛成派反対派それぞれが世論の喚起をさかんに行った。

　強硬な賛成派は，MUI のほか，イスラーム防衛戦線 (FPI)，ムジャヒディン評議会 (MMI)，インドネシア解放党 (HTI) などの保守的ないし急進的なイスラーム組織，ジャカルタのやくざ（プレマン）組織ブタウィ同胞フォーラム (FBR) などであった。国民国家を否定しカリフ制国家の樹立を「非暴力で」めざす国際運動の HTI，グローバルな武装闘争に共

鳴してシリアのヌスラ戦線に人員を派遣している MMI，インドネシアにおけるイスラーム法の適用を訴えて酒店や売春宿を攻撃する FPI では，国家観や組織の目的は本来大きく異なるが，反アフマディヤ，預言者ムハンマドの風刺画事件，前述した『プレイボーイ』誌インドネシア版の発売やレディー・ガガのコンサートなど，イスラームの道徳的問題や欧米に対する反発の表明においてはしばしば共闘がなされてきた。

ポルノ法案反対派は，表現の自由の制限への危機感，とりわけ「性欲をそそる体の部分の露出」「扇情的な踊りや動き」「公共の場所でのキス」などを含む人びとの自由を制限し，またきわめて解釈の余地が広い「ポルノ行為」の禁止を問題とした。イスラーム組織のなかでも，最大の NU は，元会長のアブドゥルラフマン・ワヒド元大統領らが反ポルノ法に反対した。このほか，「女性を飼いならし」，「社会のタリバン化」を招く法律であるととらえたフェミニスト，芸術家，非ムスリム（非イスラーム教徒）が大半を占めるバリ島の住民などから大きな反対の声が上がった。彼らはしばしば公認宗教を平等に扱う建国 5 原則パンチャシラ[1]や国是「多様性のなかの統一」を引き合いに出し，自らの主張をナショナリズムによって正当化した（Allen 2007）。大きな社会の反発を受けて，世俗ナショナリズムの護持者たる闘争民主党（PDIP）は同法を拒否する態度を明確にするために審議をボイコットするようになった（同党は特別委員会の副委員長ポストを得るなど，これまで法案の成立を容認していた）。明確な立場の表明をしてこなかったユドヨノ大統領も 2006 年 6 月の「パンチャシラの日」の演説において，反ポルノ法をめぐる議論を念頭に「多様性の尊重は国民生活の基礎」であると強調した。

多様な勢力からの反発を受けて，2007 年 1 月には「ポルノ行為」に関する大半の条項が削除され，法案の名称からも「ポルノ行為」が削られた「反ポルノグラフィ法案」が発表された。政府は議論が沈静化した 2007 年 9 月になって，ようやく担当大臣を指名，法案の審議に公式に参加した。その後，2008 年 9 月になって法案成立の見通しが突如発表されると，再び反対の声が上がった。反対の焦点は，やはり曖昧なポルノグラフィおよびポルノ行為の定義と「一般市民がポルノグラフィ拡大の防止に役割を果

たす」との条項であった。後者は「反イスラーム的」な対象への暴力的な行動で知られる FPI などによる，恣意的な「取締まり」にお墨付きを与えることになりかねない。実際，6月には反ポルノ法制定とアフマディヤ禁止に反対し，FPI 解散を訴えていたワヒド元大統領に近い多元主義を主張するグループによる平和的な集会を FPI が襲撃する事件も起こっていた。

　国会では闘争民主党とキリスト教政党の福祉平和党（PDS）が法案審議を拒否，NU を基盤とする民族覚醒党も意見が割れた。しかし，ゴルカル党，民主主義者党，福祉正義党などによって本会議にかけられ，2008年10月に反ポルノ法は成立した。議場を退席した闘争民主党，福祉平和党，バリ選出のゴルカル党議員ふたり以外からは反対は表明されなかった。

　以上の政治過程からまず指摘できるのは，ナショナリスト系とイスラーム系に二分してとらえられてきた諸政党と宗教の関係の変化である。反ポルノ法は福祉正義党や開発統一党（PPP）のような保守的なイスラーム系政党が推進したイメージが強く，インドネシア国内でも一般にはそのようにとらえられている。しかしながら，同法を策定した国会の特別委員会の委員長はユドヨノ大統領の民主主義者党所属の議員であり，最大勢力はゴルカル党であった。イスラーム系諸政党だけではなく，「ナショナリスト」とみなされてきた両党の政治家も同意のうえで法案が成立したのである。他方でイスラーム系政党のなかでも，NU を基盤とする民族覚醒党は同法への立場が割れた（Sherlock 2008）。地方自治体のイスラーム条例においても，ゴルカル党や最も世俗的だとされる闘争民主党出身の首長や両党が議会の最大勢力である議会によって推進された例が少なくないことが報告されている（Bush 2008）。筆者らが行った世論調査の分析においても，2009年総選挙における民主主義者党の支持者はイスラーム系の国民信託党（PAN）や福祉正義党との共通点が多く，ゴルカル党も「世俗的」とはいえなかった（Miichi 2015）。反ポルノ法に反対した闘争民主党は，ジャワのムスリムのほか，キリスト教徒やバリ島を中心とするヒンドゥー教徒の支持者も多く，「世俗ナショナリズム」の護持者としての立場を示した。しかしながら，審議拒否など強硬な反対姿勢をみせたのは，反ポルノ法が世論の注目を集めてからであった。政党間のイデオロギー的な差異は依然

第 9 章　イスラームと政治

として存在するものの，個別の事例では国会内委員会の多数派への迎合や，世論の動向によって場当たり的な判断がみられる（Sherlock 2008）。

　また反ポルノ法は議員立法であったが，政策立案能力に欠ける国会は，外部からの意見に左右されやすい。さらにユドヨノの10年を通じて，宗教問題に関する政府の態度は曖昧で，とくに保守派から「反イスラーム的」との烙印を押されるリスクを回避した。したがって，しばしば「声が大きい」保守的なイスラーム勢力のロビー活動が功を奏した。そのより顕著な例が次節でとりあげるアフマディヤ問題に対する政府の反応であった。

第 2 節　アフマディヤに対する攻撃と政府の対応

1．問題の背景

　ユドヨノ政権下においては，宗教的少数派への攻撃事件が頻発した。標的となったのはキリスト教徒，イスラームの異端とされるアフマディヤ，インドネシアでは少数派のシーア派などである。宗教的少数派への暴力事件は 2008 年と 2012 年の 260 件台をピークに，2008 年以降毎年 200 件を上回った（2007 年は 135 件）。なかでもアフマディヤに対する攻撃が最も多く，2011 年には年間 100 件を超えた（Tim Setara Institute 2010; Hasani and Naipospos 2012; Halili and Naipospos 2014）。MUI は 1980 年にアフマディヤの活動を禁止するファトワを発しており，過去にもモスクの破壊などの事件があったが，暴力性においても頻度においても，現在の状況とは比較にならない。政府は被害者となっている少数派の保護に消極的であったばかりか，加害者にもなっており，また法律や宗教管理の諸制度が攻撃を助長する結果をもたらしている。

　2008 年 6 月には政府が宗教省，内務省，検事総長の共同決定として，アフマディヤの活動を制限する命令を出した。アフマディヤの異端性を問題視する急進派ないし保守派の勢力が大統領周辺に存在し，ロビー活動を行ったほか，治安の乱れを危惧する国軍もアフマディヤの活動制限に賛成

253

した。2011年2月には西ジャワ州においてアフマディヤのメンバー3人が，石やこん棒，鉈などをもった1000人以上の急進派の群衆に襲撃され，警察官の前で殺害される事件が起き，その映像がインターネットに流出した。殺人犯は逮捕，起訴されたが，その判決は禁錮3カ月から6カ月というきわめて軽いものであった。しかも，被害者側のアフマディヤのメンバーも「社会騒乱罪」でほぼ同じ程度の刑を受けた。本節では，前者のアフマディヤ活動制限令の政治過程の分析から，宗教的少数派攻撃の頻発を許したユドヨノ政権期の政治的背景を明らかにしたい。

　アフマディヤは19世紀末に北インド（現在のパキスタン）で誕生した教団であり，創始者ミルザー・グラーム・アフマドが自らを救世主（メシア，マフディー）と唱え，またジハードを精神的な闘争に限定し，武力闘争を否定した。とりわけ創始者を救世主ないし預言者のひとりだとみなす点が排斥運動を招き，パキスタンでは1984年に布教禁止を命じられている。元来エリート層のメンバーが多く，国際的にも拡大，インドネシアで活動を始めたのは1920年代にさかのぼる。アフマディヤはカーディヤーン派とラホール派の2派に分裂しており，インドネシアでは主流派の前者がジャマーア・アフマディヤ・インドネシア（JAI），後者はジョグジャカルタを拠点とするインドネシア・アフマディヤ運動（GAIあるいはアフマディヤ・ラホール）に分かれている。後者はミルザー・グラーム・アフマドを（預言者ではなく）改革者にすぎないと位置づけており，したがって排斥の対象になっているのは主として前者のJAIである。

　インドネシアにおけるアフマディヤは100年近くの歴史を有し，近年国際的に目立った動きがあったわけではない。明らかに中東におけるスンニ派とシーア派の緊張関係の影響を受けているシーア派への攻撃とは異なり，アフマディヤへの攻撃の活発化はインドネシア国内における逸脱的な信仰や「異端」に対する警戒の高まりを背景としているといえよう。

2．アフマディヤ布教禁止までの政治過程

　アフマディヤの規制を求める動きは2005年1月に始まり，断続的な襲

撃事件を経て，2008年6月の政府の活動制限決定に至った。反ポルノ法同様，その構想は保守派の主導によって水面下で始まり，賛成派反対派それぞれの社会勢力が世論を喚起，結果として宗教的自由を制限する決定がなされた。また地方自治体がこの動きに連動し，各地で独自の条例が採択された。アフマディヤ活動制限決定が出された後も，2011年の殺人事件をはじめ現在まで襲撃事件が散発し，難民化した一部のアフマディヤ信者の問題は放置されたままである。

　アフマディヤの活動の取締まりに向けた政府内の最初の動きは，2005年1月18日の検察庁内の「宗教セクト監視調整委員会」(Bakorpakem) の会合であった。同委員会は1965年成立の宗教冒涜禁止法に基づき，スハルト体制下で治安の脅威になり得るとみなされたセクトを取り締まるためにつくられた。民主化後は有名無実の存在になりかけていたが，時流に乗じてその機能を果たすことになった。会合に参加したのは警察，国軍，国家情報庁（BIN），MUIの代表者などであった。同委員会は5月には大統領に対してアフマディヤの禁止を求める勧告を公表した。同時期に社会におけるアフマディヤへの圧力も高まっていく。7月3日にはバンドンに本部がある「インドネシア・イスラーム共同体ウラマー・フォーラム」(FUUI) によって，アフマディヤを禁止するファトワが出され，その6日後にFUUI, FPI, それにかねてからアフマディヤ批判をしていたイスラーム研究機関（LPPI）のメンバーによってボゴールにおけるアフマディヤの年次集会が襲撃され，8人が負傷した[2]。こうした状況下で，7月26日開幕したMUI大会は1980年のファトワを再確認し，「イスラームから逸脱している」アフマディヤの禁止と信者のイスラームへの「回帰」を求めた。同大会はユドヨノ大統領が開会宣言を行い，MUIは宗教的多元主義，自由主義，世俗主義を「禁止」するファトワも発している。MUIのファトワはアフマディヤへの攻撃を勢いづかせることになり，西ジャワ州や西ヌサトゥンガラ州ロンボク島でアフマディヤのモスクや信者の住宅の破壊や放火事件が相次いだ。

　Bakorpakemの勧告に対応して，アブドゥルラフマン・サレ検事総長はアフマディヤ指導者との対話を求め，2007年9月に宗教省，内務省，警察，

検察庁などとの会合が実現した。アフマディヤは，政府あるいは裁判所による解散，非ムスリムに分類されること，イスラームの一派として存続すること，という選択肢を示された。NU やムハマディヤの指導者には，アフマディヤがイスラームの一派ではないことを自ら認めることで，存続を許すべきだとの考えをもつものが少なくない。しかしながらアフマディヤはイスラームの一派にとどまることを選んだ。2008 年 1 月にムハンマドが最後の預言者であり，アフマディヤ創設者ミルザー・グラーム・アフマドは預言者ムハンマドによってもたらされたイスラームの教義を強化する「教師」「指導者」である，など 12 条項からなる弁明を提出した。Bakorpakem は同声明の実施状況についてアフマディヤの監視を続けるとしたが，MUI のファトワ委員長で大統領諮問会議（Wantimpres）の一員であるマアルフ・アミン（2015 年 8 月に NU 宗教評議会総裁に選出）は弁明を批判して「ミルザー・グラーム・アフマドが預言者でないこと」を明言することを要求した。国会の第 8 委員会も，同年 2 月に MUI の 1980 年のファトワを引用して，アフマディヤの解散を命じる大統領令を求めた。Bakorpakem は 4 月にアフマディヤが 12 条項の声明を一貫して実践しておらず，「イスラームからの逸脱が公序を乱す」との結論を出した（ICG 2008）。

　マアルフ・アミンと同じく大統領諮問会議委員の人権活動家アドナン・バユン・ナスティオンは，アフマディヤに対する政令が準備されていることを知ってワヒド元大統領をはじめとする宗教指導者やリベラルな知識人らに連絡をとり，5 月 30 日に「われわれのインドネシアを守ろう」と呼びかける新聞広告を掲載した。ナスティオンはまたユドヨノ大統領に直談判して，アフマディヤの禁止は憲法の規定する信仰の自由に違反すると主張し，同意を得た。大統領はナスティオンに担当 3 閣僚との面会を指示したものの，政令の阻止には自ら動かなかった（Harsono 2010）。ナスティオンやワヒドらが呼びかけた 40 の NGO から形成される「宗教と信仰の自由のための民族同盟」（AKKBB）は 6 月 1 日にジャカルタ中心部にある独立記念塔で集会を開いたが，これが前節でも述べた FPI などによる襲撃事件に発展した。

アフマディヤの活動制限を規定する政府決定は2008年6月9日に出された。その内容は新規の布教を禁ずるもので，組織の解散にまでは踏み込まなかった。同決定は人権活動家やアフマディヤの擁護派にとってはインドネシアの人権や少数派の保護において大きな後退を意味し，他方でアフマディヤの禁止を求める急進派のイスラーム勢力には不満が残る内容であった。また3閣僚の署名による決定は，国会の担当委員会が求めていた大統領令に比較して法的にも弱いものであった。

　アフマディヤの禁止には至らなかったものの，急進派の主張や行動が，政府決定を出させる結果となったとはいえるだろう。政府の決定をふまえてバンテン州，東ジャワ州，西ジャワ州，南スラウェシ州その他県・市を含む22の自治体で，独自にアフマディヤの活動制限を規定する決定や命令が出された。その後もアフマディヤへの襲撃事件は各地で散発し，政府の決定はそうした行為を止めるのではなく，むしろ正当化する理由を与えることになった。

　ユドヨノ政権において決定された重要な宗教政策の事例からは，政権周辺の急進派の要求が影響力をもってきたことが確認された。イスラーム系政党よりも，保守的なMUIのウラマーや少数の急進派が声高に要求を強めていった[3]。他方，宗教的寛容や多元主義を主張するグループも，国会や政府の方向性を軌道修正させてきた。ユドヨノ大統領は明確な意思表示や決定を避け，「玉虫色」の決定を行った。その背景には，社会における道徳の荒廃や宗教的逸脱への懸念の高まりがあり，政治家は「反イスラーム」の烙印を押されるリスクを回避し，あるいは積極的に保守的な決定を行うことで人気を得ようとしてきた。反ポルノ法制定とアフマディヤ活動制限決定は，ともに2009年総選挙を控えた時期に行われた。地方自治体のアフマディヤ規制条例も首長選挙や議会選との関連が指摘されている（ICG 2008）。イスラーム系政党の停滞は，「政教分離」の進展を示すのではなく，むしろ宗教をめぐる問題がおおよそすべての政党や政治家にとって重要になっている状況を示しているのである。

　ただ，宗教は多くのイシューのひとつにすぎない。前述のように，直接選挙によって台頭した新たな地方首長は多様な政策課題の実現を有権者に

アピールするようになった。その典型がソロ市長からジャカルタ州知事，そして大統領へと上り詰めたジョコウィである。ジョコウィは「世俗的」な政治家とみなされ，宗教的なネガティブ・キャンペーンに見舞われてきた。では，彼はどのようにネガティブ・キャンペーンを克服し，その過程から新政権にどのような課題を見い出すことができるのだろうか。次節ではジョコウィが「全国区」に登場した2012年のジャカルタ州知事選をとおして，政治とイスラームの関係を検討してみよう。

第3節　ジャカルタ州知事選における宗教キャンペーンとその影響

1．ジャカルタ州知事選における宗教キャンペーン

　これまでイスラームに関連する特定の政策決定の政治過程をみてきた。第2期ユドヨノ政権では反ポルノ法のようなイスラームの保守化を象徴するような法律は新たに制定されることはなかった。しかしアフマディヤをめぐる状況はむしろ悪化し，前述のとおり2011年には1000人規模の暴徒による殺人事件が発生した。2012年には東ジャワ州マドゥラ島のサンパンで，シーア派の集落が襲撃され，100人以上のけが人が出る事件も発生した。ユドヨノ政権はこうした保守化傾向や少数派への攻撃に対して明確な態度を示さず，事態の悪化を招いた。

　こうした状況下で地方都市の市長から大統領にまで上り詰めたのが，いかにも世俗的な印象を与えるジョコウィであった。ではジョコウィの台頭に保守的なイスラーム勢力や有権者はいかなる反応を示したのであろうか。またジョコウィは宗教についていかなる姿勢をみせ，それは新政権においてどのような課題を示唆しているのであろうか。本節ではジョコウィが当選した2012年のジャカルタ州知事選を概観し，他地域の動向やジョコウィをめぐるその後の展開をふまえて検討したい。

　2012年7月11日に行われたジャカルタ州知事選に，当時中ジャワ州の

中規模都市ソロの市長だったジョコウィが立候補を決めたのは2月に入ってからだった。現職のファウジ・ボウォの再選が確実な状況で、対立候補が模索され、選挙コンサルタント会社の調査でジョコウィに白羽の矢が立った。それまでジャカルタでは無名に近かったジョコウィは、ソロの職業高校生が（輸入された部品を）組み立てた「国産」自動車に乗ってジャカルタ入りし、以後大衆的な市場などのブルスカン（アポなし現地視察）と軽妙なコメントでマスコミの寵児となった。副知事候補には同じく地方首長経験者であり、華人キリスト教徒のバスキ・チャハヤ・プルナマ（通称アホック、現ジャカルタ州知事）が選ばれた。両者ともに改革的な政策の実行力を強調したが、アホックはジョコウィとは対照的な単刀直入な物言いが特徴的であった。ジョコウィは最も世俗的とみられてきた闘争民主党、アホックはプラボウォ・スビアントのグリンドラ党の推薦を受けた。ファウジ・ボウォは副知事候補に民主主義者党州支部長のナフロウィ・ラムリを付けた。他に政党の推薦による2組と独立候補2組が立候補したが、ジョコウィ組とファウジ組による事実上の一騎討ちとなり、9月20日の決選投票を経て、ジョコウィ組が当選した。

　各候補の政策に大差はなかった。洪水と渋滞を筆頭に、教育、医療、治安、汚職などの諸問題には共通認識があった。しかしジョコウィとアホックは他候補との差別化に成功した。「新しいジャカルタ」を掲げ、揃いの格子柄のシャツやインターネットのソーシャル・ネットワーキング・サービス（SNS）を多用するなどカジュアルさを演出、また貧困層向けの無償医療プログラムである「ジャカルタ健康カード」の配布など、わかりやすく政策を説明した。しばしば横柄な発言が問題視された元官僚と元軍人のファウジ＝ナフロウィ組とは対照的であった。

　対するファウジ組の強みは、現職であることに加え、地元ジャカルタのエスニック・グループであるブタウィ人で、敬虔なムスリムであることだった。ファウジは任期中の5年間をとおして自らの宗教的な印象を高めるキャンペーンを行ってきた。同時期に人気を高めていたズィクル指導者に近づき、選挙前には連日早朝の礼拝時にモスクへ通い、選挙期間中の断食月には1日4つのモスクをまわるのが日課だった。ズィクルとは神の名

を繰り返し唱えるなどの行を指し，ジャカルタではアラブ系の若い指導者が人気である。これまで地域のモスクなどで小規模に行われてきたズィクルが，2000年代に入ってから人気指導者たちによって次第に大規模化し，テレビ中継もされるようになった。2009年総選挙前にはユドヨノの名を冠したズィクル団体が各地に設立された。ファウジも2010年に自らの名前からとった「アル＝ファウズ・ズィクル協会」という団体を設立し，官僚組織も動員して支部を増やした。ファウジはまた選挙ポスターに，ブタウィ人のウラマー（イスラーム法学者）たちとともに写ったポスターを使った。地元で影響力のあるウラマーが，彼らの政党支持とは別に，ファウジの選挙運動に加わった。

ジョコウィとアホックの人気が日々高まっていくなか，ファウジ陣営のキャンペーンはブタウィ人のエスニシティと宗教（イスラーム）を強調するようになった。「賢い人間は明確な候補を選ぶ！」という彼らのスローガンのひとつは，他地域出身で宗教性の薄い（つまり出自が不明確な）ジョコウィとアホックに向けられているようだった。実際にジョコウィ組に対する，とくに宗教的なネガティブ・キャンペーンが強まった。ジョコウィの「母親はムスリムではなかった」「シオニストがジョコウィ組を支援している」といったデマが流され，ファウジ組を支持するウラマーらは非公式に「同じ信仰」の候補を選ぶよう，集団礼拝の説教などの機会を通じて訴えた。なかでもファウジ陣営のテレビ・コマーシャルにも出演していた歌手ロマ・イラマの「同じ信仰」発言を録画したビデオがユーチューブに流れ，問題になった。ナフロウィも，「ブタウィ人を選ばないのなら，ブタウィ人を止めろ」といった発言や，テレビ番組で華人の口まねをしてアホックをからかうなど，露骨な差別的態度をみせた。ナフロウィはブタウィ人組織の幹部でもあり，35万人の会員がいると主張する前出のFBRもファウジ支持を表明した。

ジョコウィも防戦的ながら，自らの宗教性を強調するキャンペーンで対抗した。彼を支持するアラブ系指導者と選挙期間中の断食月に，ブタウィ人集落をまわってともに断食明けの食事をとった。ズィクルにも参加し，入院中の指導者ハビブ・ムンズィールを見舞って病院でファウジと鉢合わ

せになったこともあった。最も象徴的だったのは，第1回投票が終わった後に，（キリスト教徒と噂された）母を伴ってメッカへの小巡礼を行ったことだった。メッカ巡礼も宗教キャンペーンの一部であり，選挙コンサルタントと相談のうえで行われた（Miichi 2014）。

2．宗教キャンペーンの影響

　最終的にジョコウィが州知事選を制し，さらに人気を高めて大統領候補になったことから，以上のような宗教とエスニシティに基づく不寛容さに対する「民主主義の勝利」であったというのが一般的な評価である[4]。しかしながら，選挙結果を詳細に分析すると，むしろ宗教とエスニシティに基づくキャンペーンの影響は明らかであった。第1回，第2回の投票を通じて，ブタウィ人の集住地区ではファウジ組への支持が高く，華人や非ムスリムが多い地域ではジョコウィ組への支持が高かった。非ムスリムが圧倒的にジョコウィ組を支持したために，ムスリムの割合とファウジ組の支持も強い相関関係がみられた（表9-1参照）。ジャワ人および学歴が高い人びとの割合とジョコウィ組の支持は，第2回投票でのみ相関がみられた。ジャワ人の投票行動は不明確であり，全体としてエスニシティより宗教の方が政治的支持に強く結び付いていたことがわかる。『テンポ』（Tempo）誌による出口調査でも，ファウジ組に投票した有権者のうち25.9%が宗教を支持理由に挙げているが，エスニシティを理由としたのはわずか4.6%であった[5]。第3章でもふれたように，こうした傾向は2014年の大統領選挙においても明らかであり，とりわけ，ジャカルタにおける社会的亀裂はジョコウィの支持／不支持をめぐって一貫していた。大統領選挙においてはFPIもジョコウィの対立候補プラボウォの支持にまわるなど，宗教的ネガティブ・キャンペーンは激しさを増した。

　多くの選挙において宗教イメージは候補者の「人柄」を形成する重要な要素である。ただ同じ地域であっても，候補者の組合せや数によってその効果は異なり得る。2007年のジャカルタ州知事選では2組の候補者はいずれもムスリムであった。当選したファウジ・ボウォ組は「エスニシティ

表9-1 ファウジ組・ジョコウィ組への支持とエスニシティ，宗教，学歴の相関関係

	ジャワ人	ブタウィ人	スンダ人	華人	ムスリム	学歴
ファウジ（第1回）	-.219**	.688**	-.068	-.444**	.585**	-.282**
ファウジ（第2回）	-.207**	.739**	-.032	-.567**	.724**	-.259**
ジョコウィ（第1回）	.006	-.671**	.118	.740**	-.852**	.083
ジョコウィ（第2回）	.208**	-.738**	.032	.565**	-.722**	.258**

(出所) Miichi (2014)。
(注) N=262（261地区およびプラウ・スリブ），** P<.01
　　　学歴は短大卒以上の教育を受けた住民の割合。エスニシティ，宗教，教育の割合はすべて2000年センサスに基づく。

と宗教が何であれ，ファウジ・ボウォとプリアント（副知事候補）が選択肢」とのスローガンを用いて多元性を強調し，対立候補がイスラーム主義政党である福祉正義党の推薦であることを理由に，「ジャカルタにイスラーム法が適用される」との脅威を流布させた。ファウジ・ボウォはこの選挙では非ムスリムの圧倒的な支持を得た。他方で2012年のファウジはムスリム票を固めようとするばかりに，非ムスリムを敵に回してしまったのである。ジョコウィはソロでもジャカルタでも副市長・副知事にキリスト教徒を選び，非ムスリムや人権活動家，芸術家は彼に大きな期待を寄せてきた。しかしジョコウィは自ら積極的に宗教間の融和を訴えたり世俗主義を強調するのではなく，あくまでイスラーム的シンボルを利用して敬虔なムスリムであろうとした。この点ではユドヨノとさほど変わるわけではない。

おわりに ――「ユドヨノの10年」における政教関係とジョコウィ政権の課題――

　ユドヨノ政権においては，保守派の主張がしばしば政策として実現した。ユドヨノ自身は穏健なイスラームを国内外にアピールしたが，自ら大統領諮問会議においた保守的なメンバーが，外部の急進派とともに影響力を行使する状況を黙認した。反ポルノ法や地方のイスラーム条例の採択におい

ては，イスラーム系政党のみならずナショナリスト政党の政治家が推進者となってきた。政治家は反宗教的であるとのレッテルを恐れて，あるいは人気を得るために，しばしば保守的な要求に応じたり積極的にこれを採用する。しかし保守的な主張の高まりは道徳の荒廃を憂う反動を一因としており，たとえば汚職の取締まりに対する国民の強い支持と同根である。反ポルノ法をめぐる議論では，同法への反対派がナショナリズムに基づく主張を行い，法案の大幅な修正が行われた。保守派や急進的な運動への反発も小さくなく，大統領選にみられたように政治とイスラームの関係には大きな地域差も存在する。社会全体においてイスラームの保守化が進んでいるかというと，それほど単純ではない。

　ジョコウィ政権の2015年の年間計画では，宗教に関連して以下のように述べられている。第1に，宗教教育の改善である。知識偏重ではなく宗教的な態度を学ぶこと，質の向上と時代の要請に応えた内容への変化を謳っている。第2に宗教教義の理解と適用における質の向上である。宗教の社会的役割を強調し，社会における実際の活動が宗教教義から乖離していることを問題視している。そして，「麻薬，性的な乱れ，異端的セクト，民族の高尚な理想に不適切なイデオロギー，離婚率の高さ」を宗教教義の理解と適用が十分ではない証左であるとしている。第3に宗教間の対話の促進と宗教紛争に対する早期の警告システムの形成を促している。宗教間の差異への尊重と寛容性を高めることによって，宗教間の調和を実現することが謳われている。第4に，政府が各宗教の礼拝施設を強化し，効果的，効率的で透明性のある運営を促進することによって，福祉の向上，貧困削減と雇用の創出の機能を高めることである（Presiden Republik Indonesia 2014）。異端的セクトはやはり（宗教的）道徳の乱れのひとつととらえられており，ここにアフマディヤ問題解決の難しさがある。第1と第4の点は実用主義的な「経営者」ジョコウィの特徴がよく出ているといえよう。

　ジョコウィ政権の人事は政治的パトロンたちの思惑に大きく左右されているが（第4章参照），穏健派ムスリム知識人の登用には大統領の意思が窺える。代表的なのはアニス・バスウェダン（パラマディナ大学前学長）とシャフィイ・マアリフ（ムハマディヤ元会長）である。前者は文化・初中

等教育大臣に，後者は汚職撲滅委員会（KPK）と警察との紛争解決のための独立委員会委員長に任命された。「保守化」の原因にもなった大統領諮問会議にはNU元会長のハシム・ムザディ，ムハマディヤからは元教育大臣のアブドゥル・マリク・ファジャルという穏当な人物が入った。

　注目すべきはルクマン・ハキム・サイフディン宗教大臣である。彼はイスラーム系の開発統一党の政治家で，ユドヨノ政権末期に前任が汚職容疑で逮捕されたため代役で就任，新政権で唯一留任した。ルクマンはユドヨノ政権の最後の4カ月宗教大臣の地位にあったが，新政権が発足すると自分の考えを積極的に示すようになった。特徴的なのは，アフマディヤなど攻撃に晒されている宗教的少数派の保護，宗教ないし宗派間の共存を強調し，「宗教共同体保護法」の制定を提案していることである。

　同法は過去ふたつの政権において「宗教共同体調和法」として国会に提出されたが，宗教的少数派との「調和」の意味などをめぐって保守派の反発を呼び，廃案となっている。2015年7月にパパアで起こった少数派のムスリムに対するキリスト教徒からの攻撃事件をきっかけに，イスラーム組織からも同法の必要性の主張が聞かれるようになった。

　宗教省は人権活動家などの意見を聞きつつ，目下慎重に法案策定を進めている。実際に法案が国会に上程されることになれば，異端とみなされる宗教的少数派の保護をめぐって保守派を刺激することは必至であり，宗教省令や省内の内規に留めた方がよいとの意見もある。いずれにしろ，同法案の行方がジョコウィ政権の宗教政策を占う試金石となるだろう。

〔注〕
(1)　パンチャシラとは1945年憲法前文に記されている5つの国家理念（唯一至高なる神性，公正で文化的な人道主義，インドネシアの統一，協議と代議制において叡智に導かれる民主主義，インドネシア全国民に対する社会正義）を指す。公認宗教を平等に扱うパンチャシラは，国民統合の推進とイスラーム政治勢力の統制を目的にスハルト体制下で徹底された。イスラーム政治勢力はこれに反発したが，1990年代に入ってイスラーム政治勢力に接近してこれを取り込もうとするスハルト体制への批判としてワヒドらがパンチャシラを用いた。
(2)　LPPIは小規模の組織で，アフマディヤをはじめとする逸脱的なセクトへの批判を行ってきた。サウジアラビアの資金を得ているといわれている。LPPIを率いる

アミン・ジャマルディンはMUIのメンバーでもあり，MUIによる政府へのロビー活動も主として彼が担当した（ICG 2008; Platzdasch 2012）。
(3) 反ポルノ法とアフマディヤ活動制限令に先立って2006年に改正された「宗教的調和の維持，宗教的調和促進フォーラム，礼拝所建設に関する地方首長へのガイドライン」（以下，礼拝所令）においても，政権周辺の保守派の意見が採用される同様の構図があった。1969年の礼拝所令の改正は，礼拝所の建設の許可が当該地域の多数派によって独善的に決められないようにと，キリスト教徒の求めに応じて検討された。しかしながら，このケースでも宗教大臣はMUIのマアリフ・アミンを法改正検討委員会の委員長に任命し，少数派の宗教に対してこれまでより厳しい規定が適用されるようになった（Human Rights Watch 2013）。礼拝所の建設許可は各地で争われ，とりわけ問題となっているキリスト教徒の礼拝への妨害といった事態が続いている。
(4) "Gubernur Baru Jakarta Lama"［新しい知事，古いジャカルタ］, *Tempo*, 24-30 Septembar 2012, p. 31および"Jokowi-Ahok Phenomenon: The Triumph of Common Sense" *The Jakarta Post*, 25 September 2012.
(5) "Golongan Penentu Kemenangan"［集団が勝利の決め手］, *Tempo*, 24-30 September 2013, p. 39. ジョコウィ組に投票した有権者のうち宗教を支持理由に挙げたのは0.5％にすぎなかった（エスニシティは4.9％）。出口調査の質問は「私の宗教を代表している」であった。キリスト教徒がファウジ組を避けたとしても，ジョコウィがキリスト教を代表しているわけではないので，こうした結果になったと思われる。

〔参考文献〕

＜日本語文献＞
見市建 2014.『新興大国インドネシアの宗教市場と政治』NTT出版.

＜外国語文献＞
Allen, Pamela. 2007. "Challenging Diversity? Indonesia's Anti-Pornography Bill." *Asian Studies Review* 31 (2) May: 101-115.
Bush, Robin. 2008. "Regional Sharia Regulations in Indonesia: Anomaly or Sympton?" In *Expressing Islam: Religious Life and Politics in Indonesia*, edited by Greg Fealy and Sally White. Singapore: Institute of Southeast Asian Studies, 174-191.
Fealy, Greg. 2011. "Indonesian Politics in 2011: Democratic Regression and Yudhoyono's Regal Incumbency." *Bulletin of Indonesian Economic Studies* 47 (3) November: 333-353.
Halili and Bonar Tigor Naipospos. 2014. *Stagnation on Freedom of Religion: the Report of Condition on Freedom of Religion/Belief of Indonesia in 2013*. Jakarta: Pustaka Masyarakat Setara.
Harsono, Andreas. 2010. "Ahmadiyah, Rechtstaat dan Hak Asasi Manusia."［アフマ

ディヤ，法治国家，人権] post to "Andreas Harsono" (blog), February 18. (http://www.andreasharsono.net/2010/02/ahmadiyah-rechtstaat-dan-hak-asasi_18.html).

Hasani, Ismail and Bonar Tigor Naipospos, eds. 2012. *Politik Diskriminasi Rezim Susilo Bambang Yudhoyono: Kondisi Kebebasan Beragama/berkeyakinan di Indonesia 2011.* [スシロ・バンバン・ユドヨノ体制の差別的政治：2011年のインドネシアにおける宗教・信仰の自由の状況] Jakarta: Pustaka Masyarakat Setara.

Human Rights Watch. 2013. "In Religion's Name: Abuses against Religious Minorities in Indonesia." 28 February.

ICG (International Crisis Group). 2008. "Indonesia: Implications of the Ahmadiyah Degree." Asia Briefing No. 78, 7 July.

Ichwan, Moch Nur. 2013. "Towards a Puritanical Moderate Islam: The Majelis Ulama Indonesia and the Politics of Religious Orthodoxy." In *Contemporary Developments in Indonesian Islam: Explaining the "Conservative Turn"*, edited by Martin van Bruinessen. Singapore: Institute of Southeast Asian Studies, 60-104.

Miichi, Ken. 2014. "The Role of Religion and Ethnicity in Jakarta's 2012 Gubernatorial Election." *Journal of Current Southeast Asian Affairs* 33 (1) : 55-83.

―――― 2015. "Democratization and 'Failure' of Islamic Parties in Indonesia." In *Southeast Asian Muslims in the Era of Globalization*, edited by Ken Miichi and Omar Farouk. Basingstoke: Palgrave Macmillan.

Platzdasch, Bernhard. 2012. "Religious Freedom in Contemporary Indonesia: the Case of the Ahmadiyah." In *Encountering Islam: The Politics of Religious Identities in Southeast Asia*, edited by Hui Yew-Foong. Singapore: Institute of Southeast Asian Studies, 218-246.

Presiden Republik Indonesia. 2014. *Rencana Kerja Pemerintah Tahun 2015.* [2015年政府活動計画] Jakarta: Kementerian Perencanaan Pembangunan Nasional.

Salim, Arskal. 2007. "Muslim Politics in Indonesia's Democratisation: the Religious Majority and the Rights of Minorities in the Post-New Order Era." In *Indonesia: Democracy and the Promise of Good Governance*, edited by Ross H. McLeod and Andrew MacIntyre. Singapore: Institute of Southeast Asian Studies, 115-137.

Sherlock, Stephen. 2008. "Parties and decision-making in the Indonesian Parliament: a case study of the pornography bill." *Australian Journal of Asian Law* 10 (2) : 159-183.

Tim Setara Institute. 2010. Negara Harus Bersikap: Kondisi Kebebasan Beragama/Berkeyakinan 2009. [国家が行動しなければならない：2009年の宗教と信仰の自由についての状況] Jakarta: Pustaka Masyarakat Setara.

van Bruinessen, Martin. 2013. "Introduction: Contemporary Developments in Indonesian Islam and the 'Conservative Turn' of the Early Twenty-first

Century." In *Contemporary Developments in Indonesian Islam: Explaining the "Conservative Turn"*, edited by Martin van Bruinessen. Singapore: Institute of Southeast Asian Studies, 1-20.

終　章

民主化後の歴史のなかに
ユドヨノの10年とジョコウィ登場を位置づける

川　村　晃　一

はじめに

　本書は，第1部でジョコ・ウィドド（通称ジョコウィ）が新大統領に選ばれる過程を分析し，第2部でスシロ・バンバン・ユドヨノ政権の10年のあいだに達成された成果と新政権に残された課題を検討してきた。最終章である本章では，これまでの各章での議論をふまえて，ユドヨノ政権の10年，ジョコウィ大統領を誕生させた2014年の選挙，そしてユドヨノの後を継ぐジョコウィ政権を，インドネシアにおける民主化後の歴史のなかでどう位置づけるべきかを議論する。ユドヨノからジョコウィへという権力の移行をより広い文脈のなかに位置づけることで，インドネシアが民主化後に積み上げてきた経験の意味と，これからめざすべき方向性を理解することができると考えている。また，最後にジョコウィ政権発足後1年間の動きを整理しながら，ジョコウィの直面する課題と今後の展望を議論する。

第1節　ユドヨノ大統領の10年をどう評価するか

　2004年に史上初の大統領直接選挙で選出されたスシロ・バンバン・ユドヨノ大統領が2期にわたって政権を担当した10年は，インドネシアにとっていかなる時代だったのか。それをひと言で表せば，第5章がいうように，「政治的な安定と経済成長の10年」ということになろう。

1．ユドヨノ10年の政治

　インドネシアの政治体制が民主化したのは1998年のことである。1966年から権力を掌握してきたスハルト大統領の長期政権のひずみは1990年代に入って徐々に顕在化しつつあったが，インドネシアをアジア通貨危機が襲うと，家産化しつつある政権に対する不満が一気に爆発した。開発の達成によって権威主義的支配を正当化してきたスハルト体制の正統性が失われ，経済危機が進行するなかで民主化運動が全国に広がった。政治的にも経済的にも崩壊の直前まで追い詰められたスハルトは，政権を放棄せざるを得なかった（尾村 1998; 増原 2010, 215-268; Aspinall 2005; Budiman, Hatley, and Kingsbury 1999）。1998年5月，通貨危機発生から1年も経たないうちに，32年間続いたスハルト体制は崩壊した。
　その後を継いだのは，「スハルトの子飼い」といわれていたハビビ副大統領であった。社会からの民主化圧力が強いなか，政治基盤の弱かったハビビは，積極的な民主化政策を展開した。急速に政治的自由化が実現し，1999年6月には民主的な総選挙が実施された（川村 1999）。同年10月には，当時まだ間接選挙だった大統領選挙が行われ，国民協議会における民主的な選挙によって，リベラルなイスラーム知識人指導者だったアブドゥラフマン・ワヒドが大統領に選出された。しかし，政治は安定せず，大統領と議会の対立からワヒド大統領は2年ともたずに罷免された。ワヒドの後を継いだのは，民主化指導者で初代大統領スカルノの長女であるメガワティ・スカルノプトゥリ副大統領だったが，社会不安は収まらず，地方で

終　章　民主化後の歴史のなかにユドヨノの10年とジョコウィ登場を位置づける

は分離運動や民族・宗教紛争が続いた。イスラーム過激派によるテロも続発した。経済的にも，経済危機から立ち直る力は弱く，成長率も5％を下回る年が続いた。

　しかし，この間に政治経済面での改革は着実に進められた。権威主義体制を法的に支えた憲法が4度にわたって漸次的に改正され，民主主義体制にふさわしい内容に刷新された（川村 2002 ; Crouch 2010）。第6章にあるように，分離独立運動を抑えるため，大幅な地方分権化が，拙速といわれながらも導入された。経済面でも，国際通貨基金（IMF）主導で市場経済を支える制度とガバナンスの向上をめざした改革が進められた（佐藤 2004）。

　一連の民主化改革が完了したのが，2004年のことだった。2002年までに一連の憲法改正作業は終了し，2003年には，法の支配を支える憲法裁判所と汚職撲滅委員会（KPK）が設置されている。そして，2004年には議会の国軍任命議席が廃止されて議員の完全民選化が実現されるとともに，国民協議会（MPR）が下院の国会（DPR）と上院の地方代表議会（DPD）に再編された。制度改革最後の仕上げは，大統領直接選挙の実施であった。これ以降大きな政治制度改革は行われなくなったことからわかるように，2004年でインドネシアの民主主義は均衡点に到達したのである（川村 2005）。

　このことは，国際的に使われている民主化の指標にも表れている。たとえば，ポリティIVプロジェクトのスコア（Polity 2）では，スハルト時代のマイナス7ポイントが，1999年にプラス6ポイントへと大きく改善した後，2004年にプラス8ポイントへとさらにスコアが上がり，その後はこれを維持している。また，フリーダム・ハウスの指標（Freedom in the World）では，2005年から「選挙民主主義」のレベルに達したという評価がなされている（図終-1参照）[1]。

　その2004年の選挙で大統領に就任したのが，ユドヨノであった。ユドヨノに課された政治的な課題は，完成した制度的枠組みをルールに従って安定的に運用することであった。その意味では，この時期にユドヨノという人物を大統領に迎えることができたインドネシアは幸運だったかもしれ

271

図 終-1 政治体制と民主化度の変化（1945～2013年）

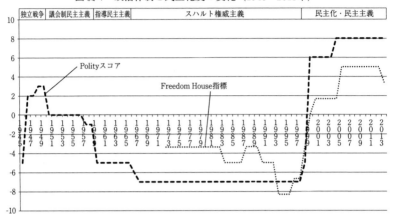

（出所） Polity IV Project, *Political Regime Characteristics and Transitions*, 1800-2013; Freedom House, *Freedom in the World*. various years.
（注） フリーダム・ハウスの指標は，もっとも民主的な体制を1，もっとも非民主的な体制を7と格付けるが，ここではポリティ・スコアと同じ尺度になるように変換してある。

ない。第6章が指摘するように，ユドヨノは元軍人であるが，野戦将校ではなく，インテリの参謀将校である。「陸軍きっての秀才」といわれ，アメリカ合衆国（以下，米国）の大学で経営学修士号も取得していたユドヨノにとって，ルールを理解し，ルールに従って行動し，ルールに従って組織を運営することは苦ではなかったであろう。

とくに司法プロセスに権力的に介入しないという大統領の姿勢は一貫していた。汚職撲滅は政権最大の公約のひとつであったが，ユドヨノの抑制的な姿勢があったからこそ，汚職撲滅委員会は独立性を保ちながら事件の捜査や公訴に当たることができた。ユドヨノは，自らの親族や与党幹部，さらには閣僚に汚職追及の手が伸びても，決してそれを阻止しようと政治的に介入することはしなかった。

ユドヨノが軍出身者だったことも，この時期のインドネシアにとっては有効に働いた。そもそもユドヨノは，国軍幹部将校時代に，国軍改革を主導する中心人物であった[2]。政治的役割から手を引いたばかりの軍を管

理する人物としては最適任のひとりだったといえる（Mietzner 2009）。また，イスラーム過激派によるテロ対策が急務な時期だっただけに，治安のプロであるユドヨノが大統領に就任したことは，政府の取り組みを確実なものにした。

　海外経験の豊富なユドヨノは，外交面でも存在感を発揮した。スハルト時代には東南アジア諸国連合（ASEAN）の盟主といわれて地域大国としての存在感を示していたインドネシアも，アジア通貨危機を境に，外交力をすっかり失っていた。第8章で議論したように，ユドヨノは，政権就任直後から，その回復に着手している。「世界で最も多くのイスラーム教徒を抱える民主主義国家」として世界にその経験をアピールするだけでなく，非同盟中立，熱帯雨林や珊瑚礁海域のもつ生物多様性，スマトラ島沖大地震・津波の被災国としての経験など，インドネシアがもつリソースを活用して多角的な外交を展開した（Reid 2012）。

　また，経済外交も活発化させた。各国に投資誘致を働きかけるとともに，多国間だけでなく，二国間の自由貿易協定の締結にも踏み出した。2007年には，インドネシアにとっては初めての二国間協定である経済連携協定（EPA）が日本とのあいだで締結された（佐藤 2007）。2008年からは，20カ国・地域（G20）首脳会議に，東南アジアから唯一参加する資格を得ている。

　しかし，政治的安定の裏返しとして，変化の乏しさが批判の対象となった。ユドヨノにさらなる改革を期待した国民は，大統領の指導力不足に失望することになる。また，汚職撲滅や人権の確立に表向きは積極的に取り組む姿勢を示しながら，政治的に取り扱いの難しい宗教問題については消極的な姿勢が目立った。第9章が分析しているように，ユドヨノ時代にはイスラーム保守派による異教徒や異端宗派に対する暴力事件が頻発した（van Bruinessen 2013）。これに対して，ユドヨノ政権は，熱心に取り組んだテロ対策とは対照的に，むしろ保守派におもねるかのように毅然とした対策を打つことはせず，暴力行為を放置した。エドワード・アスピナルらは，ユドヨノ政権下で顕在化したこれらの問題は，安定や調和を過度に重視するユドヨノの個人的な性向によって生じてきたと指摘し，ユドヨノ政

権の10年を政治的な安定が達成された一方で、民主主義がさらに深化し定着するための改革が進まなかった「安定と停滞」の時代だったと定義づけた (Aspinall, Mietzner, and Tomsa 2015)。外交面でも、ユドヨノの全方位善隣外交は行き過ぎであり、国益を損なっているとの批判が出されるようになった[3]。

2．ユドヨノ10年の経済

アジア通貨危機からの回復の遅れに苦しんだインドネシアの経済が、ようやく6％台の成長を達成したのは、2007年のことであった。その後は、2008年に世界を襲った金融危機（いわゆるリーマン・ショック）で若干の落ち込みを経験するが、おおむね6％前後の成長率を達成し、インドネシア経済を安定的な成長路線に乗せることに成功した。

ユドヨノ大統領は、まずマクロ経済の安定を確保することを優先するため、経済政策の担い手をスハルト時代同様、経済テクノクラートに委ねた（佐藤2011, 142-174）。スハルト体制下でマクロ経済運営を任されてきた経済テクノクラートは、民主化後のワヒド政権下で政府の要職を外され、その中心的官僚機構であった国家開発企画庁（Bappenas）も権限と地位を大幅に縮小させられた。しかし、ユドヨノは経済成長の達成には経済テクノクラートの力が不可欠だと判断し、経済担当調整相、蔵相（財務相）[4]、商業相、国家開発企画庁長官、中銀総裁といった要職に彼らを再び任命した。与党・民主主義者党が第1党に躍進した2期目には、政治家ではなく、経済テクノクラートであるブディオノを副大統領にあて、経済運営をもっぱら任せた。

また、経済政策の策定に積極的に経済団体を関与させたことも、ユドヨノ政権の特徴である。1期目は、大統領と財界団体トップとの個人的関係を軸に財界の意向が経済政策の立案に反映される仕組みが構築された。1期目の内閣には、ユスフ・カラ副大統領をはじめ、アブリザル・バクリ経済担当調整相、ファフミ・イドリス労働力・移住相、スギアルト国営企業担当国務相、ムハマド・ユスフ・アシャリ国民住宅担当国務相などの企業

家や企業経営者らが入閣した。彼らは，ユドヨノ政権発足前に政策提言活動を活発化させ始めたインドネシア商工会議所（KADIN）の主要メンバーでもあった。ユドヨノは，当時KADIN会頭であったモハマド・ヒダヤットを経済関係閣僚会議の場に招くなど，財界からのインプットを積極的に取り入れた。

ユドヨノ政権2期目に入ると，それは政府と財界団体が共同で政策枠組みを策定する，よりフォーマルな形へと発展していった。第2期内閣発足直後には，政権の経済政策（100日プログラムと国家中期開発計画）を策定する前に，政官学産各界から1400人以上もの利害関係者を一堂に集めてナショナル・サミットという官民合同会議を開催し，具体的な政策プログラムを議論して調整を行った。このサミットの準備や運営にはKADINが深くかかわるなど，政策枠組みの策定に財界団体が直接関与した。さらに，2010年には，国家経済委員会（KEN）と国家イノベーション委員会（KIN）という経済政策の諮問機関が設置された。これらの委員会には，第1期政権時代に経済政策の立案や政策提言活動にかかわってきたKADIN幹部や経済学者が委員に任命された。ユドヨノは，第2期政権の発足に当たり，ヒダヤットを工業相として入閣させたが，政府の経済政策立案能力をさらに高めるために，それまで非公式な形で経済政策の立案に関与してきた経済学者や企業家らを公式の政策策定プロセスに取り込もうとしたのである。

マクロ経済が安定し始めると，ユドヨノ政権は，経済の対外依存脱却にも着手する。2006年には，通貨危機時のIMF債務を4年も前倒しして完済した。2007年には，スハルト政権発足時以来，インドネシアへの対外援助を協議する多国間交渉の場であったインドネシア支援国会合（CGI）を解散することを宣言し，自立的な経済体制づくりをめざす姿勢を明確にした[5]。

ユドヨノ政権も2期目に入ると，さらに成長を加速させるため，経済に積極的に政策介入を行う姿勢を示した。スハルト時代の国家介入主義的経済開発に対する反動から，民主化直後には，経済への非介入主義，自由放任主義へと経済運営の手法が大きく転換した。しかし，それでは安定成長以上の結果が得られない，長期的に持続可能な成長のための構造へと転換

できない，との認識が政権内で共有されるようになったのである。そこで，再度政府が経済へ介入して，インドネシアの発展を望ましい方向へと導くことがめざされた。その成果が，2011年に策定された「インドネシア経済開発加速・拡大マスタープラン2011～2025年」（MP3EI），いわゆる「マスタープラン」であった（佐藤 2011, 102-140）。

このように，ユドヨノ政権期の経済は，マクロ経済の安定と，その基盤のうえに立った成長の達成が第1の政策的目標であった。貧困削減と雇用創出もユドヨノ政権の重要な政策目標ではあったが[6]，それはあくまでも経済成長が実現されることが前提であった[7]。ユドヨノ大統領は，その目標を実現するために，アジア通貨危機後に弱体化してしまった経済政策の策定システムと経済開発政策を再構築した。それは，スハルト時代の経済政策策定システムと経済開発政策へと回帰するのではなく，民主主義の時代にふさわしい構造と内容へ作り直す作業であった。

結果的に安定した経済成長を実現したユドヨノ政権であったが，第7章が指摘するように，その内実は，新興国における資源需要に応えて自国の天然資源を輸出して獲得されたものであった。製造業部門の成長率は国内総生産（GDP）成長率を下回る状態が続き，持続的な成長へ向けた構造転換は果たせないままであった。経済成長を促進するためには投資環境の整備とインフラ開発が不可欠であることは，ユドヨノ第1期政権の時から認識されていたが，いずれも思うようには進展しなかった。また，成長は実現したものの，格差が拡大する傾向を示すなど，成長の果実が国民の各層に行きわたるまでには至らなかった。

第2節　2014年選挙とジョコウィ大統領誕生の意義

「安定と成長」を達成したユドヨノ政権が終わり，2014年にインドネシアは新しい政権を迎えることになった。しかし，その選挙は，ユドヨノ時代の継続か否かが問われたものではなかった。ユドヨノ時代からの変化が求められていた。国民に問われたのは，その変化の方向性であった。

終　章　民主化後の歴史のなかにユドヨノの10年とジョコウィ登場を位置づける

　ここでは，変化が問われた2014年の選挙の意義を考えるが，その前に，その準備作業としてインドネシアにおける過去の選挙の位置づけを確認しておこう（川村2008）。

　独立後のインドネシアで最初の選挙が実施されたのは1955年のことである。その選挙は，当時の西欧先進諸国の選挙を凌駕するほど自由で公正な選挙だったと評された（Feith 1957）。しかし，1959年からスカルノ初代大統領による「指導される民主主義」という名の権威主義体制が発足して，その後は選挙が実施されない期間が長く続いた。1965年の9月30日事件をきっかけにスハルトが権力を掌握すると，改革を望む知識人，学生運動家からは早期の選挙実施を望む声が上がった。しかし，権力基盤の強化を優先したスハルトは選挙実施の約束を引き延ばし，1971年になってようやく総選挙が実施された。その後は，1977年から1997年までのあいだ，5年ごとに総選挙が実施されたが，いずれも政府による介入と監視によって政党の政治活動や有権者の投票行動が妨害される非民主的な選挙であった。

　1998年に32年間にわたったスハルト大統領による権威主義体制が崩壊した。その1年後の1999年，民主化後初めての総選挙が実施された。この選挙は，民主化の出発点となる選挙であった。権力による介入も監視もない，自由で競争的な選挙が実施され，権威主義体制からの決別を祝した。

　2004年の選挙は，4次にわたる憲法改正を通じて政治制度改革が刷新された後に行われた。大統領直接選挙が史上初めて実施されるなど，1998年から試みられてきた体制転換のための改革が国民に受容されるかどうかが問われた。2004年の選挙が平和裏に実施されたことは，インドネシアの民主化が完了したことを意味した。

　その次の2009年の選挙は，民主改革が終わった後に実施された初めての「普通の」選挙であった。2004年から政権を担当するユドヨノ大統領に対する評価が選挙における最大の争点であったが，有権者は政権の継続による安定を選択した。この結果は，インドネシアで民主主義が着実に定着しつつあることを示していた。

　それでは，2014年選挙はインドネシアに何を問うていたのだろうか。

まず第1に，民主主義の定着期に入ったとはいえ，いまだ若年期にあるインドネシアの民主主義において，選挙が権力を獲得するための唯一の正統な手段として受け入れられているのかが問われたといえる。民主化後に実施された3度の議会選挙，2度の大統領選挙，そして2005年から始まった地方首長直接選挙のいずれもが，選挙結果を覆そうとする大規模な暴動やあからさまな権力の介入を招くことなく平穏に実施されており，選挙を通じた統治者の交代はインドネシアでは日常の出来事になっている。選挙結果に不満がある場合でも，訴えは法的な手続きに沿って処理されることが定着しており，大衆が動員されたり軍が介入したりして，強引に選挙結果がひっくり返されるような事態は発生していない。最終的には，選挙の敗者がその結果を受け入れ，権力の交替が平和裡に実現してきた。その意味で，インドネシアには選挙政治が確実に根付きつつある。

　ただし，インドネシアの選挙にまったく問題が生じていないわけではない。地方首長選挙では，支持者の衝突などによる小競り合いが発生することもある。第1章でみたように，票の買収や違法な献金の横行など，金権選挙や金権政治の影がつねにつきまとっている。2013年10月の汚職撲滅委員会によるアキル・モフタル憲法裁判所長官逮捕によって，地方首長選挙の結果をめぐる異議申立裁判では，有利な判決を引き出そうとする当事者と判事とのあいだで贈収賄取引が行われていることも発覚した。選挙運営をめぐる混乱も毎回のように観察されている。2014年の選挙は，憲法の規定によりユドヨノの再出馬が禁止されており，必ず政権交代が発生するだけに，候補者たちはなりふり構わず権力を獲得しようとするかもしれなかった。そのような状況下で不正が発生したり，選挙運営が混乱したりすれば，選挙の正統性は失われかねない。2014年の選挙は，いつも以上に適切な選挙管理が必要だったのである。

　第2に，2014年の選挙は，新しい発展段階に差し掛かったインドネシアで，新しい時代の舵取りを任せる新しい政治指導者にどのような人物を選ぶのかということが問われていたといえる。2009年を境にして，インドネシアの政治経済に対する国内外の評価は大きく変化した。民主化後初めて10年にわたる長期政権が誕生することになったことで，政治的安定

が達成されていることが認識されるようになった。経済的にも，2008年のリーマン・ショックのなか2009年に4.6％の経済成長率を維持したことで，インドネシアの成長潜在力が注目されるようになった。2009年のユドヨノ再選と金融危機回避を機に，世界のインドネシアに対する評価は政治的に不安定な国から新興民主主義国のモデルへ，低成長国から新興経済大国へと大きく変化した。国民自身も，自らの達成した民主化の成功と経済成長に自信をもつようになった。一方で，汚職の蔓延や宗教的不寛容の広がり，資源輸出への依存や格差の拡大といった経済社会構造の変容に伴う問題も発生しつつある。インドネシアは，民主主義の成熟，持続可能な経済，富の偏在の是正など，次の発展段階へと進むための新たな課題に直面しつつある。そういった時代の変わり目に合わせるかのように，政治経済の安定を担ってきたユドヨノ大統領は3選禁止の憲法の規定に従って政権を降りる。新たに誕生する大統領と政府がどのような政策を打ち出し，どのように国を運営していくのかは，インドネシアだけでなく，世界の国々に大きな影響を与える。その意味で，2014年の選挙は，インドネシアの転換点となる大事な選挙であった。

　このふたつの問いに対して，インドネシアは，ほぼ満点の回答を行ったといっていい。平和裡に選挙を行い，権力の交代を実現できるかという第1の点については，第1章で示されたように，過去3度の国政選挙における経験と制度的な裏づけの積み重ねに，選挙管理機関である総選挙委員会（KPU）関係者の努力と市民参加による不正の監視が効果的に機能して，民主的な選挙が実現した。もちろん，問題がなかったわけではない。有権者名簿の不備の問題は2009年に続いて発生したし，議会選挙では票の買収合戦が繰り広げられた。大統領選挙では，報道の中立性が大きく損なわれ，宗教やエスニシティの差異を強調した誹謗中傷が飛び交った。選挙後も，敗者であるプラボウォ・スビアントが結果をなかなか受け入れようとはしなかった。それでも，最後にプラボウォが結果を受け入れざるを得なかったのは，選挙の正統性を覆すことが困難だったからである。

　独立した選挙実施機関と選挙監督機関，さらには選挙管理機関を監督する機関が整備され，選挙に対する異議申立は独立した司法機関によって審

査されるという制度的枠組みが，民主化後の15年をかけて整備されてきた．東西5100キロ，南北1700キロに広がる広大な国土で，有権者1億9000万人が投票する巨大な選挙をどう運営していくかという経験も，この15年間で蓄積されてきた．さらに，2014年選挙に特徴的だったのは，組織化されていない市民ボランティアたちが選挙の正統性を確保するために参加したことである．これまでも，選挙教育や投票監視などでNGOが大きな役割を果たしてきた．しかし，今回は，そのような組織とは関係のない一般市民が，インターネットを使って選挙監視に加わるという画期的な選挙であった．制度相互の監視に市民による監視が加わったことで，選挙の民主的正統性に疑義をはさむ余地はなくなったのである．

　どのような政治指導者を新たに選出するかという第2の問いに対して，インドネシア国民は，史上初の庶民出身大統領という回答で答えた．これまでのインドネシアの大統領は，いずれもエリート出身であった．初代大統領スカルノはジャワ貴族の家庭に生まれたし，その娘メガワティ第5代大統領は大統領宮殿で育った令嬢である．第2代大統領スハルトと第6代大統領ユドヨノは，中産階級の出身で，国軍のエリート将校にまで登り詰めた．第3代ハビビも，技術者として西ドイツの航空機製造会社副社長を経て，スハルト政権下で技術開発担当の大臣を長く務めた人物である．第4代ワヒドは，インドネシアにイスラームを広めた布教者の直系の家系に生まれている．

　これに対して，今回大統領に選ばれたジョコウィは，貧困家庭に生まれた庶民である．成人後も父の家業を継いで，政治とは無縁の世界に生きていた．そのような人物が政治にかかわるようになったのは，民主化と地方分権化ゆえのことである．地方首長の住民直接選挙が導入された2005年にソロ市長に出馬して当選し，その実績と親しみやすい人柄で有権者を引きつけて，ジャカルタ首都特別州知事，そして大統領へと一気に権力の階段を駆け上がってきた．第6章で指摘されているように，ジョコウィはまさに「民主化の申し子」である．

　ジョコウィがめざしているのは，「国民目線に立った，国民のための国づくり」だといえる．第5章で述べられているように，これまでの大統領

は，エリートとして国を指導していくものであった。しかし，ジョコウィはちがう。彼にとって政治とは，大仰なイデオロギーを実現するものではなく，国民のなかにある問題を解決するものなのだろう。だからこそ，ジョコウィは，自ら国民のあいだに入っていき，国民の目線に立つことが大事と考えている。本名（2013）が描写したように，民主政治とは「利権エリートによる談合政治」だという現実に不信感を抱きつつあった国民にとって，ジョコウィの登場は，初めて政治を自らの手に取り戻すことのできる機会だと認識されたのである。

　もちろん，第3章にあるように，大統領選挙の結果は僅差であった。「国民とともに歩む」ジョコウィへの支持が上回ったとはいえ，約半数の有権者は「強い指導力で国民を導く」プラボウォをインドネシアにとって望ましい指導者として選択していることは忘れてはならない。まだ多くの国民が，未熟で身勝手な庶民を力でまとめ，望ましい国の行く末を指し示してくれるような力強いエリートを国の指導者として望んでいるのである。

　つまり，2014年の選挙では，市民社会の力で民主的選挙の正統性が確保されたという点で，民主主義が成熟しつつあることが示された一方で，国民が主役の政治と指導者が主導する政治との挟間で国民の選択が揺れたという点で，民主主義が発展途上であることも示されたのだといえる。それでも，インドネシアの民主主義が，一歩一歩前進していることだけは確かだろう。

第3節　ジョコウィ政権の課題

　ジョコウィ新政権は，国民の大きな期待を背負って船出を果たした。2014年10月20日に国民協議会で開催された大統領就任式には，国会・地方代表議会両院議員682人と国内外の招待客650人以上が出席した。この直前まで敗北を認めようとせず，野党各党の就任式ボイコットまでほのめかしていたプラボウォも姿をみせた。これに対してジョコウィ新大統領は，就任演説に先立っておもな出席者を紹介する際に，プラボウォのこと

を「わがよき友人」と呼び，謝意を表した[8]。会場からもひときわ大きな拍手が起こり，プラボウォの自尊心は保たれた。この瞬間，プラボウォが負けを認めたことが確実となった。これによって，平和的な権力移行が実現した。

　就任式の後には，議事堂から大統領宮殿に移動するまでのあいだに，ジャカルタのメイン・ストリートで祝賀パレードが行われた。夜には，ジャカルタ中心部にある独立記念塔周辺の広場で祝賀イベントが開催された。いずれも大統領選でジョコウィを支えた市民ボランティアが組織し，人気アーティストらが無償で参加したものだった。ジョコウィはいずれのイベントにも顔を出し，集まった市民約3万人からの祝福を受けた。

　大統領オフィスに入ったジョコウィが最初にしたことは，全国8カ所の市民とテレビ会議で討論することであった。ジョコウィは，この日の演説で，「国民全員が政府のサービスの受益者である」，「国民の福祉のために国を運営していく」ことを繰り返し強調して，国民が主役の政治をめざすことを約束した。それと同時に，「国民は望むだけではいけない。国民も努力し，働かなければならない」と述べて，インドネシアの発展のためにともに働くことを国民に呼びかけた[9]。これは，「国が何をしてくれるかではなく，自分たちが国のために何ができるかを考えてほしい」というジョン・F・ケネディ米国大統領の言葉を引用したバラク・オバマ大統領の就任演説を思い起こさせる。市民の祝意に満ちた就任式当日の雰囲気やジョコウィの言動は，2009年に初の黒人大統領に就任したオバマの門出に重なるものであった。

　しかし，ジョコウィの面前には，オバマ米大統領と同様に，困難な課題が待ち受けている。ここでは，ジョコウィ大統領の政策実行力を左右する制度によってもたらされる課題と，任期中に解決されるべき政策的な課題にわけてジョコウィ政権の課題を検討してみる。

1．政治基盤の弱さをどう克服するか

　ジョコウィ大統領は，第4章でみたように，市民の後押しで大統領に登

りつめた。一方で，大統領の議会における支持基盤は脆弱なままでの船出を強いられた。大統領選挙の終了後，選挙結果が確定すれば，大臣ポストを求めてプラボウォ陣営側からジョコウィ陣営側に鞍替えをする政党がつぎつぎと出てくると考えられていたが，その思惑は外れ，与党入りしたのはイスラーム系の開発統一党（PPP）だけだった。政権発足時，与党連合は議会の44％の議席を押さえることしかできなかった。

　そもそもジョコウィは，利権配分に基づく旧来の政治からの決別をめざしており，連立与党の数をできるだけ少なくすることを望んでいた。また，連立に加わる政党に対しても，事前のポスト要求などを拒否していた。つまり，なるべくしてなった少数与党体制だったのである。ジョコウィ大統領は，執政府と議会を支配する勢力が異なる「分割政府」という事態にインドネシアで初めて直面することになった。大統領制における分割政府の状態では，大統領が政策課題を立法化しようとしても法案が議会において拒否されてしまう蓋然性が高いため，政治的な停滞，つまり「決められない政治」を招きやすい。

　野党にとっては，閣僚ポストという利権にありつけないのであれば，与党に加わる意味はない。むしろ，法律の制定において大統領を上回る強い権限をもつ議会で過半数を占める野党にとどまり，自らに都合のよい政策を立法化し，予算の審議を通じて利権を獲得していく方が合理的である。野党側の結束が予想以上に固かった背景には，冷徹な利得計算が働いていた。

　プラボウォの戦略も，「選挙結果をひっくり返す」ことから，「5年後の選挙に勝利すること」へと転換したように思われる[10]。2019年の大統領選挙に再び立候補し，勝利するためには，この5年のあいだに自らのイメージを高めると同時に，ジョコウィの国民的評価を下げればよい。大統領就任式への出席は，プラボウォの政治家としての評価を高める効果を生んだ。今後も，国民に不人気な政策をジョコウィが実行しようとすれば，プラボウォがそれを批判し，自らの人気を高めようとするだろう。議会でも，人気取りのためのポピュリスト的な法律を策定する一方で，ジョコウィ政権が進めようとする政策の立法化を妨げれば，プラボウォへの支持

283

を高め，ジョコウィへの支持を下げることができる。野党陣営に加わったゴルカル党からは，100 以上の法律の改正を準備しているとの発言も出た[11]。とくに改正の対象とされているのは，経済自由化の基礎となっている法律のようである。野党側は，これらの法律を国内優先の保護主義的な内容に改正することを目論んでいる。

　政権発足当初の議会運営の主導権は，過半数を占める野党に握られた。国会の議長団ポスト（議長1名，副議長4名）は，すべて野党の手に落ちた。予算委員会や他の常任委員会の正副委員長ポストもほとんど野党に握られた。

　もちろん野党陣営も，政権入りをめぐって内紛が発生したゴルカル党や開発統一党のように，内部は決して一枚岩ではない。しかも，2015 年 9 月には国会第 5 党の国民信託党（PAN）が野党から与党に鞍替えすることが発表された。同党が政権入りしたことで，連立与党の議席が国会の過半数を超えた（295 議席，52.7％）。これによって，ジョコウィ政権による国会運営の見通しにも明るさがみえてきた。ただし，陣営内部が一枚岩でないことは，連立与党も同様である。大統領制の場合，内閣と議会が制度的にリンクしないため，政権に参加する政党でも，議会で政府の政策に容易に反対することができる[12]。ユドヨノ時代のゴルカル党は，まさにその典型であった[13]。これに対してユドヨノ大統領は，多少の裏切りがあっても議会で過半数を押さえられるように多数の政党を政権に取り込み，過大な連立を組むという対応をした。

　しかし，政治エリート間の談合の排除，利権政治からの脱却，そして国民目線に立った政治の創造をめざすジョコウィは，ユドヨノと反対の選択をした。ジョコウィ大統領は，本当に信頼できる政党とだけ連立を組み，コンパクトな内閣で政策的実績を挙げて国民の支持を獲得し，その推進力で政権を運営していくことをねらったのである。選挙から就任まで自らを後押ししてくれた市民の声，国民の支持を背景に「弱い大統領」という障害を乗り越えるつもりであろう。

　第 6 章が明らかにしたように，いまのインドネシアの市民社会には，守旧派の政治家によって追い詰められたジョコウィを，自らの声と行動で支

終　章　民主化後の歴史のなかにユドヨノの 10 年とジョコウィ登場を位置づける

えていけるだけの力がある。ただし，それはジョコウィが危機に直面したときに限られるだろう。日々の議会政治において，市民の声が直接ジョコウィを支えることはできない。また，市民の支持をつなぎ止めるために，ジョコウィはつねに成果を出さなければならない。議会運営を安定させるためには，与党各党にポストを配分して連立の結束を維持しなければならないし，スムーズな法案審議のために与党だけでなく野党とも利害調整を行わなければならない。しかし，国民目線に立った政治を実現するためには，政党の意向にとらわれない政権運営が必要である。ジョコウィは，このジレンマに直面せざるを得ない。

　このジレンマを解消し，自らのリーダーシップを確立するためにジョコウィがとった方策が，大統領府の強化であった。まずジョコウィは，内閣発足にあたって，大統領直属のポスト（国家官房長官，内閣官房長官，国家開発企画相）に立候補時から政策や戦略作りを支えてきた腹心の学者を任命した。国家開発企画省とその下にある国家開発企画庁は，これまで経済担当調整相のもとで開発政策の策定と実施を担っていたが，ジョコウィはこれを大統領直属のシンクタンクと位置づけた。さらにジョコウィは，2015 年 2 月に大統領補佐官室を設置することを決め，大統領府の強化を図った[14]。大統領首席補佐官には，元陸軍将校でソロ時代からジョコウィと近かったルフット・パンジャイタンが任命された。その下には 5 人の次席補佐官がおかれたが，彼らも，ジョコウィのソロ時代からの選挙参謀や学者など，党派性のない人物である。大統領周辺だけは連立与党からの人事介入が避けられるため，そこに政党とは関係のない，自らが信頼できる人物を配して，ジョコウィの理想とする政治とめざす政策を展開しようというのである。

　しかし，このような大統領府強化の動きに対しては，早速牽制する動きが出た。与党・闘争民主党からは，アンディ・ウィジャヤント内閣官房長官，プラティクノ国家官房長官，ルフット大統領首席補佐官の 3 人が党と大統領の意思疎通を意図的に妨害していると批判する声が上がった。カラ副大統領周辺からは，大統領補佐官室は副大統領の権限を弱めるものだと警戒する声が上がった。大統領府強化の構想は，じつはユドヨノ前政権の

時からあったものである。ユドヨノも,「弱い大統領」という現実に直面して,大統領府を強化することによりリーダーシップを発揮できるような環境をつくろうとした。しかしこの時は,第1期政権時に副大統領だったカラが自らを閑職に追いやるものだとして反対し,実現しなかった。今回は,大統領補佐官室の設置は実現されたものの,大統領府強化の動きには周辺から横やりが入るという同じ構図が繰り返されている。

さらに,第2章の「おわりに」で指摘したように,ジョコウィは自らの政治基盤である与党・闘争民主党,とくにその党首メガワティの意向にも配慮を迫られる。第4章や第5章が明らかにしているように,閣僚の選任やその他の大統領人事に連立与党内から露骨な介入があり,ジョコウィはそれに抵抗することができなかった。「政党の大統領制化」が進行し,大統領と与党の関係が悪化すれば,議会対策に頭を悩まさざるを得ない大統領に,頭痛の種がもうひとつ加わることになる。「ジョコウィはメガワティに頭が上がらない,操り人形である」という批判は,プラボウォ陣営側が選挙戦で使ったネガティブ・キャンペーンのひとつである。これが単なるでっち上げの誹謗中傷ではなくなる可能性もあるのである。

大統領と与党の関係を改善するため,ジョコウィ大統領は2015年8月12日に実施した内閣改造で,闘争民主党から名指しで批判されていたアンディ内閣官房長官を更迭し,闘争民主党の元幹事長であるプラモノ・アヌンを後任に任命した。プラモノは,ジョコウィ政権発足直後に与党連合と野党連合が議会運営をめぐって正面から衝突した際,与党側の交渉窓口として国会正常化に向けて奔走した人物である。プラモノの任命は,彼の政党政治家としての人脈と経験を買ってのことである。ジョコウィは,与党との対立の種となっていた側近のアンディを切ることで,政府と与党,なかでも闘争民主党との意思疎通を改善していくことを優先したのである。

ジョコウィはその一方で,政権発足時には与党の反対にあったルフットの入閣を実現させた。また,そのルフットの後任として,ジョコウィは側近のひとりであるテテン・マスドゥキを新しい大統領首席補佐官に指名した。テテンも,アンディ同様,大統領選前からのジョコウィのブレーンであり,政権発足後には大統領報道官としてジョコウィを支えてきた人物で

ある。大統領府の廃止を求める声もあるなか，ジョコウィは大統領府を通じて自らのリーダーシップを強化するという自らの意志を貫いた。反汚職NGO 活動家でもあるテテンには，ジョコウィの最大の支持基盤である市民社会との連携という役割も期待されている。

ジョコウィがソロ市長やジャカルタ州知事時代に発揮してきたリーダーシップに期待する声もある。しかし，地方首長と大統領がおかれている制度状況は大きく異なる。アスピナルらは，ユドヨノが自らの理想と政策課題を掲げて政治を前に押し進めていくタイプの大統領ではなく，「調整型大統領」(moderating president) だった理由を，ユドヨノの個人的な性格や考え方に求めているが (Aspinall, Mietzner, and Tomsa 2015)，インドネシアの大統領は，リーダーシップを発揮しづらい制度のもとにおかれているということを認識しておくことが重要である（川村 2010）。つまり，誰が大統領になったとしても，インドネシアの大統領は，議会，連立相手，さらには自らの与党と，さまざまなプレーヤーを相手にして政治を進めなければならない。このような制度のもとでは，調整の政治が不可欠である。さまざまな利害を調整しながら自らのめざす政治を実現すること，それこそがジョコウィに求められているリーダーシップである。

2．成長と分配をどう両立させるか

ユドヨノ政権の10年間に，インドネシアは安定的な経済成長を実現し，新興経済大国として注目されるようになった。しかし，この間，貧富の格差は拡大し，庶民は必ずしもその果実を享受できていない。ジョコウィ大統領には，成長優先の経済社会政策を分配にも軸足をおいた政策へと転換することが求められている。そのためには，第5章と第7章で指摘されているように，まずは財政基盤の確立が重要である。財政の立て直しにとってまず必要だったのは石油燃料補助金の削減であったが，ジョコウィ大統領は政権発足後すぐにこれを実行に移した。しかし，補助金廃止は重要な第一歩ではあるものの，最初の一歩でしかないことも事実である。これをさらなる政策展開につなげていけるのかどうかが問われている。

また，ジョコウィ大統領が政策の目玉として掲げている「海洋国家」構想がどのような形で現実化するのか，これからの政策展開を注視する必要がある。インドネシアは広大な海域に位置する群島国家である。しかし，海運インフラの未整備を原因とする高コスト体質が，経済的競争力の低下と地域間格差を招いている。また，密輸や密漁といった問題が慢性化し，大きな経済的損失を招いている。ジョコウィ大統領は，海上インフラの整備と海洋資源の開発を通じて経済成長と貧困削減を進め，インドネシアを「グローバルな海洋ハブ」(Poros Maritim Dunia)へと発展させることをめざしている。そのために，海事担当調整相という新しい閣僚ポストも新設された。第5章で紹介されているように，その下には，ジョコウィ自身と似た経歴をもつような企業人が関係閣僚に配置された。体制は整えられた。あとは何が実行されるかである。

　ジョコウィ大統領の「国民中心」という政策指向は，経済政策においても貫徹される。たとえば，インフラ建設においても，「国民の利益のため」かどうかが精査される。ユドヨノ大統領の肝いりプロジェクトであった，ジャワ島とスマトラ島のあいだを結ぶスンダ海峡大橋建設構想も中止する方針が示された[15]。ユドヨノ政権が策定した「マスタープラン」も今後見直されていく方針である[16]。一方で，「国民の利益優先」という政策の方向性が，国内資本の優先，保護という方向に行き過ぎないかどうかが懸念される。経済が成長するとともに，国内では保護主義的な傾向がユドヨノ政権期から顕在化しつつあるが，産業高度化のためには外資の活用も欠かせない。ジョコウィ大統領は，成長と分配のバランスだけでなく，国内資本と外資のバランスにも配慮することを迫られそうである。

おわりに ──ジョコウィ政権の1年目を振り返って──

　2004年から2014年までの10年をあらためて振り返ると，ユドヨノ政権がインドネシアに民主主義を定着させるために果たした役割に気づかされる。選挙公約に基づいた政策の策定，閣僚候補者に対する事前の身辺審

査と閣僚選定プロセスの公開，閣議の定時開催やアポなしでの現場視察など規律とハードワークの強調，大統領府を中心とした政治運営といった政治的慣行は，2004年にユドヨノが大統領に就任したときに始まっている（松井・川村 2005）。その意味でジョコウィは，ユドヨノが根付かせようとして始めた民主主義における政治のあり方を正統に受け継いだといえる。

他方で，政局の安定のために既存エリートからなる諸政党と大連立を組むというユドヨノの政治運営手法を，ジョコウィはあえて受け継がなかった。初の庶民出身大統領となったジョコウィは，脱エリート支配，脱利権政治を掲げて当選を果たしたからである。政治的安定の代償として，政治エリートによる談合政治がはびこるというユドヨノ政治の負の遺産を解消することが，ジョコウィに課された課題である。しかし，脱エリート支配をめざす政治運営そのものが，ジョコウィの弱点になっている。ジョコウィ政権を支える連立与党は過半数をわずかに上回っただけであるし，ジョコウィ自身が与党内にも確固とした政治基盤をもたないため，政治を安定的に運営することは容易ではない。

経済面でも，ユドヨノ政権のもとで達成された安定的な経済成長によって「新興経済大国」としての地位を獲得したことは間違いない。インドネシア経済は，1997年のアジア通貨危機後の10年にわたる低迷期を脱し，安定した成長軌道に復帰した。2014年には1人当たり名目GDPが3500ドル超，一国の経済規模は9000億ドル余りにまで拡大した。中間層の人口が1億人を超えたとみられ（佐藤 2011, 39-45），旺盛な消費欲をもつ巨大な国内市場に対する国際的な関心が高まった。しかし，成長主導による失業と貧困の解消というユドヨノの掲げた経済目標のうち，貧困問題は解消されるどころか，むしろ貧富の格差が拡大する結果となった。また，経済成長を製造業が主導するには至らず，資源輸出に依存した経済構造からの脱却も果たせていない。経済成長を持続可能なものとするため，国内企業を育成して付加価値製品を生産・輸出できる体制を整えるとともに，経済成長の果実をいかに広く国民に裨益させるか，という課題が庶民出身大統領のジョコウィに引き継がれたのである。

ユドヨノが築いた土台のうえに立ちつつ，ユドヨノが残した課題を背

負ったジョコウィ政権の船出は，国民からの大きな期待を背負いながらのものだった。しかし，政治的には国民の期待を裏切る場面が多くなっている。とくに人事政策は，連立与党の意向が強く反映されるものとなった。閣僚の人選に始まり，検事総長，大統領諮問会議委員，国家情報庁（BIN）長官，国営企業幹部など，連立与党に対する情実人事と思われる動きが続いた。とくに，国家警察長官人事をめぐる混乱は，ジョコウィの汚職撲滅に対する姿勢に疑問を投げかけるとともに，自らの出身母体である闘争民主党の党首メガワティとの関係が政治運営に深刻な影響を与えることを如実に表す結果となった（第4章参照）。

一方，経済面でもジョコウィ政権に対する批判が上がっている。2015年5月5日，第1四半期の経済成長率が4.7%だったことが発表された。2013年に4年ぶりに経済成長率が6%を下回って以降，経済の減速傾向が続いているが，大方の見方は5%台を予想していただけに，それを下回る数値は，政府や市場関係者に少なからぬ衝撃を与えた[17]。中国経済の減速の影響で資源輸出が大きく減少していることなど，対外要因がその背景にはあるが，成長戦略としてジョコウィ政権は2015年度補正予算に290兆ルピアに上る資本投資計画を盛り込んだものの，新政権発足後の省庁再編に伴う組織改編と人事異動が完了せず，予算執行が大幅に遅れてしまったことも大きく影響している[18]。ジョコウィが自ら積極的に推進すると約束したインフラ開発は，前政権時代からの根深い問題である土地収用の困難さなどもあり，必ずしも前に進んでいない。経済回復の遅れの責任を追及する声は経済関係の閣僚に向けられるようになり，ジョコウィ大統領は政権発足後わずか10カ月で内閣改造に踏み切ることになった（川村2015）。内閣改造では，経済関係のポストを中心に6つのポストで閣僚の交代が行われた（第5章参照）。

ただし，ジョコウィらしい成果もすでに上がっている。政権発足直後に発表されたガソリンに対する補助金の廃止や，地方首長時代に実績のあった無償医療・無償教育といった公的扶助プログラムの全国展開，違法漁業の取締り強化，投資認可窓口の一本化，石油ガス部門における汚職追及などがこれまでに着手されている[19]。それと同時に，第2期ユドヨノ政権

から徐々に顕在化しつつあった国内産業保護の動きも継続されている[20]。ジョコウィ政権に入ってからも，電機製品，食品，衣料などの輸入制限や輸入関税引上げ，自動車やスマートフォンの現地調達率引上げといった動き，国内でのルピア決済義務化などの政策が発表されている。

　成果と課題の入り交じったジョコウィ政権の初動に対しては，国民の評価も揺れている。新聞社コンパス（Kompas）が実施した世論調査によると，ジョコウィ政権の業績に満足していると答えた回答者は，2015年1月には61.7％だったのが，4月に53％に落ち込んだものの，7月には57％にまで回復している[21]。とくに与野党の対立が一時的に落ち着いている政治・治安，社会福祉といった政策分野では国民の満足度が向上している。一方で，汚職撲滅委員会と警察の対立が続く法執行の分野や，成長鈍化やルピア安に直面している経済分野では，満足と答えた回答者が過半数を切っている。ジョコウィ大統領が，自らがコントロールできない与党第1党を支持基盤とする以上，自身が最も頼れる政治基盤は国民による高い支持である。当初の期待が高かっただけに，政権発足後の混乱に対する失望も大きくなったが，いまでもジョコウィに対する国民の人気と期待は高い。国民の支持で大統領に就任したという原点につねにジョコウィが立ち戻れるかどうかが，今後の政治運営における鍵となるだろう。

　ただし，いかに国民の支持を背景としているとはいえ，それだけで政策を前進させることはできない。議会が大統領を罷免することは現実的にはかなり難しいが[22]，大統領も自らのリーダーシップだけで政策をつくることはできない。大統領は，対与党，対与党連合，対野党など議会政治の主役だけでなく，官僚，軍，警察，司法，地方政府といった他の国家機関との複雑な連立方程式を解きながら最適解をみつけていかなければならない。その意味で，誰が大統領になったとしても，政策決定のスピードは遅くならざるを得ない。しかし，それは政治が急進化することなく，穏健で安定した政策が継続することの裏返しでもある。多様な利害を調整する政治は，インドネシアのような広大で多様な社会を抱える国家が安定を維持するための安全弁なのである。ジョコウィが成果を挙げられるかどうか，私たち観察者も長期的な視点から判断する必要があるだろう。

〔注〕
(1) ポリティ・スコアは，最も民主的な体制をプラス 10，最も非民主的な体制をマイナス 10 と格付ける。
(2) 国軍時代のユドヨノについては，Honna（2003）参照。
(3) ジョコ・ウィドド大統領の外交アドバイザーであるリザル・スクマ戦略国際問題研究所（CSIS）所長は，ユドヨノの全方位善隣外交に批判的である。"Diplomasi 'Blusukan' Pemerintah Baru"［新政権の「ブルスカン」（抜き打ち現場視察）外交］, *Kompas*, 2 November 2014.
(4) インドネシアにおいて財政部門を担当する大臣は，インドネシア語で Menteri Keuangan と表記されるが，日本語に訳出する場合，2012 年 12 月 31 日以前は「大蔵大臣」，それ以降は「財務大臣」と表記する。同日に大蔵省から金融監督部門が切り離されて金融サービス監督庁（OJK）が設置されたことに対応するためである。
(5) CGI は，インドネシアに対する援助政策をインドネシア政府と協議・決定するため，日本，米国，ドイツ，イギリス，フランス，オーストラリア，韓国などの 18 カ国と，世界銀行，国際通貨基金（IMF），アジア開発銀行（ADB）など 12 の国際機関が参加して開催された年次会議である。その前身は，スハルト体制発足直後の 1967 年に発足したインドネシア援助国会議（IGGI）にさかのぼる。IGGI は，1991 年に東ティモールで発生した国軍による独立派弾圧事件（ディリ事件）に抗議した議長国オランダが援助を凍結したことを受け，スハルトが解散に追い込んだ。CGI は，1992 年に世銀が議長を務める形で IGGI の体制を継承したものである。
(6) たとえば，第 1 期ユドヨノ政権が発足直後に取り組むべき政策課題をとりまとめた「100 日アジェンダ」には，「繁栄のインドネシア」実現のための最優先事項として，公正で持続的な経済成長を，投資環境の改善，マクロ経済安定の回復と維持，中小企業・協同組合活動の向上と改善，および貧困撲滅の政策を通じて達成することにあると明記されている。Kementerian Negara Perencanaan Pembangunan Nasional/Badan Perencanaan Pembangunan Nasional（2004）参照。
(7) ユドヨノ第 1 期政権の経済政策については松井（2005），第 2 期政権の経済政策については佐藤（2010）が詳しい。
(8) "Tepuk Tangan untuk Prabowo Subianto"［プラボウォ・スビアントへの拍手］, *Kompas*, 21 October 2014.
(9) "Pidato Kerakyatan Presiden Republik Indonesia pada Acara Syukuran Rakyat Salam Tiga Jari di Lapangan Monas, Jakarta, Tanggal 20 Oktober 2014"［2014 年 10 月 20 日ジャカルタ独立記念塔広場における国民祝賀行事におけるインドネシア共和国大統領国民向け演説］, インドネシア国家官房ウェブサイト（http://www.setneg.go.id/index.php?option=com_content&task=view&id=8296）。
(10) ジョコウィの大統領就任後は，プラボウォによるあからさまなジョコウィ攻撃や政権転覆の動きはまったくみられなくなった。それどころか，ジョコウィと与党第 1 党・闘争民主党党首メガワティとの関係が悪化した際には，ジョコウィと会談を行って与野党入れ替えの動きさえみせた（"Ke Istana Bogor, Prabowo

Menyatakan Dukung Jokowi"［ボゴール宮殿へ赴き，プラボウォがジョコウィ支持を表明］, Tempo.co (http://www.tempo.co), 29 January 2015)。

⑾　"Koalisi Prabowo Revisi 122 RUU, Ichal: Golkar Unjung Tombaknya"［プラボウォ連合，122法案を改正．バクリ「ゴルカルが先頭を切る」］, Tempo.co (http://www.tempo.co), 22 October 2014.

⑿　大統領制のもとで政党が連立を組むことが難しいことは，しばしば指摘される。たとえば，Stepan and Skach（1993），Mainwaring（1993）などを参照。

⒀　ユドヨノ政権のもとでは，第1期，第2期ともに連立与党が国会議席の過半数を押さえていたが，しばしば連立参加政党による造反で政権が国会による攻撃に晒された。たとえば，2008年に発生した中銀総裁人事に対する国会の不同意や，政府の石油燃料価格引上げ策に対する国政調査権行使の決定は，一部与党の造反によるものだった。また2009年には，2008年の金融不安における民間銀行に対する公的資金注入政策の是非をめぐって国政調査権の行使が決定され，翌2010年には経済関係閣僚の法的責任を問う勧告が国会で採択されたが（いわゆる「センチュリー銀行疑惑」），これも一部与党が採決で賛成にまわったためであった。とくにこの時は，ゴルカル党がその急先鋒であった。これを受けユドヨノは，2010年5月に連立与党6政党間で法案の事前審査や政治的決定の調整を行う政策協議の場として「連立政党共同事務局」を設置した。しかし，それでも連立与党間の協力が大きく進むことはなかった。2012年には，石油燃料の値上げを伴う石油燃料補助金の削減を政府が提案したことにゴルカル党を含む一部与党が反対し，政府提案は修正を余儀なくされた。

⒁　ジョコウィは，2014年12月31日に大統領補佐官班（Unit Staf Kepresidenan）を設置し，ルフット・パンジャイタンを大統領首席補佐官に任命している。その組織を拡充し，機能を強化したものが大統領補佐官室（Kantor Staf Kepresidenan）である。

⒂　"Kepala Bappenas Sebut Jokowi Tidak Akan Lanjutkan Proyek Jembatan Selat Sunda"［国家開発企画庁長官，ジョコウィはスンダ海峡大橋プロジェクトを継続しない，と述べる］, Kompas.com (http://www.kompas.com), 31 October 2014, および "Jembatan Selat Sunda Bukan Solusi Tepat"［スンダ海峡大橋は適切な解決策ではない］, *Kompas*, 26 March 2015。

⒃　"Jokowi Bakal Revisi Proyek MP3EI"［ジョコウィはマスタープラン（MP3EI）のプロジェクトを見直していく］, Tempo.co (http://www.tempo.co), 2 September 2014.

⒄　"Merekonsiliasi Masa Lalu dand Masa Depan"［過去と未来の和解］, *Tempo*, 4-10 May 2015, p. 87, および "Setengah Resep Perbaikan Ekonomi"［半分の経済回復策］, *Tempo*, 11-17 May 2015, p. 83.

⒅　5月時点での資本支出は予算のわずか6％と前年度の半分以下の執行率（World Bank 2015, 14）だった。上半期終了時点でも資本支出の執行率は11％にとどまっている。財務省のウェブサイト（http://www.perbendaharaan.go.id/new/?pilih=umum&yid=886）参照。

⒆　ジョコウィ大統領は，石油・ガス部門における不正を追放するため，改革派経済

学者のファイサル・バスリを長とする石油・天然ガス管理改革チームを設置した。5月末、ジョコウィは、同チームの勧告に基づき、シンガポールでの石油調達で不明朗な会計処理が指摘されてきたプルタミナ・エナジー・トレーディング社（Pertamina Energy Trading: Petral）を解散することを決定した。

⒇　第2期ユドヨノ政権期から顕在化した国内産業や中小企業保護の動きとしては、未加工鉱石の輸出禁止を定めた鉱物・石炭鉱業法（法律2009年第7号）や、外資規制を強化した2014年の投資ネガティブリスト（大統領令2014年第39号）、政府の積極的な産業政策の運用を定めた新工業法（法律2014年第3号）、価格や輸出入統制の政府権限を規定した新通商法（法律2014年第7号）、契約書におけるインドネシア語使用義務化を定めた国旗・言語・国章・国家法（法律2009年第24号）、取引において国内通貨ルピアの使用を義務づけた通貨法（法律2011年第7号）、外国人労働者にインドネシア語運用能力の取得を義務づけた労働力・移住相令2013年第12号などが挙げられる。濱田（2015）を参照。

(21)　"Kinerja Pemerintah di Mata Publik"［国民の目に映る政府の業績］, *Kompas*, 27 July 2015.

(22)　大統領を弾劾するためには、次のような手続きが必要である。まず、汚職や法律違反など大統領の適格性に疑義が生じたと国会が判断した場合、定数の3分の2以上の出席のもと、出席者の3分の2以上の賛成で国会の弾劾要請を憲法裁判所に送付する。憲法裁判所がこれを妥当だと認めた場合に国民協議会が開催され、定数の4分の3以上の出席のもと、出席者の3分の2以上が弾劾に賛成した場合に大統領が罷免される。ちなみに、ジョコウィ政権発足時の国会において、グリンドラ党、ゴルカル党、国民信託党（PAN）、福祉正義党（PKS）に、中立的な立場に近い民主主義者党の5政党を野党と数えると、野党連合の議席数は314議席となる。これでは、弾劾要請を審議するための国会を開催する要件には60議席足りない。また、憲法裁判所が仮に国会の弾劾要請の妥当性を認めたとしても、国民協議会開催の要件には205議席足りない。仮に地方代表議会議員全員（132人）が出席したとしても、この要件には73人足りない。つまり、与党連合から大量の造反議員が出ないかぎり、大統領弾劾のための手続きを進めることはできないのである。しかも、憲法裁判所が、大統領の適格性に疑義が生じたと判断するに足る重大な問題がなければならない。

〔参考文献〕

＜日本語文献＞
アジア経済研究所編　各年版.『アジア動向年報』アジア経済研究所.
尾村敬二編　1998.『スハルト体制の終焉とインドネシアの新時代』アジア経済研究所.
川村晃一　1999.「ポスト・スハルト時代の政治制度改革」佐藤百合編『インドネシア・ワヒド新政権の誕生と課題』アジア経済研究所　20-39.
―――　2002.「1945年憲法の政治学――民主化の政治制度に対するインパクト――」佐藤百合編『民主化時代のインドネシア――政治経済変動と制度改革――』アジア

経済研究所　33-97.
――― 2005.「政治制度から見る 2004 年総選挙――民主化の完了，新しい民主政治の始まり――」松井和久・川村晃一編『インドネシア総選挙と新政権の始動――メガワティからユドヨノへ――』明石書店　75-99.
――― 2008.「インドネシアの選挙と投票行動――アリラン・ポリティクスをめぐる論争の展開――」『アジア経済』49 (4) 4月　40-67.
――― 2010.「インドネシアの大統領制――合議・全員一致原則と連立政権による制約――」粕谷祐子編『アジアにおける大統領の比較政治学――憲法構造と政党政治からのアプローチ――』ミネルヴァ書房　135-175.
――― 2015.「早くも『内閣改造』に踏み切ったジョコウィ大統領の『狙い』」『Foresight』（フォーサイト），8 月 21 日（http://www.fsight.jp/articles/-/40403）.
佐藤百合　2007.「インドネシア――対日 EPA 交渉にみる協力重視の戦略――」東茂樹編『FTA の政治経済学――アジア・ラテンアメリカ 7 カ国の FTA 交渉――』アジア経済研究所　165-197.
――― 2010.「第 2 期ユドヨノ政権の経済政策と課題」本名純・川村晃一編『2009 年インドネシアの選挙――ユドヨノ再選の背景と第 2 期政権の展望――』アジア経済研究所　149-171.
――― 2011.『経済大国インドネシア――21 世紀の成長条件』中央公論新社.
―――編　2004.『インドネシアの経済再編――構造・制度・アクター――』アジア経済研究所.
濱田美紀　2015.「インドネシアの経済法制度整備」『アジ研ワールド・トレンド』(241) 11 月　13-15.
本名純　2013.『民主化のパラドックス――インドネシアにみるアジア政治の深層――』岩波書店.
増原綾子　2010.『スハルト体制のインドネシア――個人支配の変容と 1998 年政変――』東京大学出版会.
松井和久　2005.「『三位一体』型の経済政策――インドネシア経済再生への希望――」松井和久・川村晃一編『インドネシア総選挙と新政権の始動――メガワティからユドヨノへ――』明石書店　297-316.
松井和久・川村晃一　2005.「『一致団結インドネシア内閣』の始動――新閣僚の顔ぶれと新政権の特徴――」松井和久・川村晃一編『インドネシア総選挙と新政権の始動――メガワティからユドヨノへ――』明石書店　276-294.

＜外国語文献＞
Aspinall, Edward. 2005. *Opposing Suharto: Compromise, Resistance, and Regime Change in Indonesia.* Stanford: Stanford University Press.
Aspinall, Edward, Marcus Mietzner, and Dirk Tomsa. 2015. "The Moderating President: Yudhoyono's Decade in Power." In *The Yudhoyono Presidency: Indonesia's Decade of Stability and Stagnation,* edited by Edward Aspinall, Marcus Mietzner, and Dirk Tomsa. Singapore: Institute of Southeast Asian

Studies, 1-21.
Budiman, Arief, Barbara Hatley, and Daniel Kingsbury, eds. 1999. *Reformasi: Crisis and Change in Indonesia.* Clayton: Monash Asia Institute.
Crouch, Harold. 2010. Political Reform in Indonesia After Soeharto. Singapore: Institute of Southeast Asian Studies.
Feith, Herbert. 1957. *The Indonesian Elections of 1955.* Ithaca, NY: Southeast Asia Program, Cornell University.
Honna, Jun. 2003. *Military Politics and Democratization in Indonesia.* London: Routledge.
Kementerian Negara Perencanaan Pembangunan Nasional/Badan Perencanaan Pembangunan Nasional (Bappenas). 2004. *Agenda 100 Hari Pertama Kabinet Indonesia Bersatu dalam Kerangka Pembangunan Jangka Menengah (2004-2009).* [『中期開発計画（2004～2009年）の枠組みにおける一致団結インドネシア内閣の発足100日アジェンダ』] Jakarta: Republik Indonesia.
Mainwaring, Scott. 1993. "Presidentialism, Multipartism, and Democracy: The Difficult Combination." *Comparative Political Science* 26 (2) July: 198-228.
Mietzner, Marcus. 2009. *Military Politics, Islam, and the State in Indonesia: From Turbulent Transition to Democratic Consolidation.* Singapore: Institute of Southeast Asian Studies.
Reid, Anthony, ed. 2012. *Indonesia Rising: The Repositioning of Asia's Third Giant.* Singapore: Institute of Southeast Asian Studies.
Stepan, Alfred, and Cindy Skach. 1993. "Constitutional Frameworks and Democratic Consolidation: Parliamentarianism versus Presidentialism." *World Politics* 46 (1) October: 1-22.
van Bruinessen, Martin, ed. 2013. *Contemporary Developments in Indonesian Islam: Explaining the "Conservative Turn".* Singapore: Institute of Southeast Asian Studies.
World Bank. 2015. *Indonesian Economic Quarterly: Slower Gains, July 2015.* Jakarta: The World Bank Jakarta Office.

あとがき

　本書は，2013年度と2014年度の2年間にわたってアジア経済研究所で実施された「2014年インドネシアの選挙——ユドヨノ政権の10年と新政権の成立——」研究会（主査：川村晃一）の最終成果である。当研究所はこれまで，インドネシアにおける民主化後の選挙に関する研究成果を継続的に発表してきた。選挙の現状分析というと，投票結果の解説と新政権の紹介という内容にとどまりがちであるが，私たちは共同研究の利点を生かして，選挙とそこから派生する諸問題について多面的にインドネシアの政治経済を分析してきた。今回も，これまでと同様に研究メンバーの協力を得て，包括的な分析が可能になった。皆さんに感謝したい。

　さらに今回の研究会は，インドネシアが時代の転換点に差し掛かっているという認識のもと，より広い視野から政権の移行を分析することに努めた。その意味で，この研究成果は，アジア経済研究所でこれまで実施されてきたインドネシア地域研究の系譜にも連なるものである。1960年代に始められた当研究所のインドネシア研究（岸幸一編『インドネシアの政治社会構造』1961年，板垣與一編『インドネシアの経済社会構造』1963年，岸幸一・馬淵東一編『インドネシアの社会構造』1969年，石田雄・長井信一編『インドネシアの権力構造とイデオロギー』1969年）は，スハルト体制研究（三平則夫・佐藤百合編『インドネシアの工業化——フルセット主義工業化の行方——』1992年，安中章夫・三平則夫編『現代インドネシアの政治と経済——スハルト政権の30年——』1995年）を経て，民主化時代の研究（佐藤百合編『民主化時代のインドネシア——政治経済変動と制度改革——』2002年，松井和久編『インドネシアの地方分権化——分権化をめぐる中央・地方のダイナミクスとリアリティー——』2003年，佐藤百合編『インドネシアの経済再編——構造・制度・アクター——』2004年，石田正美編『インドネシア再生への挑戦』2005年）へと受け継がれてきた。

　スハルト権威主義体制の崩壊から17年が経ち，インドネシアは「民主化」から「民主主義」の時代へ，「新興工業国」から「中進国」のレベルへと足を踏み入れつつある。このことは，インドネシアに関する新しい総

合的な地域研究の成果が求められる時期に差し掛かっているということを意味している。本書は，多面的な分析を心がけたとはいえ，選挙や政権移行に伴う問題に分析の重心をおいたため，社会変容の側面など扱えなかった問題もある。その限界をふまえつつ，この成果を次の本格的なインドネシア地域研究へとつなげていくことが私たちの今後の課題である。

なお，本書の執筆陣が中心となってジョコ・ウィドド政権発足1年の動向を分析した論考が，『アジ研ワールド・トレンド』第241号（2015年11月号）の特集「インドネシア――ユドヨノの10年とジョコウィの1年――」に掲載されている。本書とあわせてご覧いただきたい。

私たちが本書で示したインドネシアの姿は，「多様性の国」のひとつの側面でしかない。本書がきっかけとなって，「新興政治経済大国」へと成長を続けるインドネシアの過去，現在，未来をどう理解するかという議論が活発となれば幸いである。

本書のとりまとめにあたっては多くの方々にお世話になった。現地調査では多くのインドネシア人，日本人関係者に協力していただいた。また，研究会では，増原綾子氏（亜細亜大学国際関係学部准教授）および村越英治郎氏（世界保健機関［WHO］カンボジア事務所）に講師をお願いし，有益なお話をうかがうことができた。心から御礼申し上げる。本書には盛り込むことができなかったが，経済法の整備と経済制度の発展に関する分析を執筆してくださった濱田美紀氏（開発研究センター貧困削減・社会開発研究グループ長），オブザーバーとして参加された土佐美菜実氏（図書館研究情報整備課）には研究会における議論の活性化に貢献していただいた。刊行にあたっては，井村進氏ならびに石田静香氏（研究支援部出版企画編集課）にお世話になった。研究会幹事である東方孝之氏には，研究会の運営から報告書のとりまとめ，編集作業に多大な尽力をいただいた。あらためて感謝申し上げる。最後に，全原稿に目をとおして詳細なコメントをくださった匿名の外部評価者と所内査読者には，心から感謝申し上げる次第である。

2015年11月

編者　川村晃一

〔巻末資料〕

開票作業で投票先を確認する投票所担当者。左上が議会選，右下が大統領選の投票用紙。投票用紙には政党旗や候補者の顔写真がカラーで印刷されている。（撮影：川村晃一）

＜資料1＞ 2014年総選挙参加政党一覧

登録番号	政党名（略称）
1	ナスデム党 Partai NasDem
2	民族覚醒党 Partai Kebangkitan Bangsa (PKB)
3	福祉正義党 Partai Keadilan Sejahtera (PKS)
4	闘争インドネシア民主党（闘争民主党） Partai Demokrasi Indonesia Perjuangan (PDIP)
5	ゴロンガン・カルヤ党（ゴルカル党） Partai Golongan Karya (Golkar)
6	大インドネシア運動党（グリンドラ党） Partai Gerakan Indonesia Raya (Gerindra)
7	民主主義者党 Partai Demokrat
8	国民信託党 Partai Amanat Nasional (PAN)
9	開発統一党 Partai Persatuan Pembangunan (PPP)
10	民衆の真心党（ハヌラ党） Partai Hati Nurani Rakyat (Hanura)
11	アチェ平和党 Partai Damai Aceh (PDA)
12	アチェ国民党 Partai Nasional Aceh (PNA)
13	アチェ党 Partai Aceh (PA)
14	月星党 Partai Bulan Bintang (PBB)
15	インドネシア公正統一党（公正統一党） Partai Keadilan dan Persatuan Indonesiea (PKPI)

（出所）　総選挙委員会ウェブサイト（http://www.kpu.go.id）から川村晃一作成。
（注）　登録番号11～13の3政党は，アチェ州の地方議会選挙にのみ参加する地方政党。

党首 / 幹事長	分類	特徴
Surya Paloh Patrice Rio Capella	世俗主義 個人政党	ゴルカル党元幹部でメディア企業家スルヤ・パロが設立した新党。
Muhaimin Iskandar Imam Nahrawi	イスラーム 組織政党	イスラーム組織ナフダトゥル・ウラマーを支持基盤とする政党。
Anis Matta Taufik Ridlo	イスラーム 組織政党	民主化後に誕生したイスラーム主義政党。組織基盤と清廉イメージに強み。
Megawati Soekarnoputri Tjahjo Kumolo	世俗主義 組織政党	スカルノ初代大統領設立の国民党の流れをくむ世俗系政党。
H. Aburizal Bakrie Idrus Marham	世俗主義 組織政党	スハルト時代の与党。民主化後も常に連立政権に参加。
Suhardi Ahmad Muzani	世俗主義 個人政党	実質的にはプラボウォ・スビアント大統領候補の政党。
Susilo Bambang Yudhoyono Edhie Baskoro Yudhoyono	世俗主義 個人政党	スシロ・バンバン・ユドヨノを大統領選で当選させるために設立された政党。
M. Hatta Rajasa Taufik Kurniawan	イスラーム 組織政党	イスラーム組織ムハマディヤを支持基盤とする政党。
H. Suryadharma Ali H. M. Romahurmuziy	イスラーム 組織政党	スハルト時代のイスラーム系野党。
Wiranto Dossy Iskandar Prasetyo	世俗主義 個人政党	ウィラント元国軍司令官が設立した政党。
Tgk. Muhibbussabri. A. Wahab Khaidir Rizal Jamal	イスラーム 地方政党	2009年総選挙に参加した「アチェ主権党」の後継となるアチェ地方政党。
Irwansyah (Tgk Muchsaimina) Muharram Idris	イスラーム 地方政党	イルワンディ・ユスフ前アチェ州知事があらたに設立したアチェ地方政党。
Muzakir Manaf Mukhlis Basyah	イスラーム 地方政党	自由アチェ運動 (GAM) 幹部らが和平成立後に設立した最大のアチェ地方政党。
MS. Kaban B.M. Wibowo	イスラーム 組織政党	1950年代の主要政党マシュミの流れをくむイスラーム主義政党。
Sutiyoso H. Lukman F. Mokoginta	世俗主義 組織政党	ゴルカル所属の退役軍人らが設立した政党。党首は元ジャカルタ州知事。

＜資料2＞ 2014年国会議員選挙の投票結果（選挙区別）

選挙区			アチェ1区	アチェ2区	北スマトラ1区	北スマトラ2区
定数			7	6	10	10
有効投票数			1,254,353	1,061,873	1,907,627	2,221,817
政党			得票数	得票数	得票数	得票数
1	ナスデム党	(NasDem)	151,121	120,453	103,289	193,191
2	民族覚醒党	(PKB)	92,905	44,751	73,293	121,679
3	福祉正義党	(PKS)	105,868	73,940	206,247	114,424
4	闘争民主党	(PDIP)	35,419	110,281	363,024	294,918
5	ゴルカル党	(Golkar)	140,954	91,546	265,125	271,787
6	グリンドラ党	(Gerindra)	184,538	181,847	207,398	396,545
7	民主主義者党	(Demokrat)	209,598	142,411	201,404	258,731
8	国民信託党	(PAN)	151,996	89,200	146,803	204,956
9	開発統一党	(PPP)	76,785	123,946	113,622	92,088
10	ハヌラ党	(Hanura)	43,414	44,768	140,224	194,856
14	月星党	(PBB)	39,988	27,518	42,961	47,437
15	公正統一党	(PKPI)	21,767	11,212	44,237	31,205
政党			議席数	議席数	議席数	議席数
1	ナスデム党	(NasDem)	1	1	1	1
2	民族覚醒党	(PKB)	1	0	0	1
3	福祉正義党	(PKS)	1	0	1	1
4	闘争民主党	(PDIP)	0	1	2	1
5	ゴルカル党	(Golkar)	1	1	1	1
6	グリンドラ党	(Gerindra)	1	1	1	2
7	民主主義者党	(Demokrat)	1	1	1	1
8	国民信託党	(PAN)	1	0	1	1
9	開発統一党	(PPP)	0	1	1	0
10	ハヌラ党	(Hanura)	0	0	1	1
14	月星党	(PBB)	0	0	0	0
15	公正統一党	(PKPI)	0	0	0	0

北スマトラ3区	西スマトラ1区	西スマトラ2区	リアウ1区	リアウ2区	ジャンビ
10	8	6	6	5	7
1,994,915	1,344,720	1,060,619	1,497,856	1,171,828	1,691,958
得票数	得票数	得票数	得票数	得票数	得票数
115,968	136,060	78,433	102,473	63,381	98,336
60,086	40,408	47,962	115,444	101,398	105,551
120,894	111,750	94,010	122,611	67,392	70,303
298,486	103,069	80,996	241,648	132,839	274,143
467,586	251,511	151,738	232,278	312,708	288,724
212,699	153,689	194,591	145,252	114,822	193,970
268,564	143,703	158,528	140,856	120,348	235,471
148,913	150,297	76,351	193,454	73,276	179,438
109,234	114,123	92,173	90,671	96,530	104,628
130,059	84,626	51,522	60,949	51,757	85,439
39,302	37,304	28,389	37,870	24,399	39,203
23,124	18,180	5,926	14,350	12,978	16,752
議席数	議席数	議席数	議席数	議席数	議席数
1	1	0	0	0	0
0	0	0	0	1	1
1	1	1	1	0	0
1	1	1	1	1	1
2	1	1	1	1	1
1	1	1	1	1	1
1	1	1	1	1	1
1	1	0	1	0	1
1	1	1	0	0	1
1	0	0	0	0	0
0	0	0	0	0	0
0	0	0	0	0	0

選挙区	南スマトラ1区	南スマトラ2区	ベンクル	ランプン1区
定数	8	9	4	9
有効投票数	1,775,835	2,167,024	923,755	1,927,587
政党	得票数	得票数	得票数	得票数
1 ナスデム党 (NasDem)	101,481	175,923	130,759	107,848
2 民族覚醒党 (PKB)	93,615	185,673	81,522	136,637
3 福祉正義党 (PKS)	107,319	135,197	75,826	170,327
4 闘争民主党 (PDIP)	292,999	399,848	119,296	363,555
5 ゴルカル党 (Golkar)	382,985	277,947	92,612	182,202
6 グリンドラ党 (Gerindra)	229,436	275,950	108,507	208,796
7 民主主義者党 (Demokrat)	160,683	235,682	74,443	218,348
8 国民信託党 (PAN)	163,175	170,275	92,680	276,424
9 開発統一党 (PPP)	82,937	85,825	61,856	71,490
10 ハヌラ党 (Hanura)	103,787	112,766	49,668	152,407
14 月星党 (PBB)	36,704	87,432	17,663	26,139
15 公正統一党 (PKPI)	20,714	24,506	18,923	13,414
政党	議席数	議席数	議席数	議席数
1 ナスデム党 (NasDem)	0	1	1	0
2 民族覚醒党 (PKB)	0	1	0	1
3 福祉正義党 (PKS)	1	1	0	1
4 闘争民主党 (PDIP)	1	2	1	2
5 ゴルカル党 (Golkar)	2	1	0	1
6 グリンドラ党 (Gerindra)	1	1	1	1
7 民主主義者党 (Demokrat)	1	1	0	1
8 国民信託党 (PAN)	1	1	1	1
9 開発統一党 (PPP)	0	0	0	0
10 ハヌラ党 (Hanura)	1	0	0	1
14 月星党 (PBB)	0	0	0	0
15 公正統一党 (PKPI)	0	0	0	0

ランプン2区	バンカ・ブリトゥン	リアウ群島	ジャカルタ1区	ジャカルタ2区	ジャカルタ3区
9	3	3	6	7	8
2,131,913	583,447	822,336	1,298,430	1,850,133	1,742,471
得票数	得票数	得票数	得票数	得票数	得票数
196,574	47,763	95,848	43,097	69,286	119,147
197,130	22,662	28,976	75,423	108,440	55,318
182,644	41,897	66,095	138,029	261,477	138,399
347,791	137,085	132,412	301,010	493,938	615,225
282,116	71,063	95,354	116,472	174,908	143,048
329,847	37,250	91,942	158,604	250,800	201,376
252,444	62,718	81,150	115,382	144,339	92,272
145,040	46,306	119,044	86,236	63,158	62,146
76,615	52,370	37,760	171,269	153,147	173,436
79,789	31,748	50,736	68,217	101,191	117,344
19,343	24,519	11,913	15,733	19,005	16,820
22,580	8,066	11,106	8,958	10,444	7,940
議席数	議席数	議席数	議席数	議席数	議席数
1	0	1	0	0	1
1	0	0	0	0	0
1	0	0	1	1	1
2	1	1	1	2	3
1	1	0	1	1	1
1	0	0	1	1	1
1	1	0	1	1	0
1	0	1	0	0	0
0	0	0	1	1	1
0	0	0	0	0	0
0	0	0	0	0	0
0	0	0	0	0	0

選挙区	西ジャワ1区	西ジャワ2区	西ジャワ3区	西ジャワ4区
定数	7	10	9	6
有効投票数	1,430,718	2,422,939	1,486,032	1,283,060
政党	得票数	得票数	得票数	得票数
1 ナスデム党 (NasDem)	96,979	118,981	63,780	58,619
2 民族覚醒党 (PKB)	56,098	164,779	89,244	67,854
3 福祉正義党 (PKS)	165,442	188,925	157,667	131,156
4 闘争民主党 (PDIP)	329,095	458,909	243,176	189,011
5 ゴルカル党 (Golkar)	149,982	431,915	254,742	211,831
6 グリンドラ党 (Gerindra)	220,728	274,411	133,647	118,565
7 民主主義者党 (Demokrat)	115,236	309,279	222,686	99,899
8 国民信託党 (PAN)	63,390	136,765	67,575	175,742
9 開発統一党 (PPP)	90,496	120,748	100,955	127,217
10 ハヌラ党 (Hanura)	99,538	143,900	104,716	80,901
14 月星党 (PBB)	34,090	58,854	36,908	14,392
15 公正統一党 (PKPI)	9,644	15,473	10,936	7,873
政党	議席数	議席数	議席数	議席数
1 ナスデム党 (NasDem)	0	0	0	0
2 民族覚醒党 (PKB)	0	1	1	0
3 福祉正義党 (PKS)	1	1	1	1
4 闘争民主党 (PDIP)	2	2	1	1
5 ゴルカル党 (Golkar)	1	2	2	1
6 グリンドラ党 (Gerindra)	1	1	1	1
7 民主主義者党 (Demokrat)	1	1	1	0
8 国民信託党 (PAN)	0	1	0	1
9 開発統一党 (PPP)	0	0	1	1
10 ハヌラ党 (Hanura)	1	1	1	0
14 月星党 (PBB)	0	0	0	0
15 公正統一党 (PKPI)	0	0	0	0

西ジャワ5区	西ジャワ6区	西ジャワ7区	西ジャワ8区	西ジャワ9区	西ジャワ10区
9	6	10	9	8	7
2,093,772	1,799,370	2,762,436	1,953,002	2,019,474	1,495,569
得票数	得票数	得票数	得票数	得票数	得票数
113,490	50,203	125,620	109,818	114,300	78,251
107,879	78,897	162,383	241,657	162,079	104,694
148,011	233,738	234,477	131,850	156,451	168,738
345,307	433,127	608,658	413,101	521,530	313,984
377,588	209,513	539,911	445,760	334,967	214,519
319,846	283,126	373,811	214,523	175,017	89,400
164,422	121,262	206,295	120,914	202,920	137,215
115,933	126,457	154,557	53,113	90,683	184,161
249,578	112,758	160,208	65,018	132,952	129,544
109,489	113,633	135,598	128,972	90,137	49,996
34,918	24,932	48,441	21,356	23,533	17,721
7,311	11,724	12,477	6,920	14,905	7,346
議席数	議席数	議席数	議席数	議席数	議席数
0	0	0	0	0	0
0	0	1	1	1	1
1	1	1	1	1	1
2	2	2	2	2	1
2	1	2	2	1	1
1	1	1	1	1	0
1	0	1	1	1	1
1	1	1	0	0	1
1	0	1	0	1	1
0	0	0	1	0	0
0	0	0	0	0	0
0	0	0	0	0	0

選挙区	西ジャワ11区	中ジャワ1区	中ジャワ2区	中ジャワ3区
定数	10	8	7	9
有効投票数	2,444,255	1,859,104	1,579,820	2,071,932
政党	得票数	得票数	得票数	得票数
1 ナスデム党 (NasDem)	105,687	152,217	99,612	130,060
2 民族覚醒党 (PKB)	337,170	195,225	230,157	280,384
3 福祉正義党 (PKS)	187,093	128,963	73,075	123,354
4 闘争民主党 (PDIP)	303,513	516,122	175,036	392,472
5 ゴルカル党 (Golkar)	369,901	169,515	448,420	301,851
6 グリンドラ党 (Gerindra)	175,688	206,577	177,111	285,557
7 民主主義者党 (Demokrat)	230,886	157,245	55,631	202,818
8 国民信託党 (PAN)	223,104	136,583	81,132	92,244
9 開発統一党 (PPP)	342,330	118,254	164,286	139,679
10 ハヌラ党 (Hanura)	100,406	63,885	62,914	92,740
14 月星党 (PBB)	53,338	7,712	9,307	13,961
15 公正統一党 (PKPI)	15,139	6,806	3,139	16,812
政党	議席数	議席数	議席数	議席数
1 ナスデム党 (NasDem)	1	1	1	1
2 民族覚醒党 (PKB)	1	1	1	1
3 福祉正義党 (PKS)	1	0	0	1
4 闘争民主党 (PDIP)	1	2	1	2
5 ゴルカル党 (Golkar)	2	1	2	1
6 グリンドラ党 (Gerindra)	1	1	1	1
7 民主主義者党 (Demokrat)	1	1	0	1
8 国民信託党 (PAN)	1	1	0	0
9 開発統一党 (PPP)	1	0	1	1
10 ハヌラ党 (Hanura)	0	0	0	0
14 月星党 (PBB)	0	0	0	0
15 公正統一党 (PKPI)	0	0	0	0

中ジャワ4区	中ジャワ5区	中ジャワ6区	中ジャワ7区	中ジャワ8区	中ジャワ9区
7	8	8	7	8	8
1,528,134	2,010,828	2,014,315	1,575,575	1,774,130	1,635,975
得票数	得票数	得票数	得票数	得票数	得票数
47,186	120,090	146,264	143,183	47,985	62,146
103,911	137,727	358,790	164,535	216,461	282,131
160,546	120,918	91,774	102,966	81,773	109,527
417,714	861,673	454,259	300,978	487,813	376,245
235,865	269,446	203,508	144,563	296,890	234,622
168,597	152,378	207,410	297,057	229,642	162,077
110,433	81,667	131,447	97,465	118,282	84,622
123,963	145,363	162,515	110,604	134,829	103,357
55,950	52,877	137,499	130,237	97,771	117,118
92,114	55,214	101,462	62,151	49,274	93,511
6,932	9,070	11,385	18,055	9,018	6,489
4,923	4,405	8,002	3,781	4,392	4,130
議席数	議席数	議席数	議席数	議席数	議席数
0	0	1	1	0	0
0	1	1	1	1	1
1	1	0	0	0	1
2	3	2	1	2	2
1	1	1	1	1	1
1	1	1	1	1	1
1	0	0	0	1	0
1	1	1	1	1	1
0	0	1	1	1	1
0	0	0	0	0	0
0	0	0	0	0	0
0	0	0	0	0	0

選挙区	中ジャワ10区	ジョグジャカルタ	東ジャワ1区	東ジャワ2区
定数	7	8	10	7
有効投票数	1,553,646	2,059,453	2,016,903	1,561,686
政党	得票数	得票数	得票数	得票数
1 ナスデム党 (NasDem)	86,383	107,433	67,451	296,136
2 民族覚醒党 (PKB)	336,121	129,943	385,629	299,534
3 福祉正義党 (PKS)	83,612	147,875	102,720	77,448
4 闘争民主党 (PDIP)	313,293	570,531	497,347	150,395
5 ゴルカル党 (Golkar)	192,602	200,474	133,644	220,105
6 グリンドラ党 (Gerindra)	136,674	244,144	250,459	184,263
7 民主主義者党 (Demokrat)	81,109	146,688	186,270	121,303
8 国民信託党 (PAN)	117,612	355,787	196,645	35,305
9 開発統一党 (PPP)	138,102	94,435	87,293	104,711
10 ハヌラ党 (Hanura)	57,487	42,782	87,069	57,632
14 月星党 (PBB)	7,203	14,162	15,573	7,706
15 公正統一党 (PKPI)	3,448	5,199	6,803	7,148
政党	議席数	議席数	議席数	議席数
1 ナスデム党 (NasDem)	0	0	0	1
2 民族覚醒党 (PKB)	2	1	2	1
3 福祉正義党 (PKS)	0	1	1	0
4 闘争民主党 (PDIP)	1	2	3	1
5 ゴルカル党 (Golkar)	1	1	1	1
6 グリンドラ党 (Gerindra)	1	1	1	1
7 民主主義者党 (Demokrat)	0	1	1	1
8 国民信託党 (PAN)	1	1	1	0
9 開発統一党 (PPP)	1	0	0	1
10 ハヌラ党 (Hanura)	0	0	0	0
14 月星党 (PBB)	0	0	0	0
15 公正統一党 (PKPI)	0	0	0	0

東ジャワ3区	東ジャワ4区	東ジャワ5区	東ジャワ6区	東ジャワ7区	東ジャワ8区
7	8	8	9	8	10
1,571,888	1,627,760	1,703,588	2,170,507	1,974,764	2,211,226
得票数	得票数	得票数	得票数	得票数	得票数
91,838	114,551	122,385	87,000	117,362	163,065
434,967	338,523	266,530	308,253	232,005	378,531
80,360	92,281	68,050	81,017	140,147	118,341
254,532	248,968	444,112	666,338	347,140	420,196
192,166	131,667	260,100	192,811	224,850	236,372
143,379	285,750	199,899	229,513	178,963	284,944
129,880	131,743	104,411	171,222	428,434	205,557
39,671	134,691	86,699	246,975	110,770	133,289
138,113	72,720	54,572	77,248	88,026	106,248
54,276	46,578	77,777	81,857	83,324	131,355
7,186	23,066	12,588	21,143	16,922	21,496
5,520	7,222	6,465	7,130	6,821	11,832
議席数	議席数	議席数	議席数	議席数	議席数
0	1	1	1	1	1
2	2	1	1	1	2
0	0	0	0	1	0
1	1	2	3	1	2
1	1	1	1	1	1
1	1	1	1	1	1
1	1	1	1	2	1
0	1	1	1	0	1
1	0	0	0	0	0
0	0	0	0	0	1
0	0	0	0	0	0
0	0	0	0	0	0

選挙区	東ジャワ9区	東ジャワ10区	東ジャワ11区	バンテン1区
定数	6	6	8	6
有効投票数	1,247,817	1,284,768	2,621,413	1,173,116
政党	得票数	得票数	得票数	得票数
1 ナスデム党 (NasDem)	69,512	74,793	291,378	103,015
2 民族覚醒党 (PKB)	275,141	251,178	363,611	82,575
3 福祉正義党 (PKS)	47,047	35,505	44,195	85,277
4 闘争民主党 (PDIP)	160,182	217,923	173,812	174,580
5 ゴルカル党 (Golkar)	132,904	223,961	193,641	192,641
6 グリンドラ党 (Gerindra)	149,778	150,926	298,696	141,161
7 民主主義者党 (Demokrat)	205,387	87,310	376,536	138,046
8 国民信託党 (PAN)	92,422	103,575	78,863	37,898
9 開発統一党 (PPP)	59,656	103,518	413,230	138,003
10 ハヌラ党 (Hanura)	38,621	21,475	355,259	50,402
14 月星党 (PBB)	8,625	6,938	25,441	24,598
15 公正統一党 (PKPI)	8,542	7,666	6,751	4,920
政党	議席数	議席数	議席数	議席数
1 ナスデム党 (NasDem)	0	0	1	1
2 民族覚醒党 (PKB)	1	1	1	0
3 福祉正義党 (PKS)	0	0	0	0
4 闘争民主党 (PDIP)	1	1	1	1
5 ゴルカル党 (Golkar)	1	1	1	1
6 グリンドラ党 (Gerindra)	1	1	1	1
7 民主主義者党 (Demokrat)	1	0	1	1
8 国民信託党 (PAN)	1	1	0	0
9 開発統一党 (PPP)	0	1	1	1
10 ハヌラ党 (Hanura)	0	0	1	0
14 月星党 (PBB)	0	0	0	0
15 公正統一党 (PKPI)	0	0	0	0

バンテン2区	バンテン3区	バリ	西ヌサトゥンガラ	東ヌサトゥンガラ1区	東ヌサトゥンガラ2区
6	10	9	10	6	7
1,084,829	2,583,914	2,024,250	2,412,489	1,098,431	1,256,730
得票数	得票数	得票数	得票数	得票数	得票数
73,425	140,425	60,969	154,981	84,815	186,149
73,477	194,094	39,281	182,320	77,683	53,242
91,247	215,323	37,090	253,870	43,761	18,238
117,960	522,977	872,885	189,569	181,859	221,962
148,768	309,083	329,620	333,282	218,845	233,351
169,466	330,883	219,521	263,621	114,910	119,019
76,324	288,584	311,246	318,713	115,315	200,695
130,641	180,089	23,628	196,074	147,298	58,607
105,439	167,518	15,047	172,421	21,575	8,700
58,676	165,214	77,247	222,410	46,151	102,104
25,381	39,231	3,731	83,768	19,141	21,768
14,025	30,493	33,985	41,460	27,078	33,806
議席数	議席数	議席数	議席数	議席数	議席数
0	0	0	1	1	1
0	1	0	1	0	0
1	1	0	1	0	0
1	2	4	1	1	1
1	1	2	1	1	2
1	1	1	1	1	1
0	1	2	1	1	1
1	1	0	1	1	0
1	1	0	1	0	0
0	1	0	1	0	1
0	0	0	0	0	0
0	0	0	0	0	0

選挙区	西カリマンタン	中カリマンタン	南カリマンタン1区	南カリマンタン2区
定数	10	6	6	5
有効投票数	2,478,262	1,139,544	996,808	841,123
政党	得票数	得票数	得票数	得票数
1 ナスデム党 (NasDem)	168,741	85,960	48,564	53,867
2 民族覚醒党 (PKB)	117,937	67,753	84,713	118,180
3 福祉正義党 (PKS)	102,146	49,522	101,440	50,668
4 闘争民主党 (PDIP)	817,770	350,701	61,799	130,565
5 ゴルカル党 (Golkar)	348,986	141,095	308,267	178,047
6 グリンドラ党 (Gerindra)	236,281	120,019	90,359	82,039
7 民主主義者党 (Demokrat)	196,890	75,467	58,248	42,823
8 国民信託党 (PAN)	196,212	84,259	37,725	35,343
9 開発統一党 (PPP)	136,564	79,756	114,920	100,162
10 ハヌラ党 (Hanura)	86,741	50,941	62,794	32,316
14 月星党 (PBB)	30,813	15,431	18,656	12,078
15 公正統一党 (PKPI)	39,181	18,640	9,323	5,035
政党	議席数	議席数	議席数	議席数
1 ナスデム党 (NasDem)	1	1	0	0
2 民族覚醒党 (PKB)	1	0	1	1
3 福祉正義党 (PKS)	0	0	1	0
4 闘争民主党 (PDIP)	3	2	0	1
5 ゴルカル党 (Golkar)	1	1	2	1
6 グリンドラ党 (Gerindra)	1	1	1	1
7 民主主義者党 (Demokrat)	1	0	0	0
8 国民信託党 (PAN)	1	1	0	0
9 開発統一党 (PPP)	1	0	1	1
10 ハヌラ党 (Hanura)	0	0	0	0
14 月星党 (PBB)	0	0	0	0
15 公正統一党 (PKPI)	0	0	0	0

東カリマンタン	北スラウェシ	中スラウェシ	南スラウェシ1区	南スラウェシ2区	南スラウェシ3区
8	6	6	8	9	7
1,798,439	1,409,946	1,424,748	1,454,596	1,623,915	1,325,654
得票数	得票数	得票数	得票数	得票数	得票数
117,117	69,628	171,289	99,135	113,286	104,000
84,147	23,930	71,783	46,444	70,266	52,120
144,705	41,434	83,990	147,115	107,095	84,756
312,574	449,675	143,106	103,141	112,263	98,111
362,238	217,265	274,610	205,288	373,964	305,589
222,472	146,007	182,217	184,859	271,072	204,331
159,977	163,775	174,006	199,652	180,747	109,506
96,998	150,989	97,049	163,965	135,876	107,039
131,381	31,601	52,099	123,091	137,320	127,373
98,587	91,875	123,646	113,526	90,172	83,026
40,586	8,652	26,087	15,364	22,683	19,613
27,657	15,115	24,866	53,016	9,171	30,190
議席数	議席数	議席数	議席数	議席数	議席数
1	0	1	0	1	1
0	0	0	0	0	0
1	0	0	1	1	0
1	2	1	1	1	0
2	1	1	1	2	2
1	1	1	1	1	1
1	1	1	1	1	1
0	1	0	1	1	1
1	0	0	1	1	1
0	0	1	1	0	0
0	0	0	0	0	0
0	0	0	0	0	0

選挙区		東南スラウェシ	ゴロンタロ	西スラウェシ	マルク
定数		5	3	3	4
有効投票数		1,180,733	636,654	659,966	927,338
政　党		得票数	得票数	得票数	得票数
1 ナスデム党	(NasDem)	90,363	20,930	33,587	107,443
2 民族覚醒党	(PKB)	58,772	13,285	50,166	113,294
3 福祉正義党	(PKS)	60,177	26,499	21,261	49,528
4 闘争民主党	(PDIP)	97,056	40,606	41,678	192,731
5 ゴルカル党	(Golkar)	178,294	310,790	123,048	162,549
6 グリンドラ党	(Gerindra)	123,957	49,342	98,461	130,794
7 民主主義者党	(Demokrat)	126,764	47,662	119,801	66,517
8 国民信託党	(PAN)	271,231	41,222	93,977	26,473
9 開発統一党	(PPP)	99,140	31,114	35,619	27,702
10 ハヌラ党	(Hanura)	40,315	36,640	22,253	27,120
14 月星党	(PBB)	26,699	16,172	6,292	8,646
15 公正統一党	(PKPI)	7,965	2,392	13,823	14,541
政　党		議席数	議席数	議席数	議席数
1 ナスデム党	(NasDem)	0	0	0	0
2 民族覚醒党	(PKB)	0	0	0	1
3 福祉正義党	(PKS)	0	0	0	0
4 闘争民主党	(PDIP)	0	0	0	1
5 ゴルカル党	(Golkar)	1	2	1	1
6 グリンドラ党	(Gerindra)	1	1	1	1
7 民主主義者党	(Demokrat)	1	0	1	0
8 国民信託党	(PAN)	1	0	0	0
9 開発統一党	(PPP)	1	0	0	0
10 ハヌラ党	(Hanura)	0	0	0	0
14 月星党	(PBB)	0	0	0	0
15 公正統一党	(PKPI)	0	0	0	0

(出所)　Komisi Pemilihan Umum（KPU）, Keputusan Komisi Pemilihan Umum Nomor: 411/Kpts/KPU/Tahun 2014 tentang Penetapan Hasil Pemilihan Umum Anggota Dewan Perwakilan Rakyat, Dewan Perwakilan Daerah, Dewan Perwakilan Rakyat Daerah Provinsi, dan Dewan Perwakilan Rakyat Daerah Kabupaten/Kota Secara Nasional dalam Pemilihan Umum Tahun 2014 [2014年総選挙における国民議会・地方代表議会・州議会・県・市議会議員総選挙の全国レベルでの結果の決定に関する総選挙委員会決定 2014年第411号 ］; KPU, Keputusan Komisi Pemilihan Umum Nomor: 412/Kpts/KPU/Tahun 2014 tentang Penetapan Partai Politik Peserta Pemilihan Umum Tahun 2014 yang Memenuhi dan Tidak Memenuhi Ambang Batas Perolehan Suara Sah Partai Politik Peserta Pemilihan Umum Secara Nasional dalam Pemilihan Umum Anggota Dewan Perwakilan Rakyat Tahun 2014 [2014年国民議会議員総選挙における総選挙参加政党の最低有効得票を満たした2014年総選挙参加政党および満たさな

北マルク	パプア	西パプア	全　国	(%)
3	10	3	560	
627,645	2,963,280	573,725	124,972,491	
得票数	得票数	得票数	得票数	得票率
65,357	298,176	27,401	8,402,812	6.72%
22,655	251,772	18,174	11,298,957	9.04%
71,757	159,653	13,961	8,480,204	6.79%
122,504	491,591	89,334	23,681,471	18.95%
85,413	257,767	160,242	18,432,312	14.75%
45,594	303,396	30,175	14,760,371	11.81%
50,587	700,150	143,869	12,728,913	10.19%
77,099	193,145	45,242	9,481,621	7.59%
20,000	105,766	11,325	8,157,488	6.53%
23,345	135,257	17,430	6,579,498	5.26%
30,180	16,265	5,812	1,825,750	1.46%
13,154	50,342	10,760	1,143,094	0.91%
議席数	議席数	議席数	議席数	議席率
0	1	0	35	6.25%
0	1	0	47	8.39%
0	1	0	40	7.14%
1	2	1	109	19.46%
1	1	1	91	16.25%
0	1	0	73	13.04%
0	2	1	61	10.89%
1	1	0	49	8.75%
0	0	0	39	6.96%
0	0	0	16	2.86%
0	0	0	0	0%
0	0	0	0	0%

かった 2014 年総選挙参加政党の決定に関する総選挙委員会決定 2014 年第 412 号]; KPU, Keputusan Komisi Pemilihan Umum Nomor: 416/Kpts/KPU/Tahun 2014 tentang Penetapan Perolehan Kursi Partai Politik dan Penetapan Calon Terpilih Anggota Dewan Perwakilan Rakyat dalam Pemilihan Umum Tahun 2014 [2014 年総選挙における政党獲得議席と国民議会議員当選候補の決定に関する総選挙委員会決定 2014 年第 416 号] から川村晃一作成。

<資料3> 2014年大統領選挙の投票結果（州別）

州	有権者総数	投票者数	有効投票数	無効票数
アチェ	3,357,159	2,061,084	2,002,599	58,485
北スマトラ	10,129,891	6,356,025	6,326,349	29,676
西スマトラ	3,693,822	2,354,327	2,336,813	17,514
リアウ	4,319,920	2,709,778	2,692,155	17,623
ジャンビ	2,525,649	1,782,570	1,769,103	13,467
南スマトラ	5,941,085	4,190,631	4,159,212	31,419
ベンクル	1,396,279	963,992	956,842	7,150
ランプン	6,070,978	4,360,992	4,333,813	27,179
バンカ・ブリトゥン	943,944	619,174	613,065	6,109
リアウ群島	1,396,550	830,025	824,727	5,298
ジャカルタ首都特別	7,523,101	5,441,705	5,387,958	53,747
西ジャワ	33,821,378	23,990,089	23,697,696	292,393
中ジャワ	27,606,063	19,668,404	19,445,260	223,144
ジョグジャカルタ特別	2,812,144	2,245,164	2,211,591	33,573
東ジャワ	30,933,642	22,184,407	21,946,401	238,006
バンテン	8,230,615	5,651,467	5,591,302	60,165
バリ	2,992,122	2,167,221	2,149,351	17,870
西ヌサトゥンガラ	3,579,559	2,569,997	2,545,416	24,581
東ヌサトゥンガラ	3,237,432	2,274,079	2,257,467	16,612
西カリマンタン	3,560,852	2,621,933	2,605,400	16,533
中カリマンタン	1,880,910	1,173,833	1,164,476	9,357
南カリマンタン	2,888,127	1,919,794	1,881,557	38,237
東カリマンタン	3,023,405	1,893,441	1,877,890	15,551
北スラウェシ	1,934,354	1,349,868	1,344,648	5,220
中スラウェシ	1,985,135	1,407,759	1,399,160	8,599
南スラウェシ	6,426,837	4,274,615	4,251,883	22,732
東南スラウェシ	1,827,083	1,139,678	1,133,351	6,327
ゴロンタロ	803,465	603,448	600,232	3,216
西スラウェシ	902,061	624,943	621,515	3,428
マルク	1,238,067	881,448	877,021	4,427
北マルク	859,717	565,970	563,393	2,577
パプア	3,270,840	2,833,245	2,795,867	37,378
西パプア	730,426	536,270	532,907	3,363
在外	2,101,538	706,591	677,857	28,734
合計	193,944,150	134,953,967	133,574,277	1,379,690

（出所）Komisi Pemilihan Umum (KPU), Hasil Penghitungan Perolehan Suara dari Setiap Provinsi dan Luar Negeri dalam Pemilu Presiden dan Wakil Presiden Tahun 2014 diisi berdasarkan Formulir Model DC PPWP dan Sertifikat Luar Negeri［PPWP DC モデル・フォームおよび海外証書に基づいて記入された2014年正副大統領選挙における各州および海外の得票集計結果］より川村晃一作成。

プラボウォ・スビアント＝ハッタ・ラジャサ		ジョコ・ウィドド＝ユスフ・カラ	
得票数	得票率	得票数	得票率
1,089,290	54.39%	913,309	45.61%
2,831,514	44.76%	3,494,835	55.24%
1,797,505	76.92%	539,308	23.08%
1,349,338	50.12%	1,342,817	49.88%
871,316	49.25%	897,787	50.75%
2,132,163	51.26%	2,027,049	48.74%
433,173	45.27%	523,669	54.73%
2,033,924	46.93%	2,299,889	53.07%
200,706	32.74%	412,359	67.26%
332,908	40.37%	491,819	59.63%
2,528,064	46.92%	2,859,894	53.08%
14,167,381	59.78%	9,530,315	40.22%
6,485,720	33.35%	12,959,540	66.65%
977,342	44.19%	1,234,249	55.81%
10,277,088	46.83%	11,669,313	53.17%
3,192,671	57.10%	2,398,631	42.90%
614,241	28.58%	1,535,110	71.42%
1,844,178	72.45%	701,238	27.55%
769,391	34.08%	1,488,076	65.92%
1,032,354	39.62%	1,573,046	60.38%
468,277	40.21%	696,199	59.79%
941,809	50.05%	939,748	49.95%
687,734	36.62%	1,190,156	63.38%
620,095	46.12%	724,553	53.88%
632,009	45.17%	767,151	54.83%
1,214,857	28.57%	3,037,026	71.43%
511,134	45.10%	622,217	54.90%
378,735	63.10%	221,497	36.90%
165,494	26.63%	456,021	73.37%
433,981	49.48%	443,040	50.52%
306,792	54.45%	256,601	45.55%
769,132	27.51%	2,026,735	72.49%
172,528	32.37%	360,379	67.63%
313,600	46.26%	364,257	53.74%
62,576,444	46.85%	70,997,833	53.15%

<資料4>ジョコ・ウィドド「働く内閣」閣僚名簿

(2014年10月26日発表、27日発足／2015年8月12日改造)

役職	氏名	性別	生年	出身地	出身組織[1]	おもな経歴
大統領	Joko Widodo	男	1961	中ジャワ	民間（実業家）	ジャカルタ首都特別州知事、ソロ市長、家具製造販売
副大統領	M. Jusuf Kalla	男	1942	南スラウェシ	民間（実業家）・Golkar	副大統領、ゴルカル党党首、国民福祉担当調整相、カラ・グループ代表
国家官房長官	Pratikno	男	1962	東ジャワ	学者	ガジャマダ大学学長
内閣官房長官（※内閣改造後）	Andi Widjajanto	男	1971	ジャカルタ	学者	インドネシア大学教員
国家開発企画大臣（国家開発企画庁長官）（※内閣改造後）	Pramono Anung Wibowo[2]	男	1963	東ジャワ	PDIP	国会議員、国会副議長、PDIP幹事長
	Andrinof Chaniago	男	1962	西スマトラ	学者	インドネシア大学教員、世論調査協会会長
	Sofyan Djalil[2]	男	1953	アチェ	学者	経済担当調整相、国営企業担当国務相、PT Kimia Farma 監査役
海事担当調整大臣	Indroyono Soesilo	男	1955	西ジャワ	官僚	国際連合食糧農業機関（FAO）水産部長、海洋・漁業省海洋・漁業研究庁長官
（※内閣改造後）	Rizal Ramli[2]	男	1954	西スマトラ	学者	威相、経済担当調整相、食糧調達庁（Bulog）長官、ECONIT代表
運輸大臣	Ignatius Jonan	男	1963	シンガポール（華人）	民間（経営者）	国営鉄道PT KAI社長、国営金融機関PT Bahana 社長、Citibank支店長
海洋・漁業大臣	Susi Pudjiastuti	女	1965	西ジャワ	民間（実業家）	Susi Air社長、水産会社社長
観光大臣	Arief Yahya	男	1961	東ジャワ	民間企業	PT Telkom社長
エネルギー・鉱物資源大臣	Sudirman Said	男	1963	中ジャワ	国営企業（経営者）/民間	国営武器製造PT Pindad社長、国営石油Pertamina上級副社長、アチェ・ニアス再建復興庁副長官
政治・法務・治安担当調整大臣	Tedjo Edy Purdjianto	男	1952	中ジャワ	NasDem（海軍）	NasDem会長、海軍参謀長
（※内閣改造後）	Luhut Binsar Pandjaitan[2]	男	1947	北スマトラ	陸軍	大統領首席補佐官、Toba Sejahtra社創業者、商工相、シンガポール大使
内務大臣	Tjahjo Kumolo	男	1957	中ジャワ	PDIP	PDIP幹事長
外務大臣	Retno Lestari Priansari Marsudi	女	1962	中ジャワ	官僚	オランダ大使、外務省欧米総局長
国防大臣	Ryamizard Ryacudu	男	1950	南スマトラ	陸軍	陸軍参謀長、陸軍戦略予備軍司令官
法務・人権大臣	Yasonna H. Laoly	男	1953	北スマトラ	PDIP	国会議員
通信・情報大臣	Rudiantara	男	1959	西ジャワ	国営企業	国営通信PT Indosat監査役、国営通信Telkom監査役
国家機構改化・官僚改革大臣	Yuddy Chrisnandi	男	1968	西ジャワ	Hanura	国会議員
経済担当調整大臣	Sofyan Djalil	男	1953	アチェ	学者	国営企業担当国務相、PT Kimia Farma 監査役

320

巻末資料

役職	氏名	性別	生年	出身地	出身組織[1]	おもな経歴
財務大臣	Darmin Nasution[2]	男	1948	北スマトラ	学者	中銀総裁、大蔵省租税総局長、資本市場監督庁(Bappepam)長官
（※内閣改造後）	Bambang Brodjonegoro	男	1966	ジャカルタ	学者	財務副大臣、インドネシア大学経済学部長
国営企業大臣	Rini M. Soemarno	女	1958	アメリカ	民間（経営者）・PDIP	商工相、アストラ・インターナショナル社長、Citibank支店長
協同組合・中小企業大臣	Anak Agung Gede Ngurah Puspayoga	男	1965	バリ	PDIP	バリ州副知事、デンパサール市長、女性エンパワーメント担当国務相
工業大臣	Saleh Husin	男	1963	東ヌサトゥンガラ	Hanura	国会議員、民間企業勤務・創業
商業大臣	Rahmat Gobel	男	1962	ジャカルタ	民間（実業家）	Panasonic Gobel グループ代表
（※内閣改造後）	Thomas Trikasih Lembong[2]	男	1971	ジャカルタ	民間（経営者）	PT Graha Layar Prima 社長、Quvat Management 共同創業者・CEO、銀行再建庁(BPPN)上級副長官
農業大臣	Amran Sulaiman	男	1968	南スラウェシ	民間（実業家）	農園企業社長、ハサヌディン大学農学部教員
労働力大臣	Hanif Dhakiri	男	1972	中ジャワ	PKB	国会議員
公共事業・国民住宅大臣	Basuki Hadimuljono	男	1954	ジャワ	官僚	公共事業空間計画総局長
環境・林業大臣	Siti Nurbaya Bakar	女	1956	ジャカルタ	NasDem（官僚）	ナスデム党副党首、内務省次官
農地・空間計画大臣（国家土地庁長官）	Ferry Mursyidan Baldan	男	1961	ジャカルタ	NasDem	国会議員、国民協議会議員
人間開発・文化担当調整大臣	Puan Maharani	女	1973	ジャカルタ	PDIP	PDIP副党首、PDIP国会派代表
宗教大臣	Lukman Hakim Saifuddin	男	1962	ジャカルタ	PPP	宗教相、国民協議会副議長、国会議員
保健大臣	Nila Djuwita F. Moeloek	女	1949	ジャカルタ	学者	MDG担当政府代表特使、インドネシア大学医学部教員
社会大臣	Khofifah Indar Parawansa	女	1965	東ジャワ	PKB	女性エンパワーメント担当国務相、国会副議長
女性エンパワーメント・子供保護大臣	Yohana Yambise	女	1958	蘭領ニューギニア	学者	チェンデラワシ大学教育学部教授
文化・初中等教育大臣	Anies Baswedan	男	1969	西ジャワ	学者	パラマディナ大学学長
研究・技術・高等教育大臣	Muhammad Nasir	男	1960	中ジャワ	学者	ディポネゴロ大学経済学部教授
青年・スポーツ大臣	Imam Nahrawi	男	1973	東ジャワ	PKB	PKB幹事長、国民協議会議員
村落・後進地域開発・移住大臣	Marwan Jafar	男	1971	中ジャワ	PKB	国会議員

(出所) 佐藤百合、川村晃一作成。
(注) 1) 出身組織の略称は以下のとおり。PDIP：闘争民主党、PKB：民族覚醒党、NasDem：ナスデム党、Hanura：ハヌラ党、PPP：開発統一党、Golkar：ゴルカル党。
2) 2015年8月12日の内閣改造で新任した閣僚。

321

索 引

【あ行】

IMF →国際通貨基金
アジアインフラ投資銀行（AIIB） 152
アジア太平洋経済協力（APEC） 152, 222
アジア通貨危機 3, 6, 130, 131, 152, 171, 215, 270, 273, 274
ASEAN →東南アジア諸国連合
アチェ 5, 6, 21, 131, 137, 162, 164, 171, 220-222
アフマディヤ 249, 251-258, 263-265
アメリカ合衆国（米国） 37, 76, 170, 217, 220-225, 232, 240, 241, 246, 248, 272, 282
アリラン・ポリティクス 39, 63
違憲 4, 15, 18, 19, 21, 23, 25, 27, 30, 32-34, 98
イスラーム
　——過激派 5, 220, 271, 273
　——寄宿学校 81, 89
　——主義 2, 10, 39, 102, 160, 162, 178, 262
　——条例 248, 249, 252, 262
イスラーム国（IS） 219, 245, 246, 249
イスラーム防衛戦線（FPI） 178, 250
一族支配 173, 174, 177, 181
一般配分資金（DAU） 141
違法・無報告・無規制漁業 144
インド 191, 193, 194, 225
インド洋 138, 240
インドネシア・ウラマー評議会（MUI） 249
インドネシア汚職ウォッチ（ICW） 177
インドネシア銀行（中央銀行, 中銀） 117, 167, 274, 293
インドネシア経済開発加速・拡大マスタープラン 2011-2025年（マスタープラン：MP3EI） 167, 276, 288
インドネシア支援国会合（CGI） 275
インドネシア商工会議所 275
インドネシア世論調査研究所（LSI） 34, 50, 64
インドネシア陸軍特殊部隊（Kopassus） 78, 88, 98, 123, 222, 241
インフラ 139, 143, 146, 151-153, 176, 210-212, 234, 276, 288, 290
ウラマー 2, 89, 107, 219, 247, 249, 255, 257, 260
APEC →アジア太平洋経済協力
SNS →ソーシャル・ネットワーキング・サービス
エスニシティ 8, 74, 82, 91, 92, 171, 172, 260, 261, 265, 279
エスニック・グループ 81, 87, 259
NGO 18, 26, 70, 122, 150, 164, 170, 171, 176-178, 256, 280, 287
汚職 6, 17, 26, 43, 44, 56, 58, 76-79, 90, 97-99, 106, 108, 117-120, 134, 147, 150, 160, 164-169, 173, 175-180, 249, 250, 259, 263, 264, 272, 273, 278, 279, 287, 290
汚職撲滅委員会（KPK） 117-119, 121, 124, 160, 164-166, 168, 169, 176, 177, 180, 264, 271, 272, 278, 291
オリガーキー 160, 161, 168, 181

【か行】

海事調整大臣 149, 153, 154, 288

外需　187, 190, 211, 212
開発統一党（PPP）　39, 84, 108, 114, 252, 264, 283, 284
開票速報　28, 111, 112
海洋
　――インフラ　137
　――高速道路　137, 153
　――国家　10, 135, 137, 138, 237, 238, 240, 243, 288
　――ドクトリン　137, 138, 149
　――防衛　138, 238
　――立国　132, 136, 138, 144, 149
格差　172, 206, 208, 279, 287-289
華人　87, 100, 108, 171, 176, 259-261
Kawal Pemilu（選挙を守る）　18, 29, 112
キアイ　90, 91
議会制民主主義期　2, 3, 39, 162
棄権票　54, 55, 61, 62
議席率　24, 25, 31, 37, 42, 43, 49, 59, 63, 74, 76, 113, 162, 163
業績投票　52, 56, 64
キリスト教徒　61, 81, 88, 178, 246, 252, 253, 259, 261, 262, 264, 265
亀裂　8, 32, 39, 50-55, 64, 70, 90, 91, 114, 118, 171, 172, 261
　社会的――　8, 32, 171, 172, 261
　宗教的――　32, 39, 50-55, 64, 70
亀裂投票　52, 64
金権選挙　26, 33, 278
金融危機→リーマン・ショック
クーデタ　2, 10, 235, 236, 238, 242, 243
グリンドラ党（Gerindra）　39-41, 44, 45, 75-78, 83, 88, 90, 98, 99, 102, 108, 109, 114, 115, 259, 294
経済成長率　52, 56-58, 62, 65, 153, 187-190, 195, 200, 205, 208, 211, 212, 279, 290

経済テクノクラート　78, 149, 154, 274
経常収支　208, 209
憲法改正　3, 4, 25, 113, 160, 271, 277
憲法裁判所　4, 5, 18-21, 23, 25-27, 29, 30, 32-34, 93, 98, 123, 181, 271, 278, 294
原油　144, 190, 191, 193, 197-200, 209, 211, 212
交易条件　195, 196, 198-200, 209, 210, 212, 213
公正統一党（PKPI）　21, 39, 82
公的扶助　141-143, 151, 290
鉱物・石炭鉱業法　146, 193, 294
紅白連合　113-115, 117, 118
国軍　8, 88, 98, 100, 116, 164, 220-222, 253, 255, 271, 272, 280, 292
国際通貨基金（IMF）　6, 164, 166, 241, 271, 275, 292
国民皆保険　141, 169, 176, 208
国民協議会（MPR）　4, 25, 113, 123, 155, 270, 271, 281, 294
国民健康保険（JKN）　141, 151, 156
国民信託党（PAN）　39, 59, 75, 84, 90, 108, 114, 115, 252, 284
9つの優先アジェンダ　133, 135, 138, 143
国会（DPR）　4, 5, 16-19, 22, 24, 59, 113-115, 117, 162, 164, 165, 167-172, 174-176, 180, 181, 224, 226-230, 247, 248, 250, 252, 253, 257, 264, 271, 284, 293, 294
国家イノベーション委員会（KIN）　275
国家開発企画庁（Bappenas）　133, 148, 149, 153, 213, 274, 285, 293
国家経済委員会（KEN）　275
国家警察長官　116, 117, 119, 180, 290
国家情報庁（BIN）　110, 116, 255, 290
国家中期開発計画　129, 133, 135, 139,

323

146, 155, 185, 275
ゴルカル党　38-41, 45, 46, 75, 78, 83, 97-100, 108, 110, 113, 114, 123, 165, 167, 168, 172, 228, 230, 252, 284, 293, 294

【さ行】

サイクロン・ナルギス　230-232
最低賃金　187, 201, 202, 214
サイフル・ムジャニ・リサーチ・アンド・コンサルティング社（SMRC）99, 101, 160
再分配　141, 208, 212
3原則（トリサクティ［Trisakti］）133, 155
シーア派　246, 253, 254, 258
資源　5, 9, 109, 134, 137, 138, 143, 146, 149, 150, 152-156, 173, 190, 193, 194, 206, 213, 276, 279, 288-290
資源ブーム　153, 155
自主と積極関与　218, 219
失業　9, 131, 138, 139, 155, 185-187, 200-205, 212, 289
実質国内総所得　187, 194, 211, 212
実質所得　187, 194, 212
実質賃金　187, 201-204, 212, 214
ジニ係数　205, 214
市民社会　9, 18, 116, 117, 119, 160, 161, 169-171, 176, 178, 180, 181, 281, 284, 287
社会保険　142, 143, 151
社会保障　138, 141, 151, 156, 169, 208, 210
社会保障庁（BPJS）　141, 169
ジャカルタ健康カード　259
ジャカルタ（首都特別）州
　――知事　46, 77, 97, 103, 132, 141, 176, 259, 280

――知事選挙　77, 99, 100, 101, 246, 258, 261
ジャワ人　70, 87-89, 104, 111, 261
人権　78, 131, 220, 227-229, 236, 237, 257, 273
宗教　39, 64, 75, 78, 81, 82, 87-89, 91, 92, 100, 172, 245-265, 273, 279
　――紛争　171, 263, 271
宗教セクト監視調整委員会（Bakorpakem）255, 256
ジュマー・イスラミヤ（JI）　220
ジョコウィ全国事務局（Seknas Jokowi）102, 104, 122, 124
庶民出身　8, 79, 132, 138, 280, 289
シンガポール　123, 223, 228-231, 236, 242, 294
新鉱業法→鉱物・石炭鉱業法
新興国　130-133, 151, 191, 194, 212, 233, 234, 276
スマトラ島沖大地震・津波　162, 221, 273
スンダ海峡大橋　137, 288, 293
石炭　146, 191, 193
製造業　143, 146, 206, 214, 276, 289
政党
　――エリート　108, 114, 118, 120
　――支持　38, 59, 82, 91, 260
　――制（システム）　32, 39, 47, 49, 51, 58, 59
　――政治　2, 6, 122, 162
　――政治家　17, 18, 24, 60, 98, 286
　――の大統領制化　31, 41, 60, 286
　――法　16, 20, 21
　イスラーム系――　39-42, 50-56, 62, 64, 70, 71, 75, 78, 81-86, 90, 99, 162, 249, 252, 257, 263, 264, 283
　個人――　31, 32, 39-41, 50
　世俗（主義）系――　38, 39, 50-55,

64, 71, 78, 85, 89
　選挙参加―― 21, 22, 31, 38
　組織―― 32, 39, 40
世界銀行 3, 168, 292
石炭 9, 146, 191, 193, 294
石油燃料補助金 153, 287, 293
Seknas Jokowi→ジョコウィ全国事務局
世俗
　――主義 2, 10, 32, 39, 78, 82, 85, 102, 248, 255, 262
　――的 78, 90, 246, 252, 258, 259
絶対得票率 53, 56, 57, 64
1945年憲法 2, 4, 34, 264
選挙
　――運動 35, 48, 110, 260
　――管理 17, 33, 35, 278, 279
　――コンサルタント 259, 261
　――戦（キャンペーン） 28, 30, 37, 47, 48, 63, 73, 79, 81, 90, 91, 95, 104, 121, 166, 170, 172, 179, 210, 259, 260, 286
　――公約 129, 132, 133, 139, 147, 210, 288
　――ボラティリティ→投票流動性
　議会―― 1, 15, 16, 22, 25-27, 30-34, 37, 38, 40, 42, 44-49, 51, 54, 55, 58, 59, 63-65, 73-76, 78, 82, 83, 92, 102, 104, 106, 120, 278, 279
　大統領―― 4, 19, 20, 24, 25, 27-34, 37, 40-42, 45, 46, 49, 58, 73-76, 78-80, 82-86, 91-93, 95, 100, 102, 103, 106, 111, 113, 115, 131, 133, 135, 148, 261, 270, 278, 279, 281, 283
選挙人名簿 17, 19, 20
センチュリー銀行 114, 167, 168, 293
全方位外交 9, 223, 224, 240, 274, 292
総選挙委員会（KPU） 17-21, 25-29, 34, 41, 61, 70, 74, 80, 90, 92, 111, 112, 135, 279
　地方――（KPUD） 17, 112
総選挙監視庁（Bawaslu） 17-19, 21, 111
総選挙実施機関法 16-19
総選挙実施機関名誉評議会（DKPP） 18, 26
総選挙法 16, 17, 20-22, 33
ソーシャル・ネットワーキング・サービス（SNS） 105, 108, 110, 259
ソーシャル・メディア 102, 161, 171, 176
ソロ 99, 103, 109, 120, 121, 123, 259, 262, 280, 285
　――市長 77, 97, 99, 100, 122, 132, 141, 176, 258, 259, 280, 287
村落法 141, 169, 170, 176

【た行】

大統領
　――候補 24, 25, 30-32, 37, 40, 41, 46, 60, 74, 75, 77, 100-107, 132, 179, 237, 261
　――諮問会議（Wantimpres） 115, 256, 262, 264, 290
　――首席補佐官 116, 123, 124, 285, 286, 293
　――制 4, 31, 32, 40, 41, 59, 60, 146, 283, 284, 286, 293
　――選挙法 24, 25, 28, 30, 34
　――府 116, 226, 239, 285-287, 289
　――補佐官室 124, 285, 286, 293
代表阻止条項 22, 23, 32
大量高速鉄道（MRT） 101
多元主義 39, 91, 161, 252, 255, 257
多党化 23, 32, 49, 50, 58, 59
多様性のなかの統一 3, 102, 251
チーム11（Tim 11） 105, 124

325

地方議会（DPRD）5, 16, 21, 23, 113, 172-175
地方首長直接選挙（公選制）6, 10, 74, 91, 113, 181, 257, 278
　――公選廃止　174-176
地方代表議会（DPD）4, 16, 24, 271, 281, 294
地方分権　3, 5, 61, 131, 136, 271, 280
中央銀行（中銀）→インドネシア銀行
中国　144, 146, 151-153, 191-194, 211-213, 217, 223-225, 235, 240, 290
賃金プレミアム　187, 206-208, 212
ツイッター　104, 110, 169
月星党（PBB）21, 34, 39, 44, 84
テレビ　28, 106, 108-110, 248, 260, 282
テロ　5, 6, 131, 162, 220, 221, 225, 241, 245, 246, 249, 271, 273
闘争民主党（PDIP）8, 38-42, 45-49, 58-60, 63, 74, 78, 81, 82, 84, 88-90, 99, 100, 102-107, 109, 113, 114, 116-120, 172, 179, 230, 251, 252, 259, 285, 286, 290
東南アジア諸国連合（ASEAN）9, 10, 137, 154, 156, 219, 225-240, 242, 243, 273
　――経済共同体　238
　――憲章　225-231, 236, 243
　――首脳会議　156, 233, 235, 237, 242, 243
　――人権委員会　227, 228
投票行動　32, 38, 48, 50-53, 55-59, 64, 70-74, 82, 88, 92, 261, 277
投票流動性　42, 50, 51, 56, 59, 63
得票率　22-25, 29, 31, 37, 44-47, 49-58, 62-64, 71, 74, 76, 80-86, 96, 104-106, 111, 112, 162
特別配分資金（DAK）141
トリサクティ（Trisakti）→3原則

【な行】
内需　9, 143, 152, 153, 187, 189, 194
ナスデム党（NasDem）21, 39, 40, 44, 46, 82, 114, 179
ナフダトゥル・ウラマー（NU）2, 89, 107, 219, 247
ナワ・チタ（NawaCita）→9つの優先アジェンダ
20カ国・地域（G20）131, 233, 273
ネガティブ・キャンペーン　87, 108, 246, 258, 260, 261, 286
燃料補助金　153, 156, 164, 166, 206, 208-212, 287, 293
農地改革（reforma agraria）139, 150, 156

【は行】
Bakorpakem→宗教セクト監視調整委員会
バタック人　88, 178
働く内閣（Kabinet Kerja）9, 129, 146, 147, 150, 153, 154
ハヌラ党（Hanura）39, 40, 45
パプア　5, 45, 47, 81, 93, 137, 162, 171, 220, 242, 264
バペナス（Bappenas）→国家開発企画庁
反汚職　160, 176-178
パンチャシラ　39, 251, 264
バンテン州　81, 173, 177, 257
反ポルノ法　246-253, 255, 257, 258, 262, 263, 265
東ジャワ州　34, 80, 81, 86, 89, 90, 103, 108, 177, 257, 258
東ティモール　171, 218, 221, 241, 292
票の買収　26, 27, 35, 49, 278, 279
比例代表制　22, 27, 34, 48, 63
　拘束名簿式――　22, 27, 33, 34, 48, 58, 63

非拘束名簿式——22, 27, 33, 34, 48, 58, 63
貧困　9, 76, 131, 138, 139, 141, 142, 151, 155, 164, 166, 171, 176, 205, 210, 212-214, 249, 259, 263, 276, 280, 288, 289, 292
——者比率　205, 212-214
ファトワ　250, 253, 255, 256
フェイスブック　29, 105, 110, 112, 166
福祉正義党（PKS）　39, 40, 44, 84, 88, 97, 108, 114, 160, 168, 169, 172, 247, 252, 262, 294
副大統領　31, 95, 114, 165, 167, 168, 218, 219, 270, 274, 285
——候補　40, 75, 78, 80, 102-104, 107, 108, 110
ブタウィ人　87, 88, 259-261
浮動票　47, 105, 106
不平等　187, 205, 206, 212, 214
ブルスカン（アポなし現地視察［blusukan］）101, 132, 259, 292
ブルディカリ（berdikari）　132, 133, 155
分配　9, 78, 99, 121, 135, 138, 139, 141, 150, 151, 155, 205, 208, 212, 214, 287, 288
　成長と——　78, 151, 287, 288
分権化　3, 5, 160, 171, 173, 174, 179, 271, 280,
分離（独立）運動　3, 5, 131, 164, 171, 172, 271
米国→アメリカ合衆国
法の支配　6, 160, 162, 271
ポピュリスト　32, 164, 283
ポピュリズム　98, 109
ボランティア　8, 28, 29, 102, 110-112, 118, 120, 121, 179, 280, 282

【ま行】
マラン汚職ウォッチ（MCW）　177
未加工鉱石　193, 294
密漁　138, 152, 288
南シナ海　10, 235
ミャンマー　137, 228-233, 235-237, 242, 243
民間消費　189, 194, 196, 211
民主化　2-5, 15-18, 39, 78, 95, 96, 121, 130, 159-162, 171, 175, 179, 181, 217, 228, 236, 240, 246, 250, 269-271, 277-280
民主主義　3-5, 15, 16, 28, 29, 33, 96, 111, 113, 119, 120, 130-132, 159-162, 175, 180, 181, 218-221, 225, 226, 229-231, 236-238, 240, 261, 271, 273, 274, 276-279, 281, 288, 289
——外交　226, 236, 238, 243
——体制　4, 131, 132, 159, 226, 271
新興——（国）　6, 50, 63, 279
民主主義者党（Partai Demokrat）　8, 38-42, 44, 45, 47, 49, 58, 76, 83, 89, 98, 100, 105, 108, 114, 119, 160, 162, 166, 168, 169, 172, 175, 181, 245, 250, 252, 259, 274, 294
民族覚醒党（PKB）　39, 45, 84, 90, 179, 219, 245, 252
無効票　52, 54, 55, 62, 64, 71
ムスリム　52, 64, 70, 71, 87-89, 219, 220, 247, 251, 252, 256, 259-264
ムハマディヤ　256, 263, 264
メディア　31, 45, 76, 101-103, 105, 116, 160, 161, 164, 171, 176, 248
メンタル革命（revolusi mental）　121, 135, 153

327

【や行】

有権者　19, 20, 25-27, 30-32, 37, 38, 43, 45, 48-56, 58-62, 70-76, 79-85, 91, 95, 100, 106, 107, 111, 121, 160, 172, 179, 257, 258, 261, 265, 277, 279-281
　──名簿　25, 26, 70, 279
有効政党数　49, 63
ユーチューブ　175, 260
予算　20, 153, 170, 210-212, 224, 241, 290
世論調査　34, 50, 63, 64, 80, 92, 99, 101, 105-107, 111, 159, 162, 174, 252, 291
45年闘士・反汚職部隊（LAKI P.45）　178, 182

【ら行】

リーダーシップ　10, 30, 34, 45, 60, 61, 79, 119, 121, 160, 161, 179, 180, 218, 227, 240, 285-287, 291
リーマン・ショック　6, 185, 189, 205, 211, 215, 234, 240, 274, 279
陸軍戦略予備軍（Kostrad）　2, 78
陸軍特殊部隊（Kopassus）　78, 88, 98, 123, 222, 241
連立政権　31, 32, 37, 120
連立与党　52, 56-59, 71, 97, 99, 117-119, 162, 167-169, 283-286, 289, 290, 293
労働生産性　187, 201, 203, 204, 212, 214
労働保険　141, 143

【人名索引】

アウリア・ポハン（Aulia Pohan）　164
アウンサンスーチー（Aung San Suu Kyi）　228
アキル・モフタル（Akil Mochtar）　278
アグン・ラクソノ（Agung Laksono）　114
アドナン・バユン・ナスティオン（Adnan Buyung Nasution）　256
アナス・ウルバニングルム（Anas Urbaningrum）　43, 98, 168
アニス・バスウェダン（Anis Baswedan）　263
アニス・マッタ（Anis Matta）　108
アブディラ・トハ（Abdillah Toha）　230
アブドゥル・マリク・ファジャル（Abdul Malik Fadjar）　264
アブドゥルラフマン・サレ（Abdulrahman Saleh）　255
アブドゥルラフマン・ワヒド（Abdurrahman Wahid）　4, 95, 123, 131, 136, 141, 147, 154, 159, 186-189, 193, 194, 200, 202, 208, 217-219, 223, 241, 251, 252, 256, 264, 270, 274, 280
アブラハム・サマド（Abraham Samad）　118
アブリザル・バクリ（Abrizal Bakrie）　75, 76, 99, 108, 109, 113, 114, 123, 165, 167, 168, 274, 293
アホック（Ahok）→バスキ・チャハヤ・プルナマ
アミン・ジャマルディン（Amin Djamaluddin）　265
アミン・ライス（Amien Rais）　108
アリ・アラタス（Ali Alatas）　227

アルウィ・シハブ（Alwi Shihab）219, 223, 241
アンディ・ウィジャヤント（Andi Widjajanto）123, 285
アンディ・マラランゲン（Andi Mallarangeng）43, 168
アンドレアス・パレイラ（Andreas Pareira）229
イバス（Ibas）→エディ・バスコロ・ユドヨノ
イヌル・ダラティスタ（Inul Daratista）248
ウィラント（Wiranto）40, 41
エディ・バスコロ・ユドヨノ（Edhie Baskoro Yudhoyono）114, 168
エフェンディ・ガザリ（Effendi Gazali）34
エリー・ヌラディ（Erry Nuradi）88
ガトット・プジョ・ヌグロホ（Gatot Pujo Nugroho）88
グス・イラワン（Gus Irawan）88
胡錦濤　224
サイフル・ムジャニ（Saiful Mujani）99, 123, 160
シダルト・ダヌスブロト（Sidarto Danusubroto）123
シャフィイ・マアリフ（Syafii Maarif）263
ジュリアン・パシャ（Julian Pasha）122
ジョージ・W・ブッシュ（George W. Bush）220
ジョージ・ヨウ（George Yeo）231
ジョコ・ウィドド（Joko Widodo）25, 28, 38, 41, 42, 46-49, 58-61, 63, 73-76, 78-82, 84-92, 95-97, 99-124, 129, 130, 132, 133, 135-139, 141, 143, 146-156, 176, 179-181, 187, 210-213, 215, 237-240, 243, 246-249, 258-265, 269, 276, 280-294
ジョコウイ（Jokowi）→ジョコ・ウィドド
ジョコ・スシロ（Djoko Susilo）228
ジョン・F・ケネディ（John F. Kennedy）282
スカルノ（Soekarno）2, 3, 8, 38, 40, 73, 79, 95, 102, 103, 106, 130-133, 136, 146, 147, 150, 155, 159, 186, 217, 226, 247, 270, 277, 280
スギアルト（Sugiarto）274
スシロ・バンバン・ユドヨノ（Susilo Bambang Yudhoyono）1, 5, 6, 37, 38, 40-45, 47, 52, 58, 59, 73, 75, 76, 78, 89, 95, 97-100, 103, 105, 108, 110, 114-116, 119, 122, 131, 132, 137-139, 143, 154, 159-162, 164-169, 171, 172, 174, 175, 179-182, 185-194, 200, 202-205, 208, 209, 211-213, 217-225, 230, 231, 234-243, 245-248, 250-258, 260, 262, 264, 269-280, 284-290, 292-294
スタルマン（Sutarman）117
スハルト（Soeharto）2, 3, 5, 38, 40, 47, 78, 95-98, 100, 113, 120-122, 130, 136, 143, 149, 152, 160, 161, 164, 165, 171, 177, 181, 188, 189, 200, 202, 222, 223, 226, 230, 250, 255, 264, 270, 271, 273-277, 280, 292
スミトロ・ジョヨハディクスモ（Soemitro Djojohadikoesoemo）76
スリ・ムルヤニ（Sri Mulyani）164, 167, 168
スリン・ピッツワン（Surin Pitsuwan）233
ズルキフリ・ハサン（Zulkifli Hasan）108

スルタン・ハメンクブウォノ 10 世（Sultan Hamengkubuwono X）122
スルヤ・パロ（Surya Paloh）40, 45, 114, 115
スルヤダルマ・アリ（Suryadharma Ali）108, 114
セオ・サンブアンガ（Theo L. Sambuaga）228
ソフヤン・ジャリル（Sofyan Djalil）
ソフヤン・ワナンディ（Sofyan Wanandi）100, 107
ダルミン・ナスティオン（Darmin Nasution）154
タン・シュエ（Than Shwe）232
ディノ・パティ・ジャラル（Dino Patti Djalal）239
テテン・マスドゥキ（Teten Masduki）124, 286, 287
トゥバグス・ハエリ・ワルダナ（Tubagus Chaeri Wardana）177
トリ・リスマハリニ（Tri Rismaharini）176
ナフロウィ・ラムリ（Nachrowi Ramli）259
ニャン・ウィン（Nyan Win）231
ハシム・ジョヨハディクスモ（Hashim Djojohadikusumo）98
ハシム・ムザディ（Hasyim Muzadi）90, 264
バスキ・チャハヤ・プルナマ（Basuki Tjahaja Purnama）100, 101, 122, 176, 259, 260
ハッサン・ウィラユダ（Hassan Wirajuda）227, 242
ハッタ・ラジャサ（Hatta Rajasa）75, 76, 80, 108, 218, 219, 237
バドロディン・ハイチ（Badrodin Haiti）117
ハビビ（B.J. Habibie）95, 131, 159, 249, 270, 280
ハビブ・ムンズィール（Habib Munzir）260
バラク・オバマ（Barack Obama）222, 282
バルカン・カバレ（Balkan Kapale）250
バンバン・ウィジャヤント（Bambang Widjojanto）118
ファイサル・バスリ（Faisal Basri）294
ファウジ・ボウォ（Fauzi Bowo）99, 100, 124, 259-262, 265
ファドリ・ゾン（Fadli Zon）98, 122, 123
ファフミ・イドリス（Fahmi Idris）274
プアン・マハラニ（Puan Maharani）47, 104-106, 122, 123
ブディ・グナワン（Budi Gunawan）116
ブディ・ワセソ（Budi Waseso）118
ブディオノ（Boediono）167, 168, 274
プラティクノ（Pratikno）285
プラナンダ・プラボウォ（Prananda Prabowo）106
プラボウォ・スビアント（Prabowo Subianto）28, 29, 40, 41, 44, 45, 73-76, 78-85, 88-93, 95-102, 104-109, 111-115, 120, 122, 123, 132, 179, 181, 237, 259, 261, 279, 281-283, 286, 292, 293
プラモノ・アヌン（Pramono Anung）286
ヘリ・アフマディ（Heri Akhmadi）123
ヘンドロプリヨノ（Hendropriyono）

116
ホフィファ・インダル・パラワンサ (Khofifah Indar Parawansa) 90
マーフッド (Mahfud M.D.) 35
マアルフ・アミン (Ma'ruf Amin) 256
マリク・ファジャル (Malik Fadjar) 264
マルズキ・ダルスマン (Marzuki Darusman) 228
マルティ・ナタレガワ (Marty Natalegawa) 235, 240, 243
ミルザー・グラーム・アフマド (Mirza Ghulam Ahmad) 254
ムハマド・ナザルディン (Muhammad Nazaruddin) 168
ムハマド・ユスフ・アシャリ (Muhammad Yusuf Asy'ari) 274
ムハンマド・ハッタ (Mohammad Hatta) 75, 76, 80, 108, 218, 219, 237
メガワティ・スカルノプトゥリ (Megawati Soekarnoputri) 38, 41, 46, 47, 60, 73, 76, 78, 95, 99-107, 109, 111, 114-119, 122-124, 131, 159, 166, 172, 186-190, 193, 194, 200, 202, 208, 214, 217, 218, 222, 247, 270, 280, 286, 290, 292
モハマド・ヒダヤット (Mohamad Hidayat) 275
ヤコブ・ウタマ (Jakob Oetama) 107
ヤン・ダルマディ (Jan Darmadi) 116
ユスフ・カラ (Yusuf Kalla) 75, 76, 80, 81, 90, 92, 100, 107, 110, 111, 114, 115, 135, 165, 167, 237, 248, 274, 285, 286
ユスリル・イフザ・マヘンドラ (Yusril Ihza Mahendra) 34
ラトゥ・アトゥット・ホシヤ (Ratu Atut Chosiyah) 177
リー・シェンロン (Lee Hasien Loong) 229
リザル・スクマ (Rizal Sukma) 138, 239, 292
リザル・ラムリ (Rizal Ramli) 154
リドワン・カミル (Ridwan Kamil) 176
リニ・スマルノ (Rini Soemarno) 103
リャミザルド・リャクドゥ (Ryamizard Ryacudu) 116
ルクマン・ハキム・サイフディン (Lukman Hakim Saifuddin) 264
ルトゥフィー・クルニアワン (Luthfi J. Kurniawan) 178
ルトゥフィ・ハサン・イシャアク (Luthfi Hasan Ishaaq) 44, 169
ルフット・パンジャイタン (Luhut Panjaitan) 114-116, 123, 124, 285, 286, 293
ロバート・ゲーツ (Robert Gates) 241
ロマ・イラマ (Rhoma Irama) 248
ワワン (Wawan) →トゥバグス・ハエリ・ワルダナ

執筆者一覧（＊編者）

＊川村　晃一（かわむら・こういち）［序章，第1章，第2章，第3章，終章］
　　日本貿易振興機構アジア経済研究所地域研究センター研究員。
　　おもな著作として，『2009年インドネシアの選挙――ユドヨノ再選の背景と第2期政権の展望――』（共編著，アジア経済研究所，2010年），『インドネシア総選挙と新政権の始動――メガワティからユドヨノへ――』（共編著，明石書店，2005年）など。

東方　孝之（ひがしかた・たかゆき）［第2章，第7章］
　　日本貿易振興機構アジア経済研究所地域研究センター研究員。
　　おもな著作として，「インドネシアの障害者の生計：教育が貧困削減に果たす役割」（森壮也編『途上国障害者の貧困削減：かれらはどう生計を営んでいるのか』岩波書店，2010年），"Voting Behavior in Indonesia from 1999 to 2014: Religious Cleavage or Economic Performance?"（IDE Discussion Paper No. 512，2015年，川村晃一との共著）など。

見市　建（みいち・けん）［第3章，第9章］
　　岩手県立大学総合政策学部准教授。
　　おもな著作として，見市建『新興大国インドネシアの宗教市場と政治』（NTT出版，2014年），Southeast Asian Muslims in the Era of Globalization（共編著，New York: Palgrave Macmillan, 2015年）など。

本名　純（ほんな・じゅん）［第4章］
　　立命館大学国際関係学部教授。
　　主な著作として，『民主化のパラドックス――インドネシアにみるアジア政治の深層――』（岩波書店，2013年），Military Politics and Democratization in Indonesia（London: Routledge, 2003）など。

佐藤　百合（さとう・ゆり）［第5章］
　　日本貿易振興機構アジア経済研究所理事。
　　主な著作として，『経済大国インドネシア』（中公新書，2011年），『インドネシアの経済再編』（編著，アジア経済研究所，2004年），『民主化時代のインドネシア』（編著，アジア経済研究所，2002年）など。

岡本　正明（おかもと・まさあき）[第6章]
京都大学東南アジア研究所准教授。
おもな著作として，「環境にやさしいアブラヤシ農園というディスコースの誕生：インドネシアのアブラヤシ農園拡大戦略から」（『地域研究』第14巻第1号，2014年），"Jakartans, Institutionally Floatable," *Journal of Current Southeast Asian Studies* Vo.33, No.1, 2014,『暴力と適応の政治学――インドネシア民主化と安定の地方構造――』（京都大学学術出版会，2014年）など。

相沢　伸広（あいざわ・のぶひろ）[第8章]
九州大学比較社会文化研究院准教授。
おもな著作として，"Japan's Strategy toward Southeast Asia and the Japan-US Alliance" (Michael J. Green and Zack Cooper, eds., *Strategic Japan: New Approaches to Foreign Policy and the US Japan Alliance*, Rowman and Littlefield, 2014),『華人と国家――インドネシアの「チナ問題」――』（書籍工房早山，2010年）など。

複製許可および PDF 版の提供について

　点訳データ，音読データ，拡大写本データなど，視覚障害者のための利用に限り，非営利目的を条件として，本書の内容を複製することを認めます（http://www.ide.go.jp/Japanese/Publish/reproduction.html）。転載許可担当宛に書面でお申し込みください。

　また，視覚障害，肢体不自由などを理由として必要とされる方に，本書のPDFファイルを提供します。下記のPDF版申込書（コピー不可）を切りとり，必要事項をご記入のうえ，販売担当宛ご郵送ください。
折り返しPDFファイルを電子メールに添付してお送りします。

〒 261-8545　千葉県千葉市美浜区若葉3丁目2番2
日本貿易振興機構 アジア経済研究所
研究支援部出版企画編集課　各担当宛

　ご連絡頂いた個人情報は，アジア経済研究所出版企画編集課（個人情報保護管理者－出版企画編集課長 043-299-9534）が厳重に管理し，本用途以外には使用いたしません。また，ご本人の承諾なく第三者に開示することはありません。

アジア経済研究所研究支援部　出版企画編集課長

PDF版の提供を申し込みます。他の用途には利用しません。

川村晃一編　『新興民主主義大国インドネシア――ユドヨノ政権の
　　　　　　　10年とジョコウィ大統領の誕生――』
　　　　　　アジ研選書 No. 40　2015年

住所 〒

氏名：　　　　　　　　　　　　　年齢：

職業：

電話番号：

電子メールアドレス：

［アジ研選書 No.40］
新興民主主義大国インドネシア
──ユドヨノ政権の10年とジョコウィ大統領の誕生──

2015年11月30日発行　　　　　　　　定価［本体4100円＋税］

編　者　川村　晃一
発行所　アジア経済研究所
　　　　独立行政法人日本貿易振興機構
　　　　千葉県千葉市美浜区若葉3丁目2番2　〒261-8545
　　　　　研究支援部　電話　043-299-9735（販売）
　　　　　　　　　　　FAX　043-299-9736（販売）
　　　　　　　　　　　E-mail　syuppan@ide.go.jp
　　　　　　　　　　　http://www.ide.go.jp

印刷所　康印刷株式会社

Ⓒ 独立行政法人日本貿易振興機構アジア経済研究所 2015
落丁・乱丁本はお取り替えいたします　　　　無断転載を禁ず
　　　　　　　　　　　　　　　　　　　　ISBN 978-4-258-29040-6

出版案内
「アジ研選書」

(表示価格は本体価格です)

No.	書名 / 副題 / 編者 / 刊行年・頁・価格	内容紹介
39	**ポスト軍政のミャンマー** 改革の実像 工藤年博編　2015年 225p. 2900円	23年間の軍事政権から、民政移管で誕生したテインセイン政権。民主化と経済開放を一気に進め「アジア最後のフロンティア」に躍り出たミャンマーでは、なにが変わり、なにが変わらないのか。
38	**アジアの障害者教育法制** インクルーシブ教育実現の課題 小林昌之編　2015年 228p. 2900円	アジア7カ国の障害者教育法制に焦点を当て、障害者権利条約が謳っている教育の権利、差別の禁止、インクルーシブ教育の実現に向けての各国の実態と課題を考察する。
37	**知られざる工業国バングラデシュ** 村山真弓・山形辰史編　2014年 430p. 5400円	「新・新興国」バングラデシュ。その成長の源泉は製造業にある。世界第2のアパレル以外にも芽吹き始めた医薬品、造船、ライト・エンジニアリング、食品、皮革、IT、小売等、各産業の現状と課題を分析する。
36	**岐路に立つコスタリカ** 新自由主義か社会民主主義か 山岡加奈子編　2014年 217p. 2700円	非武装、高福祉、外資による高成長を記録するコスタリカは、従来の社会民主主義路線と、新たな新自由主義路線の間で揺れている。最新の資料を基に同国の政治・経済・社会を論じる。
35	**アジアにおける海上輸送と中韓台の港湾** 池上寛編　2013年 222p. 2700円	アジアでは国を跨ぐ国際分業が進化し、国際物流も変貌した。本書ではアジアにおける最大の輸送手段である海上輸送を検討し、中国・韓国・台湾の港湾の現状と課題を取り上げた。
34	**躍動するブラジル** 新しい変容と挑戦 近田亮平編　2013年 211p. 2600円	新興国の雄として21世紀初頭に世界での存在感を増したブラジルについて、政治、経済、企業、社会、外交、開発をテーマに解説。近年のブラジルが成し遂げた変容や試行する挑戦について、総合的理解をめざした一書。
33	**児童労働撤廃に向けて** 今、私たちにできること 中村まり・山形辰史編　2013年 250p. 3000円	児童労働撤廃をめざし、国際機関・NPO・市民社会・企業等のアクターが新しいアプローチで立ち向かっている現状と、日本の経験について、より深く知るための解説書。
32	**エジプト動乱** 1.25革命の背景 伊能武次・土屋一樹編　2012年 142p. 1800円	ムバーラク政権はなぜ退陣を余儀なくされたのか。国民はどんな不満を抱いていたのか。1.25革命をもたらした国内要因について、1990年代以降の政治・経済・社会の変化から読み解く。
31	**アジアの障害者雇用法制** 差別禁止と雇用促進 小林昌之編　2012年 205p. 2600円	アジア7カ国における障害者雇用法制の実態を概説。障害者に対する差別禁止、割当雇用、雇用促進などの諸制度を法学と「貧困と開発」の視点から分析する。
30	**東南アジアの比較政治学** 中村正志編　2012年 209p. 1900円	政治制度に焦点を当てて各章で域内先進5カ国を比較した類例のない概説書。国ごとの差異を一貫した論理で説明する。政治学と各国研究の知見を接合して新たな地域観を提示。
29	**ミャンマー政治の実像** 軍政23年の功罪と新政権のゆくえ 工藤年博編　2012年 348p. 4300円	テインセイン政権のもとで大胆な改革を進めるミャンマー。改革はなぜ始まり、どこまで進むのか。軍政統治23年の実像を解き明かし、そのうえでミャンマー政治のゆくえを占う。
28	**変わりゆく東南アジアの地方自治** 船津鶴代・永井史男編　2012年 275p. 3400円	東南アジアの地方は分権化とともに大きく変わった。公共サービスの展開を軸に、政治過程も変えつつある東南アジア4カ国の地方自治の現在と展望を析出する。